Confucian Democracy

A Deweyan Reconstruction

政治哲学丛书　万俊人　主编

儒家民主
杜威式重建

［新加坡］陈素芬（Sor-hoon Tan）● 著
吴万伟 ● 译

中国人民大学出版社
· 北京 ·

政治哲学丛书编委会

主编：万俊人

编委（按中文姓氏笔画或英文姓氏字母顺序排名）：

万俊人	王小锡	王云萍	邓正来	邓晓芒	冯 俊	甘 阳
卢 风	任剑涛	刘小枫	何怀宏	余 涌	余兴中	张旭东
张汝伦	李 强	李维森	李建华	李明辉	李惠斌	汪 晖
陈 来	杨国荣	林火旺	俞可平	姚大志	赵汀阳	赵剑英
高兆明	唐文明	徐友渔	徐向东	秦 晖	郭齐勇	钱永祥
顾 肃	崔之元	黄 勇	黄万盛	彭国翔	韩 震	慈继伟

安靖如（Stephen Angle）　　贝淡宁（Daniel Bell）
陈祖为（Joseph Chan）　　库 恩（Joshua Cohen）
金里卡（Will Kymlicka）　　马西多（Stephen Macedo）
米 勒（David Miller）　　波 吉（Thomas Pogge）

总序

我们为何需要政治哲学？

万俊人

摆在您面前的是我和道友们一起努力推出的"政治哲学丛书"。如果您步入书店选购书籍的目的不仅是为了获取某种专门的知识信息，而且还想通过语言、图画或符号的阅读，进入我们共同的生活世界，那么，很可能这套丛书会或多或少地满足您的心愿。我们和出版社共同编辑出版这套丛书的唯一愿望，正在于使读者在获取政治哲学之前沿学科知识的同时，也能够获取一些有关我们这个世界的生活信息，尤其是那些关乎我们社会生活之重大问题的政治信息，虽然我们努力的结果也许并不一定全部达成了我们的初衷。

一

在当今国内林林总总的"丛书"中，以"政治哲学"命名者似乎少见。而且，在我国现行的高等教育之学科体制的设置中，"政治哲学"一直都没有取得合法的学科名分：在"政治学"一级学科的名目下没有"政治哲学"，在"哲学"一级学科（甚至是学科门类)的名目下,同样没有"政治哲学",尽管从事这两门学科教学和研究的师生们很早就或多或少地(而且,近年来则越来越充分地)意识到,这一学科设置的缺陷有可能甚或实际上既大大减弱了我国哲学研究的现实关切能力和参与能力,也降低了我们的政治学研究和教学的理论水平。然而,无论是政治学还是哲学,从来都不可能省略政治哲学的现实关切而超然于社会政治生活之外,也无法逃避对社会政治问题的哲学追问。

作为古希腊文明的两大最伟大的文化发明——即关乎高尚灵魂和精神的哲学与关乎健壮体魄和肉体的奥林匹克运动会——之一,哲学自她诞生之初起便将社会政治生活(城邦—国家)作为其最重要的辩证与反思课题:关于人类外部世界的惊异和探究同关于人类自身生活世界的困惑和探究,同样都是考验人类"爱智"(即"哲学","philosophia")能量和求智意义的基本考题。作为西方第一位"百科全书式的学者",伟大的哲学家亚里士多德在开始对人类知识的学科分类时,便明确地划分和界定了"哲学"的知识谱系,其中,政治与伦理成为两个研究人类之善的基本哲学分支,分别探究人类社会(城邦—国家)的政治大善与人类个体美德的小善。进至中世纪,政教合一,神道一统,"上帝之城"虽然高居"世俗之城"之上,然而,上帝制定的"自然法则"和"自然秩序"既是"上帝之城"的神圣秩序,也是"世俗之城"的必然秩序,它上承天意,下辖芸芸众生。近代启蒙运动变革世界和创新人道观念的诉求,直接指向了社会基本结构和政治制度的根本转变,政治与革命便一度成为哲学的中心主题:无论是近代社会契约论者还是非(反)社会契约论者,无论是启蒙思想家还是以其他名义思考的思想家,尽管他们各自的思想理路与政治目标相互见异,但对现代国家民主政治的理论吁求和哲学反思却不约而同:自由民主成为新的政治理念和理想,并被赋予各种不同的哲学证明。

我国传统文化虽以道德伦理见长,然而,无论是先秦诸子百家还是其后历代诸学的流衍和发展，从来都未曾轻视和忽略国家政治生活的大道，儒家标示的"八目"更是把对外部世界的认知把握与人类内在世界的体认修养相互融贯，最终指向"治国平天下"的"政"（正）"治"目标。"格物"在"致知"，"正心"在"诚意"，"治国"在最终实现"天下平"的伟大志向。尽管人们对于"政治儒家"的论理言路与实践方式仍心存余悸，且对儒家之"道德政治化"或"政治道德化"的基本主张多持批评态度，但儒家乃至整个中国传统文化对国家政治的持续而强烈的关切姿态和丰富的理论探究成果，仍然值得我们尊重。我们的先贤们运用他们独特的理智和经验建构了"中国特色"的中国政治哲学范式。

或可说，政治与哲学从来就自然而必然地相互交织着，构成了人类反思自我生活世界中政治社会的重要向度和智慧结晶，只是到了现代，由于人们对社会政治的公共结构转型和哲学自身过度的现代认知主义诉求，才使得政治与哲学的原始关联发生动摇和改变，以至于政治哲学在现代性的哲学语境中成为一个有所存疑的概念。著名西方现代政治哲学（史）家列奥·施特劳斯在其《什么是政治哲学?》和《现代性的三次浪潮》两文中先后指正并提醒人们深刻地反省西方政治哲学的衰败历程：自文艺复兴时期意大利政治思想家马基雅维利的"权力（术）政治学"开始，西方政治哲学经历了三次"现代性思潮"的连续冲击：马基雅维利把人类对政治主题的哲学追问变成了一种地地道道的追逐政治权力的势力游戏，甚至是纯粹的玩弄政治权术的竞争技巧；18世纪的卢梭一面高喊着自由和人权，一面却吁求强大的"社会公意"的政治集权，结果使政治的哲学言说蜕变为了一种浪漫主义政治与理想主义道德的混杂物；而19世纪末期的尼采似乎真的成了西方经典政治哲学的末日，"权力意志"或"强力意志"成了人类政治与道德的唯一目标。如果我们再仔细审查一下这一思想演进过程中曾经出现的霍布斯的"自然权利政治学"和洛克的"财产政治学"，那么就更容易看出，由柏拉图、亚里士多德所奠立的古典政治哲学模式实际上已然被权力或权力技术、财富、力量和个人主义的政治意愿等非道德的政治关切所消解,其间最为关键也最为要害的问题正在于,近代以降的西方政治家、政治思想家和法学家们越来越相信并最终皈依了这样一种"现代性"的理念:"把恺撒的还给恺撒,把耶稣的还给耶稣。"换句话说,现代人最终似乎成功地将政治与道德隔离开来,朝着所谓"政治中立"或"无道德的政治"义无反顾地前进着,仿佛在不断接近现代人所坚信不疑的进步主义理想目的。然而,正是这种单向度的政治思维最终断送了政治哲学本身,使其在现代政治思想语境中不再可能,也难以可能。

也许,我们不应完全听信施特劳斯对"现代性思潮"的政治哲学史反思,更不必全盘接受他关于政治哲学已无可能的理论诊断,但我们的确需要重新思考一些如下问题:究竟何谓政治哲学?我们需要何种政治哲学?我们为何需要政治哲学?由于前所备述的我国哲学学科之高等教育体制设置的政治哲学缺席,尤其是面临建设社会主义"政治文明"这一当代使命,中国当代哲学以至当代整个中国政治社会对这些问题的解答,很可能显得格外紧迫和突出,其知识价值和实践意义当然也就更加重大。

二

仍然按照施特劳斯的解释,所谓政治哲学,既不同于"政治学"本身,也不同于诸如"政治理论"、"公共行政管理科学"一类,因为它不是关于"政治事务"和"政治治理技术"的研究,而是关于"政治事务之本性"的研究,因而它不可避免地要涉及有关政治之善恶好坏,政治行为之正当与否,政治理念(理想)之高尚与卑劣，以及国家政治之终极理想和至善目的的价值学暨形上学研究。这也就是说，政治哲学不仅要追问政治事务本身的技术合理性和政治合法性问题，还要追问政治事务——包括政治行为，尤其是政治家的行为——的政治合目的性和道德正当性等深层的政治伦理意味。再进一步用哲学的话语来说，政治哲学关于人类政治社会的一切事务和行为的理论追问是没有限定的。因为哲学研究的目的并不为了占有真理，也从不宣称自己拥有真理，而只是且永远是为了追寻真理。在哲学的视野里，没有终极真理。因此苏格拉底才会说，哲学家的品格是，他永远"自知其无知"，永远处在无穷的追问和求知过程之中。

然而，哲学对人类政治事务的无穷追问和考究，并不意味着政治哲学必定要偏向于某种政治乌托邦而超脱于社会政治生活的现实情景，而仅仅意味着这样一种基本的理论姿态和思想方法：在政治哲学的视阈中，一切政治现实——无论是既有的政治理念，还是既定的政治制度系统，抑或是现行的政治实践——都是有待人类自身不断进行理性反省和批评改进的，都开放地面对一切合乎理性的政治批评和哲学追问，因而它所关切的就远不只是政治事务的"现实合理性"，政治行为和政治制度建构的技术合理性，更重要的是政治目的或目标的道德正当性和政治完善意义。这正是为什么完善主义和政治伦理意义上的理想主义始终是政治哲学的一个不可省略的理论向度之内在缘由所在。

政治哲学的这一理论定位，决定了它不得不把自身关注的理论重点放在那些隐藏在政治事务之中、政治事务背后和政治事务之未来理想的"隐性"的或者是潜在的重大问题的探究之上。诸如，人类为什么要缔结不同样式的社会？为什么他们会组成不同类型或性质的国家？人们据以组建政治社会或国家的基本原则是什么？人类社会为什么会出现不尽相同的政治政体和政治生活方式？民主作为一种人类共同向往的政治生活目标为什么会因自然环境和社会、历史、文化甚至社会心理条件的不同而呈现出各种不同、甚至相反的观念理解和实践模式？为什么人们对国家政治、政府和政治家们的政治期待不仅仅是政治治理的技术合理性和行政效率，而且还有政治治理的目的正当性、政治秩序的公平正义和"道德的政治家"（康德语）？为什么人类始终不能放弃对诸如美好社会的向往和更高期待，即使无数严峻而残酷的政治挫折、乃至政治失败使得人类的政治乌托邦追逐遭受一次又一次的沉重打击？现代民主究竟是多元的还是一律的？或者说，是否存在某种普世有效的现代民主模式？如此等等，不一而足。

迄今为止，人们对上述这些问题的解答各种各样，始终未有归宗，即使是在同一个国家或地区处在相同时代背景下的政治哲学家们，也难以达成哪怕是基本一致的理论结论。近代以来，欧美世界一直引领着——在某种意义上或者在某一特殊历史阶段，甚至是宰制着——我们这个世界的现代化进程，包括现代市场经济、政治民主、科学技术和世俗文化的发展进程，这一点似乎毋庸讳言。然而，自17世纪中叶英国率先跨入工业革命和有限民主政治的现代化社会进程以来，从来就没有出现过单一的政治哲学模式一统天下的局面，尽管自由主义作为一种资本主义的意识形态逐渐占据了整个西方社会的主导观念地位。所谓"新的"或"老的"自由主义，所谓"激进的"或"保守的"保守主义，所谓"开明的"或"保守的"共和主义，以及形形色色的"无政府主义"、"极权主义"、"社群主义"，有如一部历史连续剧中的不同角色，"你方唱罢我登场"，"各领风骚三五年"，或声调高亢如急风暴雨，或娓娓道来如行云流水；或独白如君临天下，或旁白如插科打诨；或针锋相对如对簿公堂，或随声附和如百鸟齐鸣……这"百花齐放、百家争鸣"的思想景观提示着我们：如同人类社会文明的沃土孕育了多种多样的政治生活形态一样，人类不同的政治生活经验和政治智慧也催生了多种多样的政治哲学！

民主被看做是人类政治生活的共同期待和最高理想。可是，在共同的政治期待和政治理想追求中，无论是人们的经验直觉还是不断深入的政治反思，都昭示出一个严肃的政治哲学问题：民主作为一种政治理念或者作为一种政治实践，都不具有终极真理的意义，绝对不是一种"放之四海而皆准，俟之万世而不变"的政治真理或政治"制式"。所谓"多数人的民主"或"一人一票"，所谓"间接民主"或"直接民主"，所谓"代议制"或"政党制"，所谓"简单民主"或"复杂民主"等等，一切似乎都印证了一个朴素而显见的道理：民主不应是一种政治制度或政治体制的统一标签，而只能被视为一种政治精神或者一种政治理念。民主政治绝不只是意味着某一种社会政治制度，甚至是某一种政体形式，它更多地意味着一种政治理想：政治主权在民！一切权力属于人民！因此，理解和实践民主政治的关键，不是简单地架构、仿制、输出甚至强加某种政治制度或政治体制，而是把握和坚持人民为本、主权在民的根本政治原则。

由是观之，一旦我们真正理解了"何谓政治哲学"，"我们需要何种政治哲学"的解答也就自然而然了。原来，"我们需要何种政治哲学"同我们实际的政治生活条件和具体的政治实践环境是相互关联的：从根本上说，后者实际上预定了我们需要并可以选择"何种政治哲学"的界限和可能。我们对政治哲学的需要是"内生的"而非外部启蒙或外在赋予的，因而我们对"何种政治哲学"的选择也必定是内在主体性的而非外在施加的或外部启蒙的。在开放的现代世界里，学习他者，包括学习各国各地区的政治经验和政治智慧，学习各种睿智有益的政治哲学思想，不仅重要，而且必须！因为当我们不得不选择并决然摆脱传统政治社会、坚定地迈向现代民主政治时，我们也就置身于一个开放多元、互竞互动的大千世界，孤独自闭终将导致自我被抛乃至自我消亡的恶果，更何况作为一个后起的发展中国家，我们比任何时候、任何竞争伙伴都更需要向他者学习！然而，学习作为学习者的美德首先且根本上在于创造性的学习，而非简单模仿。创造性的学习前提必定依赖、也只能依赖于作为学习主体的学习者自身，尤其是其自身独特的政治实践经验和政治智慧。

三

最后，我们来简单地谈谈"我们为何需要政治哲学"的问题。这个问题之所以重要，主要是因为它本身涉及一个需要我们特别关注和思考的"现代性"问题，即当代德国著名哲学家和社会批评理论的杰出代表哈贝马斯所谓的"现代社会结构的公共转型"问题，用政治哲学的话语来说，也就是阿伦特所说的"复兴政治的公共性"问题。

早在古希腊时代，亚里士多德就曾经指出，政治哲学关乎"城邦国家"的"至善"。作为政治实体的"城邦国家"是所有形式的社会共同体中最大也是最重要的政治共同体，正如"城邦国家"高于个人和各种形式的社会共同体一样，"城邦国家"的"至善"也高于个体美德之善。这实际上已然揭示了国家的政治公共性和价值（"至善"）首要性。然而，在传统社会和古典政治哲学中，国家的政治公共性与公民个体的美德私人性之间并没有严格明确的分界，社会生活的公共领域与私人生活领域之间也没有被严格地划分开来，即使在近代早期，在公与私、国家与个人、政治与道德之间，也仍然保留着千丝万缕的联系而未见明确的分界。只是到了现代，所谓"公共生活领域"与"私人生活领域"的分界才逐渐变得明朗起来，而迄至今日，公私领域的分界则越来越被人们看做是不可逾越的"防火墙"，甚至成了——至少是在现代自由主义政治哲学家的视野里——政治与道德分离的根本原因或者必然结果。

作为原因，公共生活领域与私人生活领域的分离被视为现代民主政治的进步标志，其基本的政治要求是自由人权与公正平等，而无论是自由人权还是公正平等，最根本的政治基础都只能是基于社会基本政治制度建构和安排的基本政治权利与政治义务的公正分配和政治保护，而不再关乎个人的道德伦理品格——"道德应得"（moral desert）不能成为基本的政治考量，相反，一种公平的政治制度安排（分配）和社会公共治理（政府）恰恰需要尽量减少甚至完全摆脱诸如个人道德伦理、宗教信仰、人格心理等非"公共理性"因素的干扰。这就是所谓"把恺撒的还给恺撒，把耶稣的还给耶稣"的根本含义。作为结果，政治与道德的分离被看做是公私两个生活领域明确分界的必然产物：道德只是纯粹的私人事务，政治则关乎公共大事，两者不可混淆，更不能相互替代。

在西方现代民主政治的建构历程中，"政教分离"曾经被看做是最重要的政治变革成就之一。今天，新自由主义政治学家和政治哲学家们又普遍地确信，"政治中立"或"中立性原则"已经成为民主政治是否正当合法和普遍有效的根本前提。滋生并强化这一确信的正是现代公共社会的结构性转型。具体地说，在现代社会里，公共领域日趋扩张，私人领域则不断萎缩，并且，前者对后者的挤压仍在不断加强。现代社会公共化程度的不断提升，客观上使得政治和法律的重要性不断凸显，道德伦理的社会功能则相对弱化。现代人的一句口头禅是"现代社会是法制社会"，仿佛现代社会已然不再是道德伦理的社会。这诚然一方面反映了现代社会日益强化的公共化趋势，另一方面却也或多或少反映了现代人和现代社会的一种普遍心态，我们不妨将其视为一种政治的"现代性心态"，它所蕴涵的主要意味之一，便是现代人和现代社会日益明显的"制度依赖"或"公共化路径依赖"心理。

正如许多现代自由主义批评者们所指出的那样，值得我们注意的是，这种"制度依赖"已经不仅让现代人和现代社会越来越轻视道德伦理，也使我们越来越疏于政治的哲学反思而醉心于公共行政管理的科学技术要素和"显性"制度的约束功能。结果便是施特劳斯所感叹的政治哲学不再可能，可能且日益昌盛的是政治学、公共行政管理学和政治理论研究。然而，我们的问题依然存在：公共生活领域与私人生活领域是否能够截然分开？作为公民个体的个人与作为自然生命的个人是否可以全然分离成为两个完全无关的人格主体？政治与道德是否能够全然分开？或者更直接地说，一种"无道德的政治"是否真的可能？倘若可能，它是否是现代民主政治的必然归宿？若如此，民主政治是否能够长久地成为人类的政治期待？凡此种种，已经引起了现代政治家和政治思想家们的广泛关注和深刻反思，不要说当今的共同体主义和共和主义政治哲学思潮，就是"新公共行政管理学派"和新制度主义政治学学派也对此有了越来越清晰的认知和理解，而这种关注和反思本身便是我们仍然需要政治哲学的基本明证。或许我们可以这样说，现代公共社会的结构性转型非但没有削弱政治哲学的基础，反倒是强化了现代社会对一种或多种新的政治哲学的期望。

于是，我们有了编辑出版"政治哲学丛书"的充足理由：社会生活的公共化趋势凸显了现代人和现代社会寻求"公共理性"的紧迫与意义，而一种健全的"公共理性"寻求恰恰隐含着对政治哲学的深远期待！

2010 年 4 月于北京北郊悠斋

致　　谢

一位老师曾告诉我，报答别人善意的最佳办法或唯一办法就是把这种善意传递下去。我觉得这同样适用于偿还思想成长的债。我们不仅想把学到的知识传授给他人，而且想为我的老师们长期从事的哲学探索，尽自己一份绵薄之力。

本书的初稿是自己在夏威夷大学撰写的博士论文。在此，我非常感谢匿名评审者，他们的评论在我修改书稿时发挥了很大的作用。我的同事邢福娟阅读了前面几章，肯斯·维尔谢通读了全书。非常感谢他们的评论和鼓励。如果定稿有任何问题，笔者承担全部责任。

我要特别感谢博士论文委员会的每个成员，安乐哲、詹姆斯·泰尔斯、玛丽·泰尔斯、肯尼斯·基普尼斯、史明正，他们在书稿的不同阶段给我提出了及时和宝贵的反馈意见。史明正教授虽然只是系外委员，但他的严肃认真的态度和阅读书稿时的细致入微令我印象深刻，十分感动。他的热忱使我相信自己辛苦努力的结果即使对非哲学专业人士来说也可能是有趣的、可理解的。

玛丽·泰尔斯、肯尼斯·基普尼斯让我看到了自己专业之外的宝贵视角；他们对我的观点和论证提出的毫不客气的质疑令我避免过于把太多观点想成理所当然，或把读者全部当成儒家学说或实用主义的专家。他们坚持我应平等尊重西方哲学观点而不是仅仅通过亚洲的眼镜看待它们，这使本书的定稿更平衡些。

约瑟夫·格兰教授曾在夏威夷大学访学一年，他为研究生开设了约翰·杜威讨论课程。正是在他的课堂上，我接触了杜威及其实用主义。这一兴趣后来又因为詹姆斯·泰尔斯而变得更加浓厚，他对博士论文每一稿的详细批评一再迫使我不断加深对杜威哲学的理解，帮助我对儒家经典的研究形成了多重视角。

安乐哲教授不仅是我所遇见的最好的老师之一，而且永远是我学习的榜样，从他身上我看到了儒家学者的模范形象。他启发学生的本领，加上他对学生的宽容和尊重不同意见的态度，使其魅力无穷。他不仅为学生讲授哲学理论，而且通过言传身教向学生传达一种为学术共同体以及整个社会负责的意识。

新加坡国立大学提供的奖学金使我能够专心学习和研究，无须为经济来源担忧。我也想特别感谢夏威夷大学的同学，我与他们的争论很有趣有时候甚至非常激烈，感谢为我上课的老师们。在夏威夷的四年半时间让我在实际生活中体验到共同体的温暖。

最后，我要感谢家人对我的支持和信任。他们使我能放弃待遇优厚的职业转而探索自己感兴趣的哲学问题。这种感激难以用言语表达出来。

目 录

第一章 儒家民主？

预测未来 ··· 1
谁的儒家？ ··· 6
何种民主？ ··· 10
自由主义者和社群主义者 ······························ 12
杜威和孔子 ·· 16

第二章 社会个体

自由的自我和自主性 ··································· 19
独特却不自主的个体 ··································· 25
杜威的社会性完成中的自我 ·························· 29
构建儒家的自我概念 ··································· 34
独特性与联系性的张力 ································ 37
自由主义者和社群主义者辩论中的选择 ············ 46
杜威论意愿和选择 ····································· 49
儒家选择：学与思 ····································· 54
儒家的个人志向 ·· 59
个体性与有机社会性 ··································· 63

第三章　和谐共同体

社会和共同体 …………………………………… 75
非排他性共同体 ………………………………… 77
共同体艺术：实现和谐 ………………………… 89
通过儒家礼仪实现和谐 ………………………… 96
共同体科学：合作探究 ………………………… 106
平等与分异秩序 ………………………………… 119
人际关系中的平等 ……………………………… 130

第四章　伦理—政治秩序

程序共和国的政治领域 ………………………… 136
伦理—政治目标 ………………………………… 142
杜威论古代中国的政治 ………………………… 146
圣王：一个引起疑问的理想 …………………… 150
君子：伦理—政治视域中目的 ………………… 153
民本 ……………………………………………… 158
天命中民众的作用 ……………………………… 164
民众有自治素质吗？ …………………………… 174
相信民众 ………………………………………… 182

第五章　权威自由

消极自由和积极自由 …………………………… 188
自由即成长 ……………………………………… 193
儒家的积极自由 ………………………………… 199
发言权与言论得体 ……………………………… 209
权利还是礼仪？ ………………………………… 218
权威性还是威权？ ……………………………… 224

不完美情境下的强制和权威 ················· 232

第六章 培养民主

重构儒家与民主 ······················· 239
民主和专求稳定的现实政治 ················ 242

注　释 ···························· 248
参考文献 ··························· 278
索　引 ···························· 310
专有名称汉英对照表 ···················· 322
译后记 ···························· 333

第一章 儒家民主？

预测未来

随着冷战的结束，许多人预测了新世界秩序的到来。我们是否进入了"人类意识形态发展的终点，西方的自由民主成为具有普世价值的人类最后一种统治形式"？[1] 就在弗朗西斯·福山的历史终结论在1989年引起轩然大波之际，我们该如何讨论"经济和政治自由主义的必然胜利"呢？

福山虽然没有宣称历史马上终结，但他宣称历史必然终结。[2] 他支持亚历山大·科耶夫为黑格尔观点所做的辩护，即不可避免的终结在1806年就开始了，但此终结并不是一个点，而是漫长的、看不到终点的过程。宣称历史必然性的任何观点不仅不可能证明而且破坏了为此目标努力的积极推动：如果我们无论做什么都不能改变结果，我们也就没有必要做任何事情以确保它的出现。

有时候，福山怀疑在某些国家实现自由民主的必然性。他在1989年的文章《历史的终结》中把苏联放在"岔路口：它可以沿着西欧45年前确定的道路走，这条道路亚洲大部分国家也在走；也可以实现其独特性且陷入历史中不能自拔"。但是在《历史的终结和最后之人》中，福山不再敢肯定"亚洲大部分地区"将遵循西欧的道路，因为他承认最近提出的某些亚洲观点成为自由民主必须面对的严肃挑战。唯一的其他选择是否一定"陷入历史中不能自拔"也并不明朗。越来越多的亚洲人相信,经济繁荣并不要求他们必须盲目效仿西方国家,有时候或许排除了这种可能性。他们认为,不同的文化是经济成功、政治稳定和保护国民免受西方社会疾病困扰的关键。亚洲国家在寻找自己的发展道路。福山曾经宣称历史的终结在于"普遍同质国家",主要内容是"政治领域的自由民主伴随着经济上轻易得到录像机和立体声系统"。后来他承认"现有国家体制将不会很快崩溃,从而进入实际上的普遍同质国家",他甚至承认"最后,亚洲民主的轮廓或许与当今美国民主有很大不同"[3]。

"历史终结"论由两个部分组成:将会发生什么和应该发生什么。黑格尔哲学的独特性和威力(有些批评家可能说是"致命缺陷")有一部分在于他将两者结合起来。福山虽然采用了黑格尔的目的论框架,但他将两者分开,特别强调了后者:"在历史的尽头,不是所有社会都一定转为成功的自由民主社会,而只不过是扯去它们宣称代表人类社会不同阶段和更高阶段的意识形态的伪装而已。"[4]福山认为,自由民主是唯一普遍可靠的制度就是因为民主通过确保人人平等自由而解决了人类在争取承认的斗争中存在的根本"矛盾",但这个观点是没有说服力的。他的普遍人性概念很容易受到挑战,这个概念恰恰是他认为争取承认的斗争是历史发展的根本动力的基础。人类即使有争取承认的普遍愿望,这种愿望也可能呈现出多种形式,某些愿望(如高人一等而不是与他人平等的愿望)在非民主社会可能更容易得到满足。

虽然福山提出如此观点,但是世界并没有就自由民主的合法性和可靠性达成共识。相反,怀疑和公然挑战的声音越来越响。亚洲人一直在"规范"意义上为自己偏离自由民主模式辩护。他们无须宣称"处于人类社会的更高阶段"或拥有另外一种"普遍"模式,要驳斥福山的观点,他们只需证明,亚洲独特的历史和文化背景使得西方式自由民主不适合亚洲社会甚至有害,相反,非自由的选择为其提供了解决问题的更好办法。随着亚洲多个国家取得了空前的经济增长和政治稳定，同时确保了独特的文化特性，人们越来越频繁和明确地提出这种规范性论证。

日本和亚洲四小龙——中国香港、新加坡、韩国和中国台湾在努力实现现代化的初期并未有意识地下决心保护其文化。对它们来说，当时最大的挑战是贫困、疾病、愚昧和技术落后。对亚洲许多地方来说，这些挑战迄今为止依然存在。在第二次世界大战后的那些年，西方的榜样为亚洲提供了一条出路。但在向西方国家学习以解决自身问题的时候，亚洲国家并没有完全西化，而是在不同程度上仍然维持了自己独特的文化。而且，有些国家开始注意到，曾经试图模仿西方的其他国家在改善自身经济困境方面并没有取得同样的成功。亚洲经济在某个阶段甚至比先进的西方经济更好。到了1980年代，有评论家开始指出，这些国家的经济成功在很大程度上应该归功于它们共同的儒家文化。亚洲发展模式的可能性和儒家的经济发展道路吸引了很多人的关注。[5]此后由于经济危机，亚洲发展的光环失去了夺目的光彩。有些人转而攻击亚洲例外主义，他们认为亚洲的麻烦同样归咎于曾经让它暂时辉煌的那些特征。也有人可能出于同样的意识形态化动机而把亚洲的问题归咎于西方投机者。

经济的成功和失败不能完全归结于文化，但是考虑到人们往往过多强调西方对亚洲发展的贡献而忽略本土文化因素，谈论本土文化的作用还是有必要的。[6]而且，由于西方对自由民主存在的问题的批评而强化了人们对亚洲文化的兴趣。随着自信心的增强，某些亚洲人希望自己能够在不重蹈西方国家覆辙的情况下不断进步，而自己独特的文化可以为他们提供帮助。在不断提高生活水平和确保政治稳定的过程中，中国和亚洲内外的其他国家已经转向亚洲模式，把它作为西方模式的替代品或补充。[7]

虽然某些亚洲国家取得了经济成功，但亚洲大部分地区仍然需要西方援助，与西方国家的贸易对于亚洲这些经济成功的国家同样至关重要。过去，与共产国家阵营争夺政治影响力通常是西方援助、其他贸易或外交政策的主要动机，但随着冷战的结束，在与其他国家打交道的时候，美国似乎把推广自由民主作为新的指导原则。在亚洲文化觉醒的背景下，有些亚洲人对于西方把获得援助或者其他政策与自由民主政治尤其是人权的规范挂钩的趋势感到担忧。在1993年三四月份在曼谷召开的亚洲区域会议上，来自亚洲国家的政府代表大胆批判普遍人权的流行概念过于西方化，同时表达了确立人权"亚洲标准"的意图。

批评这种挑战西方人权概念的人往往强调亚洲文化缺乏同质性，他们认为建立在"亚洲价值观"基础上的例外主义主张不过是政府急于保护自己的政策和行动免受外国的审视和批判而提出的自利言论。作为对西方霸权的挑战，亚洲价值观不一定具有同质性，也不必要排除任何外来影响或拒绝任何改变。亚洲国家的多数人现在对某些价值的认同超过对西方价值观的认同，这就已经足够，即使相互之间可能存在一些差别。[8]这些笼统的相似性和差异性对亚洲社会的未来非常重要。

亚洲人权概念的支持者虽然承认某些价值具有普遍性，但是他们拒绝了《世界人权宣言》的关键基础——个体自主性的理想，他们觉得这种自主性对强调群体利益至上的亚洲人来说没有多大意义。现在有一种感觉越来越普遍，即"普遍性往往是西方模式的伪装而已"[9]。这种观点绝非仅仅限于亚洲人。罗思文认为，虽然取得了重大成就，人权概念仍然是特定文化专有的东西。理查德·罗蒂在国际人权组织大赦国际（Amnesty International）的一次演讲以及其他场合都提醒人们注意人权作为自由主义核心价值观是以一个族群的视角为中心的，虽然他对自己从这种角度推动人权发展没有任何的愧疚感。约翰·罗尔斯试图在摆脱形而上纠缠的情况下提出作为公平的正义理论，他的政治自由主义从西方某种政治传统开始，从西方自由民主的某个具体"公共政治文化"引申出基本观点。他同样承认自由民主概念为特定文化专有。[10]

1947年起草《世界人权宣言》时，虽然有非西方代表参加，但是美国人类学协会拒绝"把人权宣言的条款应用在人类整体上，20世纪的人权不能被某一个文化标准来限定，也不能被任何单一族群的标准来规定"。半个世纪后，狄百瑞认为，中国的言论自由和更大的政治参与部分取决于"人权不应该仅仅用西方术语来理解和定义的共识，相反，人权是通过共同的多元文化学习和经历而不断增长和扩展的概念"。西方和非西方国家共同努力建立"国际性"人权观得到越来越多的人支持。[11]

曼谷区域会议并没有简单地把人权作为外国压迫的工具而抛弃。其立场出现了一种从防御性到进攻性的转变：亚洲国家政府有意确认亚洲模式的社会和政治秩序的合法性。有人可能从1993年曼谷宣言中听到了萨缪尔·亨廷顿预言的文明冲突的第一声炮响。在亨廷顿看来，20世纪末世界政治进入了一个新阶段，其中"人类的大分裂和冲突的主要根源将是文化"[12]。他预言在不久的将来，冲突的核心焦点存在于西方国家与若干伊斯兰和儒家国家之间，因为儒家文明和伊斯兰文明会联合起来挑战西方的权力、利益和价值观。

亨廷顿的"文明的冲突"像福山的"历史的终结"一样引起很大争议。批评者质疑文明的统一性及其为政治行动提供动机的能力；他们认为亨廷顿过分夸大了差异性引起的敌意，低估了不同文明间相互影响、相互依赖的程度。[13]亨廷顿意识到随着相互交往增多而危险增加的同时也存在着众多机会，但他认为冲突的后果可能性更大，因为他相信交往将强化文明的身份认同意识，强化不同文明间的差异性和文明内部共同性的意识。如果太多西方国家的政府继续其道貌岸然地把民主和自由作为普世价值来推广的咄咄逼人的政策，同时竭力维持其军事支配地位并在牺牲他人利益的情况下追求自身经济利益，亨廷顿的悲观预言或许将是正确的。

但是，文明的冲突可以避免。西方国家需要更深刻地理解其他文明背后的哲学和宗教观以及这些文明的民众看待自身利益的方式。应该有比文化间相互牵制更好的做法。[14]为了实现和平与进步的世界秩序，无论东方还是西方，各国都必须参与建设共同的交流和沟通框架，该框架既不是西方的也不是东方的，而是真正全球性的框架。西方国家应该尊重其他国家实现现代化但并不西方化的愿望。西方人甚至可以从非西方国家学到一些东西，帮助解决自身面临的严重社会问题。[15]非西方国家已经从向西方学习的过程中取得了很多成就，并且把西方思想与本土文化结合起来。更多了解本土文化并为之感到自豪的危险可能是，要么采取排斥外来影响的思想封闭做法，要么出于不安全感和傲慢自大而对西方的一切都采取敌视立场。[16]如果西方和非西方国家都能保持开放的心态，同时清醒地认识到自己的信念，如果他们仍然坚持相互尊重、和平共处、加深相互理解的目标，那么，未来可能就是一个多样的、繁荣的、相互促进的文明世界。

谁的儒家？

虽然在亚洲对现有的普遍人权观提出的挑战中，政府的声音最刺耳、最响亮，但是那些认为亚洲拥有不同于西方的宝贵文化和政治身份认同的观点则引起了更广泛的回响。在辩论中，那些无意为政府因侵犯人权和实行经济保护主义而遭受批判来辩护的亚洲人不一定站在西方普遍论者一边；而对亚洲国家具体的侵犯人权行径及其他政府行为持批判态度的西方人也不一定对例外主义论调没有任何的同情。这次有关文化和人权的辩论是亚洲人大"反省"的组成部分，也是在更广语境下讨论亚洲国家及其人民的未来的组成部分。把这次辩论简单地看作"从长远看究竟是西方式民主好还是亚洲式威权主义好"是错误的，也是没有建设性的解释。两者对亚洲多数人来说都没有吸引力。他们更喜欢亚洲民主，儒家民主是其中之一。[17]

亨廷顿虽然承认亚洲社会或许达到了"民主的形式标准",但他认为这些政治体制是"没有轮流执政的民主。它代表了采用西方民主做法服务于强调共识和稳定的亚洲价值观,而不是践行崇尚竞争和变革的西方价值观"[18]。儒家社会里或许有可能实现民主,但儒家民主是"自相矛盾的说法"。这种结论认为儒家学说从本质上说是集体主义的、家长制的、威权主义的。白鲁恂对中国的分析是集中探讨威权特征的研究之一,他把这种特征大部分归咎于儒家遗产。在他看来,儒家缺乏个体自主性概念,而且自主性与儒家价值观的冲突证明了儒家纵容政府压迫民众。[19]孟旦在评价儒家遗产的利弊时虽然更平衡一些,但他也把个体与社会对立起来,认为"无私"是"中国最古老的价值观之一,它体现在道教和佛教的各种流派,特别体现在儒家学说中"。这种把个体变成"高效运转的社会机器中的齿轮"的"无私"使得国家能够让个人利益服从于国家定义的社会利益。[20]

虽然有人可能认为这是一种误读,但以这种方式解读传统的并不仅仅限于西方汉学家。相信儒家在本质上是威权主义或与民主格格不入的中国学者、日本学者、韩国学者也不乏其人。至少,拥抱西方式的民主就意味着为了"法治"放弃"德治"。在余英时看来,这"不可避免地导致儒家学说作为主导政治力量的终结"[21]。在五四运动时期,被视为儒家核心观点的孝道遭到攻击,因为它"把中国弄成一个制造顺民的大工厂"[22]。人们谴责儒家阻碍了中国现代化和民主化的进程,"打倒孔家店"成为追求科学和民主的五四运动的口号。[23]在中国知识分子中,这种打破迷信和偶像的主张并没有绝迹。1988年中国电视台制作的引起争议的纪录片《河殇》把中国文化的停滞和西方文明的动态变化形成对比。作者想要表达的信息显而易见:要想实现民主和现代化,中国就必须全盘西化,放弃中国性,其中就包括扔掉儒家观念。

自从在汉朝时期奠定了在中华帝国的正统思想地位以来，儒家学说就一直遭到当权者的滥用，当权者为了追求自私的利益不惜牺牲治下臣民的利益。许多人因此把这些被扭曲的儒家学说当成儒家学说的组成部分。即使我们不讨论公然的歪曲，作为传统的儒家学说也决不是同质性的或铁板一块的。它是复杂的、不断变化的话语系统，不仅改造了自身也改变了其他传统，反过来也受到其他传统的影响。儒家对东亚一些国家产生了深刻的影响，也针对与它毫无关联的社会变革作出了重大改变。布鲁斯·诺斯鲍姆反对亨廷顿的观点，认为文化过于宽泛根本无法解释任何东西，他质问："1997年的'儒家'是什么？是中国丧失合法性的精英使用极端民族主义和反西方主义来取代已经失落的共产主义意识形态的中央集权式威权集体主义吗？还是台湾的市场民主？还是韩国的拥有工会和自由选举，把军事独裁者关进监狱的民主？"[24]

不同社会在不同时期实行的儒家学说不同。中国清朝时期的儒家社会不同于日本德川幕府时期的儒家社会。马克斯·韦伯曾经认为儒家应该为中国在皇权时代没有出现资本主义的发展负责，但儒家也造就了20世纪后半叶东亚资本主义经济的成功，但这两种儒家并不相同。[25]杜维明区分了政治化儒家和作为生活方式的儒家，前者作为一种学说，认同围绕在皇帝和国家官僚体制的一种等级森严的政治威权形式；后者关注于家庭关系、工作伦理、普通人的修身养性。[26]一旦认识到儒家话语的开放性，我们就能更有效地对抗当今亚洲威权主义支持者对儒家的歪曲和修改了，这不是宣称儒家比西方价值优越而是对儒家传统及其对当今和未来的意义进行更广泛、更深入的研究。[27]

很多人曾经尝试将儒家民主化。《为中国文化敬告世界人士宣言》的签名者，亦是20世纪中国学术的最著名代表人物，张君劢、唐君毅、徐复观、牟宗三等共同推动了中国传统文化的民主重建，虽然他们的意识形态和哲学观存在众多差异。杜维明所说的"儒家人道主义的第三个时期"的参与者都赞同这些学者对儒家民主的承诺。刘述先虽然赞赏新儒家的激情和渴望,但他对 20 世纪中国学者提出的把儒家和民主结合起来的各种具体尝试持批评态度。他觉得这些学者的解决办法要么不切实际,要么从解释学的角度看没有说服力,因为他们低估了儒家与民主价值观之间的张力。刘述先主张放弃某些传统,并彻底改造其余内容以便为儒家提供民主存在的空间。[28]

李晨阳则完全排斥了新儒家途径。他认为儒家与民主价值观的根本对立使得将儒家民主化的任何企图都可能危害"儒家的真正价值和精神"。与刘述先的内部多样化途径不同,他主张采取外部的多样化途径,即民主和儒家仍然作为中国未来的各自独立的价值观体系,但可以是"好邻居"。不过,如果无法就邻居关系的特征达成共识就不可能实现睦邻友好。在面临国家治理等必须作出现实选择的问题时,仅仅承认相互影响和鼓励对话就远远不够了。而且,李晨阳选择最简途径是以本质主义儒家观为前提的,这体现在他关于与民主价值存在"本质冲突"的"儒家真正价值"的言论中,虽然他承认"儒家作为一种价值体系并非不可改变"[29]。

儒家的生存并不依靠一种需要维持某种本质不变的"固定认同"(idem identity);固定认同与"自我认同"(ipse identity)有关,它的要点就是维持有意义的连续性①,即使我们承认如果"没有了诸如强调家庭、孝道、忠诚、敬老等价值观",儒家或许就变得面目全非了,但是这些价值观到底意味着什么以及如何实现这些价值观仍然随着时间和地点的变化而变化。况且不是人人都同意这些价值观代表了儒家学说中的最重要内容,有人可能觉得这些是原初概念仁、义、礼在偶然的社会背景下的衍生物。本书后面的章节

---

① 请参阅保罗·利科关于自我的两个基本面,ipse 更接近个性,是难以表达的核心,回答我是谁;idem 是外在可能性,回答我由什么构成。——译者注

承认儒家传统存在种种争论,但没有认可某种解释是唯一"正确的"。笔者关心的是儒家现在和未来可能意味着什么而不是儒家的本质是什么。本书的儒家重建也没有企图呈现整个传统的全貌,因为详细分析仅限于先秦时期的三本经典,其他儒家著作只是顺带提及而已。与过去的联系在于用新方法理解过去的文本与事件,帮助未来找到更好的选择。本书提出的儒家民主建议旨在为某些背景下值得尝试的实验提供指导。

这种综合两种传统的儒家民主建议比李晨阳的解决办法更激进、更困难。李晨阳提到了两个价值观体系的相互学习,但除非一直存在进行综合的可能性,否则这种学习仍然很肤浅。李晨阳没有怎么谈论儒家和民主如何相互学习,笔者在接下来的章节中试图展示一种相互学习的模式。李晨阳想当然地接受了民主的含义,在采用自由派框架作为对比的起点时只是很粗略地讨论了民主的定义。但是,我们有必要采取更细腻的途径以便更深入、更详细地讨论民主的定义。儒家民主要求我们对民主进行深入的理解,杜威哲学对某些自由理论持有批评态度,本书试图讨论杜威哲学以找到更适合儒家的民主。

何种民主?

儒家民主不仅要求重建儒家,还要重建民主。西方人像十字军东征那样向亚洲社会宣扬的民主是一种自由民主,它强调法治和普遍权利,其理论基础是一些假设,如个体自主性和政府是必要的恶,需要尽可能地进行限制。比库·帕勒克指出,在西欧和北美之外,自由民主中的民主部分的吸引力比自由部分要大得多。正如亚洲人所理解的那样,"自由主义破坏社群关系,削弱共同思想和价值观,把孤立的个体放在集体之上,鼓励一意孤行的攻击性心态和伦理学,弱化寻求和解与相互调整的精神"。在多数西方人看来,

"民主的力量和吸引力来自自主性概念";但在多数亚洲人看来,自由派的自主性哲学包袱阻碍了民主在亚洲的传播。[30]儒家民主不是美国式的自由民主。

自由主义与民主的结合具有偶然性,它们之间的关系存在很多模糊性。戴维·比瑟姆说,"自由主义不仅为现代世界民主提供了必要的基础,而且在很大程度上限制了民主的发展"。虽然我们有正当理由同意约翰·邓恩的观点"当今所有国家都更愿意成为民主国家,因为民主是国家拥有的美德",但是认定自由民主已经获得普遍接受就是另外一回事了。[31]不管我们对民主价值的共识是什么,这种共识肯定是在牺牲了具体内容之后达成的。民主是民治政府,但这个"民"到底包含哪些人?对他们来说,"治"又意味着什么?什么样的机构和实践能最好地服务于该目的?民主只是一种程序还是具有更多实质内容?通常与民主联系在一起的如自由、平等、多样性等价值观都可以作出多种解释。

民主概念有必然争议性,不可能就民主的内容达成共识,因为不同的分析家从中读出的是自己喜欢的价值观。正如戴维·赫尔德注意到的,"不加批判地确认自由民主实际上是未经分析就把民主的整个意义及其可能变体囫囵吞枣"。法里德·扎卡里亚认为,宪政自由主义和民主无论在历史上还是在理论上都是截然不同的东西,"民主欣欣向荣,而宪政自由主义并非如此",因此他得出结论,"西方自由民主或许并非民主之路的终点,不过是众多可能的出口之一"。[32]在他看来,这种可能性很危险;但对其他人来说,这种可能性或许能让东西方都变得丰富起来。

实际上,现有民主受到令人眼花缭乱的外部力量和非个人力量的支配和控制,以至于有些人声称民治政府"现在简直就是空洞的废话"[33]。许多相信民主理想的人确实发现在民主理想和现有民主之间存在太大的鸿沟。对民主充满同情的批评者如本杰明·巴伯、罗伯特·达尔、卡罗尔·古尔德、苏珊·奥金、埃米·古特曼都提出了改革现有民主的各种建议，以便实现自主的个体有能力确定自己的人生规划，参与社会的集体生活。[34]他们的建议涉及范围广泛，如限制官僚机构、公司和媒体的权力；改革集体决策过程；将工作场所民主化；改造教育、性别角色和家庭关系。虽然各自的议程不同，但越来越多的评论家已经看出西方民主国家民众的不满情绪在不断增强。有人认为这种不满不能完全归咎于现实与理想之间差距的常见问题；如果民主意味着现在流行的自由民主，那么，这些问题就无法依靠"更多的民主"来解决。

被称为"社群主义者"的批评家反对过分强调在自由民主中占重要地位的个体自主性。他们认为，无论在理论上还是实践上，民主都需要通过社群关怀来重新恢复活力。西方民主内部的批判声音与对亚洲民主的追求产生共鸣。至少，在个体权利和更广泛的群体利益之间，亚洲民主将需要保持比当今自由民主更好的平衡。贝淡宁认为，依据个体自主性为民主辩护无法说服亚洲人支持民主，把民主当作工具的辩护亦无效；亚洲实现民主的最佳机会在于民主的社群主义论证。[35]西方批评自由民主的社群主义者和亚洲寻找其他民主选择的社群主义者或许可以从对方的课题中汲取营养。两者都能为迫切需要的民主重建作出贡献。

自由主义者和社群主义者

社群主义者对自由主义的大部分批判是驳斥位于自由传统核心的自我概念及由此产生的个体主义。他们对自由主义忽略社群和共同价值观感到不满，对自由主义不支持的公民美德感到担忧。但他们的观点五花八门，相互之间可能存在冲突。按照迈克尔·桑德尔的说法，人们对美国民主感到不满的焦点是"担心我们个体和集体都对管理自身生活的力量失去控制"和"认识到从家庭到社区到国家，我们共同体的道德肌理都处于分崩离析之中"[36]。这种对自治力的失去与共同体的削弱的焦虑产生于以中立性政治框架理想为中心的"程序共和国"政治。根据这种理想，自由就是我们有能力为自己选择目标。在程序共和国，政治不应该塑造人格或培养公民美德，因为这样做就等于"为道德立法"。政府不应该通过其政策或法律确认任何具体的幸福生活观。相反，它应该提供一个权利框架，尊重每个人都是自由和独立的自我，有能力选择自己的价值观和目标。约翰·罗尔斯、罗纳德·德沃金、乔尔·范伯格、约瑟夫·拉兹、罗伯特·诺齐克的理论虽然有重大差别，但是他们都是以这种权利作为基础的自由主义的支持者。[37] 那些支持亚洲国家文化独特性的人恰恰就是认为以这种权利为基础的自由主义不适合亚洲社会。

西方人常常批评中国和新加坡等亚洲国家的政府干涉民众的私生活。但是，这种批评往往忽略了这些社会中人们真诚相信并得到广泛传播的信念，那就是政府有责任教育国民，可使用的措施包括旨在追求幸福生活和美好社会的立法和民众运动等。即便批评者承认这种信念的存在，但他们往往把它当作"伪意识"而不屑一顾，仍然坚信这些社会中的民众因为长期受压迫的历史而被"洗脑"了，竟然可怜地"拥抱禁锢自己的锁链"。正是这种居高临下的恩赐态度引起亚洲人的很多不满（不仅仅政府感到不满）。

宣称在人权辩论中往往更加同情亚洲政府批评者的陈文则认为，大部分用来支持亚洲术语阐述的人权观所需发展的亚洲政治道德"很可能赞同完美主义、道德主义和家长制等原则"[38]。儒家民主和西方民主的不同体现在政治中立性问题、善的概念以及有限政府概念等方面。不过，人们不该对这些差异过于乐观。历史已经证明，政府对民众私生活的干预往往没有好结果，常具侵犯性和压迫性，延缓个人成长的速度，阻碍个人实现幸福的生活。这种说法同样适用于社会舆论的压力。儒家民主支持者的挑战是提出另一种选择，它不仅对文化的要求非常敏感而且能严肃对待自由派对政府威权和社会暴虐的担忧。我们所需要的是既能避免威权主义同时又不忽略在自由讨论中共同实现公共利益的政治。

把儒家民主可能性的讨论与西方的自由主义者—社群主义者辩论结合起来可以达到几个目的。一方面有助于沟通文化差异,通过建立与亚洲之外的公众熟悉的话语系统的联系使他们更关心有关亚洲社会未来的辩论;另一方面可能让西方民众和亚洲人的担忧联系起来,可能形成一股蓬勃发展的全球社群主义潮流,通过向对方学习而扩展社群主义视角,改善各自的理论和实践。但是,这种途径也不是没有自身的风险。西方学术话语的辨证倾向使人们很容易夸大社群主义和自由主义立场之间的对立。二元论思维方式与儒家格格不入。我们的任务是从西方自由主义—社群主义辩论中找到一个更具体的参照系,这样将不仅避免陷入二元论陷阱而且可以与儒家话语形成良好的共鸣。

实际上,在西方自由主义—社群主义辩论中,采取极端立场的人很少。在区分社群主义与自由主义的众多议题上,越来越多的人倾向于站在两极的中间位置。自由主义和社群主义的重叠区域在不断增加。社群主义者的分歧在于对自由主义的态度,究竟是完全拒绝还是进行改革。与桑德尔、麦金泰尔、泰勒不同,迈克尔·沃尔泽认为西方社群主义批评并不在自由主义之外,而是自由主义中虽不常见但也出现不止一次的特征。鲁贝托·翁格把他对自由主义的批判描述为"超级自由主义"。埃米·古特曼则认为社群主义价值观的作用或许是补充而不是替代自由主义价值观。[39]

那些坚持自由主义与社群主义水火不容的人,往往对双方阵营的立场采取一种相对狭隘而且较不合情理的解释,其实,二者都包括了众多理论。比较讲道理的人认识到,各方"都赋予在对方看来属于中间位置的价值观某种地位"。越来越多的人寻求和睦友好,寻求一种"把自由主义和社群主义的最佳内容有效结合起来的办法而不是一方战胜另一方"[40]。目前的问题不是个体自由与社群等价值观之间不可调和的冲突,而是如何在两者之间确定最佳平衡。

有些社群主义者从一开始就没有把自由主义当作批判的目标。英国社群主义论坛主席亨利·塔姆宣称,社群主义批判的目标是市场个体主义而不是自由主义,尽管许多人认为两者之间的联系非常密切。他认为,就像保守主义或社会主义一样,可以在社群主义的框架内追求自由主义。"社群主义不应该与保守主义、自由主义、社会主义并列,被当作与它们对立的意识形态。相反,它挑战了下面所有人,这些人受到保守主义、自由主义、社会主义某些观点的吸引,因而不愿承认只有在结合个体主义和社群主义实践的框架内才能实现这些观点。"作为美国社群主义运动先驱的阿米塔伊·埃兹欧尼和威廉·盖尔斯顿也认为,社群主义是"威权主义者和激进个体主义者之外的第三种选择。前者包括道德多数派和自由钟,后者包括卡图研究所的知识分子尤其是公民自由联盟等公民自由意志论者和主张自由放任的保守派"[41]。

在塔姆看来,与社群主义兼容的自由主义包括穆勒、霍布豪斯和杜威的自由主义。[42]这些自由主义者是更早对经典自由主义发起社群主义批判的人。他们也试图调和个体性与社会性,他们对自由主义的贡献之一就是社会性的个体概念和对共同体价值的重视。[43]杰拉尔德·高斯令人信服地指出,虽然那些在社群主义者看来不惜牺牲共同体利益追求个体自主性的人也常常引用穆勒的言论,但是共同体在穆勒自由论中的重要性比当今自由主义愿意承认的程度更高。在当今的自由主义和社群主义辩论中,双方都引用杜威的观点支持各自的立场。虽然杜威自称是自由主义者,但考虑到他视民主概念等同于共同体概念,把他视为提出社群主义课题之人也是有道理的。郝大维和安乐哲在讨论中国的民主前景时使用杜威的社群主义观批判自由主义。[44]但是如果杜威仍然在世,他肯定会把自由主义和社群主义辩论视为虚假的二分法而嗤之以鼻,正如他讨厌所有二元论一样。从杜威哲学中汲取营养,本书的儒家民主将解决自由主义和社群主义关心的各种问题，却并不完全站在任何一方，目的就是提供第三种选择。

杜威和孔子

在中国历史上最具戏剧性的时期之一，杜威在中国待了两年多的时间（1919年5月—1921年6月），走访了中国不少地方。远在此之前在哥伦比亚大学，他就有一群中国学生，这些人在两次世界大战期间的中国历史上发挥了重要作用，他们的思想对此后的中国知识分子产生了持久的影响。或许正是因为以胡适和蒋梦麟为代表的这些中国学生的精心准备和周密安排，加上杜威的民主言论正好切合第一次世界大战后的中国背景，使得他一到中国便掀起了风靡一时的"杜威旋风"。[45]

在史华慈看来，"约翰·杜威和现代中国的相遇是20世纪中国思想史上最令人感兴趣的事件之一"[46]。杜威在中国时常常被称为"第二个孔子"。这种恭维的说法最早由北京大学校长蔡元培提出来。具有讽刺意味的是，虽然把杜威比作孔子本是一种赞美，但杜威的中国听众对杜威哲学和孔子哲学的差异更感兴趣，因为当时儒家哲学被认为与推翻的君主制及"旧中国"遭到鄙视的其他机构有千丝万缕的关系。正如蔡元培所说："孔子说尊重皇帝，杜威鼓吹民主；孔子说女人难养也，杜威鼓吹男女平等；孔子说述而不作，杜威鼓励创新。"[47]在杜威访华期间，当时对儒家最普遍的理解和反传统的态度意味着杜威在哲学层次上很少能直接从儒家汲取营养以丰富其民主理论。虽然如此，人们可能猜测杜威在中国两年多的日常生活以及与中国人的亲密接触或许给他后来的思考留下一些印记。但愿杜威的实用主义和儒家的再次相遇是双向交流。

在此后的儒家重建中，我们将推翻蔡元培作出的儒家与杜威实用主义的对比，这并非因为它不完全准确而是因为背景已经发生了变化。在新千年,为我们带来儒家民主的儒家不同于被认为维持中国皇权时代并导致其最终灭亡的国家正统思想的儒家。早期中国知识分子寻找儒家之外的选择来作为通向民主之路,如今我们则寻找通向民主的儒家道路。

历史学家巴里·基南认为,杜威的思想在中国共和初期确定自由主义改革运动的内容方面发挥了重要作用。通过首先改造文化而向中国介绍民主的"杜威实验"被基南等学者判定为失败,但是在某种意义上,杜威与中国的相遇仍是一个还没有终结的故事。随着大西洋两岸同时出现的儒家和杜威实用主义的复兴,交往的新篇章已经开启。笔者更希望强化杜威作为"第二个孔子"的资格,两者的哲学产生更多共鸣:个体作为社会人的概念;对共同体及其价值的观点;建立共同体的方法;以及随后出现的"个人如何生活"和"集体如何共同生活"的密不可分。将他们的哲学综合起来后,所有伦理学和政治学问题都融入到将民主视为独特的个体组成的欣欣向荣的共同体的哲学之中。

虽然两者都把个体看作社会人,但孔子的"仁"比杜威更强调共同体的作用,杜威的目标是纠正而不是完全排斥自由主义,因此他比孔子更强调个体选择的作用(虽然是重建的选择概念)。虽然两人都相信创建共同体要求在人际交往的各个方面努力,也相信情感与思维密不可分,但是孔子强调"礼"的美学特征,杜威则强调"协作探究"的思考。他们思想的不同背景导致哲学上的重要差异。孔子强调"民享政府",但是在"民治政府"方面闭口不谈;杜威则特别关心两者之间的联系。他们的相似性常常凸显杜威与其他西方哲学的不同,如果结合他们的差异,这些相似性将表明一些新的以实现杜威的目标的可能手段而不是西方背景下的常见手段。杜威与儒家的差别最明显地体现在杜威与其他西方哲学的共同性(如自由主义的担忧)上,这些差别通常暴露出儒家在历史实践中的弱点。若把两者的相似性和差异性结合起来就能显示出一种未来可能解决儒家社会问题的方法以及实现杜威民主的其他选择。

把杜威引入儒家民主的讨论能够让人们用新的眼光看待儒家，这将极大地帮助儒家重建，而儒家重建是实现儒家民主的必要条件。与此同时，将杜威哲学引入新的背景后也会揭示出本来可能被掩盖起来的某些方面，让人们看到杜威民主重建的新的可能性。

第二章　社会个体

无论是在人权辩论中挑战西方国家文化霸权的亚洲人，还是从自由民主内部批评自由主义的西方社群主义者，都反对过分强调基于将个体视为现成自我且在观念上和本体论上都优先于社会关系的个体自主性。自由主义者和社群主义者的根本分歧在于他们对个体和社会的不同理解。要在自由主义和社群主义的担忧之间保持平衡，我们需要新的个体和社会概念，它们并不存在严格的区分和必然的对抗。要充分理解个体就需要引入社会维度，这是作为人不可克服的条件，而且该维度与个性密切相关而并非仅仅是其反面。本章旨在阐明早期儒家和杜威哲学中的个体观和社会观是如何避开了让一方屈服于另一方的问题同时又满足了这一要求。

自由的自我和自主性

个体作为自主自我的概念在西方现代性中占主导地位。这一概念是以自由主义为核心的个体主义和当今西方资本主义社会特征的基石。[1]虽然在希腊和罗马哲学中存在一些可以被翻译成"自我"的词，但是将关心彻底内在性和独立性的自我概念作为哲学问题来探讨是在人们意识到主观的、自我觉醒的体验作为自我表达的主要媒介之后才出现的。查尔斯·泰勒把这种"内在性"意识追溯到奥古斯丁的"不要向外寻找，返回内在的自我，在内心探索中发现真理"[2]。虽然古代人在其哲学思考中有时候采用反顾自我的立场,但是这种对自我的反思并不彻底,只有在我们不仅体验自我存在于世界,更重要的是还体验到了世界为自我而存在,自我反思才算彻底。若没有这种彻底的自我反思,就不可能有超脱的主体和与之相关如自我负责的自由和尊严的理想(这些是现代个体主义的重要内容);也不可能出现特别强调自我探索和自我认识的个体主义现代文化。[3]

除非一个人是完全出于自己的意志自由作出了某种选择,否则任何生活都不是真正美好的。这种信念把个体选择和承诺放在道德生活的核心,极大地提高了个体作为自主行动者的地位。其根源来自奥古斯丁有关意志的思考。他的想法将有关意志的两个观点结合起来从而形成了某种张力和困难:一个是拥有给予或收回同意权的意志,一个是作为自身基本习性的意志。第一个意义上的意志有强有弱,第二个意义上的意志有好有坏。意志的不同力量将带来知识和欲望之间的潜在冲突;不同于苏格拉底的教导,知道什么是善并不足以让人作出善行。正如奥古斯丁引用圣保罗的话告诉罗马人"故此,我所愿意的善,我反不做;我所不愿意的罪恶,我倒去做"[4]。在奥古斯丁看来,意志的脆弱(Akrasia)不仅是思想问题而且成为道德和宗教经验的核心危机。他的"我使自己对自己成了问题"等于承认了这种道德和宗教斗争的存在。

奥古斯丁仍然保留了古人对本体论逻各斯(Logos)的信念。转向内心是把个体内在性向上帝敞开。"正如灵魂统辖肉体生活一样,上帝如真理之光照耀人的精神生活。"[5]内在性成为真正现代的,主体和世界的脱离彻底完成,那个本体论逻各斯渐渐消退,唯一的秩序和确定性必须转向内心才能找到。自我质疑成为认识论斗争先于道德的挣扎。自我的问题作为对预设主体的反思始于笛卡尔对"我是谁或我是什么"这个问题的怀疑及其回答:"我思故我在"(Cogito ergo sum, sum res cogitans)。在笛卡尔看来,内心成为思想和价值观的专属领地,以前曾存在于知者/行动者与世界之间,并把它们联系在一起成为不可分割的整体的东西被移至主体之内在。这确定了对主体与客体的新认识,其中,两者相互独立,主体超越客体,并与客体对立。[6]

在道德和政治哲学中,奥古斯丁和笛卡尔的学说促成了现代的自由概念,即作为自主性的自由。主体被描绘成绝对独立的个体,可以在不受任何外来权威(无论是自然权威还是社会权威)干涉的情况下决定自己的目的。这种思想的最明显体现是17世纪把自主的个体作为起点的契约论。该理论中的政治合法性建立在自主的个体认可的基础上,规范性秩序必须源于个体意志。卢梭扩大了内心声音的范围,提高了自主个体的地位,促使现代文化向更深刻的内在性和彻底自主性转变。卢梭哲学是现代自我探索的文化的根源,在这种文化中,自主性是美德的关键。

卢梭指出,人生而自由却因此常常背负着社会环境的锁链,因而回归自然是个体自我实现的关键。这个观点后来被许多浪漫主义者采用,它代表了一种通过把理性和天性混合起来而实现的逃避,不用再算计和依赖他人,也无须考虑这种依赖所产生的期待和舆论压力。这种回归并非返回到人类社会以前或者野蛮时期,而是表达了一种对符合人类天性的理想的社会文化的渴望。因此,卢梭哲学的核心是良心问题,它是一个已经进入社会因而被赋予了语言能力和理性(也就是真正人性的声音)的人发出的自然之声。"公意"(public will)的概念是多人异口同声的结果。它代表了真正人性的要求,完全摆脱了由于依赖他人或观点而造成的任何扭曲,体现在得到民众承认的法律上。良心和公意的道德来源就是个体的自主性。

卢梭对伊曼努尔·康德的思想产生了重大影响,后者标志着作为自主性的现代自由概念的最高成就。与他律相反,自律(也就是自主)彻底独立于所有显著的依附性;它用自我设定的理性法则取代了自然法则。因为康德,自主的自我概念成为道德的基础。道德律产生于理性行动者的自由意志。正是这种自律给予理性行动者尊严和作为个体的价值。这种自主的个体在西方现代文化中占据支配地位。用艾瑞斯·梅铎的话说:"《道德形而上学原理》中精彩描述的人对我们来说是多么熟悉和典型啊,他甚至在面对基督时仍然转身求助于自己良心的判断,聆听自己理性的声音。剥去康德愿意接受的一些形而上背景,这个人仍然在我们身边,他是众多小说和道德哲学著作中的英雄,拥有自由、独立、孤独、强大、理性、负责、勇敢等各种美德。"[7]

迈克尔·桑德尔在批判约翰·罗尔斯的《正义论》时恰恰就攻击了这种在西方现代性中受到赞美的康德式英雄。桑德尔认为,康德式的道德主体与罗尔斯的道义论自由主义不可分割。它是罗尔斯推出正义原则的程序性前提,这些程序也论证了正义原则的合理性。[8]在桑德尔看来,康德的道德主体没有令人信服地解释道德经验中某些不可分割的部分;能满足道德生活需要的任何道德原则必须建立在完全不同的道德主体概念之上。而且,这种道德主体概念甚至无法支持罗尔斯自己的正义论。

罗尔斯的作为公平的正义原则等于"将自然天赋的分配看作共同资产的一种立场"[9]。桑德尔认为,理解这种天赋的共有主张的唯一办法是,假设一种交互主体的自我,把共有资产的概念与财富的共同所有主体的可能性结合起来。[10]与物质财富不同,我拥有其他任何人没有的天赋和才华,只要我们指的是那些具体的品质而不是泛指某种品质。在此意义上的拥有当然要求一种共同拥有的交互主体的存在。但是,这种得到承认的特殊关系在罗尔斯看来并不具有道德意义,因为他认为道德主体无须具备这些特征。罗尔斯理论中对天赋的集体主张并非建立在这种所有权概念基础之上。

罗尔斯关心的具有道德合理性的拥有与所有权和对从这些天然品质中延伸出来的利益(使用和产品)的权利要求有关。其他人可以分享能够在独立的个体之间进行分配的这些利益。分享天赋能力带来的利益并不要求交互主体的自我。把天赋能力看作"共有资产"无异于说分配天赋能力的利益的最初原则是集体决定的原初状态。原初状态的各方在选择正义原则之前不需要得到或共同拥有这些资产。他们陷入的困境是选择决定天赋能力利益分配的首要原则，因为知道这些具有随意性的能力在自由和平等的个体之间的分配是不平等的。

罗尔斯认为，原初状态的各方将选择作为公平的正义原则而不是呈现给他们的其他选择（如根据天赋能力对应分配利益的自由意志论原则或者利益的绝对平等分配）。此举的奏效并不需要一个交互主体存在的假设。自然天赋分配的随意性证明了它被无知之幕屏蔽的合理性；原初状态的各方在不知道他们的自然天赋份额是多少的情况下选择作为公平的正义原则就是符合理性的，这并不是因为社会整体（某种交互主体的存在）对这些天赋提出了权利要求，只不过是从个体的角度把利益最大化把风险最小化而已。

桑德尔宣称，在罗尔斯理论的无知之幕背后，我们所拥有的不是独特的个体（甚至不是抽象的个体）之间的契约而是逐渐意识到的一种交互主体的存在。[11]他认为，通过抹去利益、偏爱、知识和权力上的所有差别，无知之幕并没有带来原初状态的公平协议或协商谈判；相反，它让协商谈判和签订协议都成为泡影，因为剥夺了所有各方的区别性特征就令人质疑到底还有没有多样性和独特性。站在罗尔斯的立场上，人们可能认为，这些人在最基本的层次上应该是现实中并不存在的抽象人，他们因占据不同的位置仍然能被区分开来。如果这显得鸡毛蒜皮，那么，他们与无知之幕另一边的内容所保持的联系有可能更清晰地将每个人区分开来。现实世界中每个人都有独特的性格、地位、兴趣和目标。他们为正义环境所决定的社会选择正义原则。"他们假设每个人（他们代表的人）都有一种善的概念并据此向别人提出权利要求。所以，尽管他们把社会看作为了相互利益的合作冒险，但是其典型特征是既有利益一致又有利益冲突。"[12]原初状态的各方不是为他们本人而是在为无知之幕另一边的人们选择原则。作为真实的、独特的个体的代表把原初状态的各方分别显示出来。

桑德尔认为,罗尔斯的正义原则要求一个把道德主体看作交互主体的存在的概念。虽然桑德尔的论证或许说服力不强,但人们仍然同情他的观点,也就是康德的道德主体无法充分解释道德体验,因为它没有具体化身而且属于人类社会之前的时期,但人类实际上并非如此。罗尔斯的道德主体的边界是一劳永逸确定下来的,这个边界无法穿透,无懈可击,不会因为经验而改变。这个道德主体没有具体化身:它的身份是先于其利益和目标而确定下来的而且独立于这些利益和目标;这与拥有特定立场的自我形成鲜明对比,这种自我与其利益和目标密不可分。罗尔斯的道德主体在意愿行为中把自己与其利益和目标联系起来,"因此,道德人是拥有自己选择的目标的主体"[13]。康德的道德主体也具有前社会性:对其他自我而言,它已经被先行个别化,首先是独立的个体,接着通过选择进入与其他人的关系中。桑德尔认为,罗尔斯的道德主体概念把社会关系看作可以选择的目标。因此,它排除了社会关系塑造自我身份认同的可能性。

把我们自己看作完全独立于包括我们与他人关系在内的自身目标的观点将破坏忠诚和信念,这些忠诚和信念的道德力量不在于它们是选择的对象而是身份构成的组成部分。在桑德尔看来,一个没有这种构成性附件的人不是"自由和理性的行动主体"而是"完全没有品格、没有道德深度的人"[14]。而且,道德经验的重要组成部分之 自我反思,需要构成性意义上的人格的可能性。"在自我不受任何妨碍或基本脱离任何束缚的情况下,已经没有自我反思的对象。"[15]如果选择不仅仅是随意之举,那么,深思默想就必须在考虑我们身份的背景下进行。自主的自我概念也限制了他人对自身善的贡献。友好行动变成了早就辨认出来的利益的附属物;"爱和仁慈是第二位的观念：它们寻求进一步扩大已经得到的所钟爱的个体的利益"。罗尔斯承认，"即使我们站在别人的立场上看问题，并试图评估什么对他们有利时，这么说吧，我们也只是顾问而已"[16]。该观点没有认识到友谊不仅是"了解对方而且是相互喜欢"[17]，它贬低了友谊以及一般的人际关系对道德身份认同和体验的贡献。

虽然像桑德尔这样的社群主义者认为自由主义的自主自我是不充分的道德主体，但是自由主义者担忧的是社群主义的替代品"有负荷的自我"被过多地纠缠于社会关系中，去忙于完成并非由自己选择而是由他人指派的目标，这个自我简直成为自动化的机器。在任何时候，去质疑所有目标和关系不仅是不必要的而且是不可能的，但如果有些目标或关系是决不能质疑的，那么，这个人难道不是失去了对生活某些方面的控制能力，因而无法决定自己的生活方式或断定自己是否幸福吗？如果一种生活是一个人无法控制的，即便在某种意义上是富裕的生活，若从伦理学的角度看，它还是有价值的生活吗？这种极端的非此即彼的观点恐怕都不是问题的答案。我们将试图在杜威和儒家哲学中发现一种方法，既没有无具体化身的前社会性的自我的自主性，又能够避免有负荷的自我的自动化行为。

独特却不自主的个体

杜威反对"传统心理学的原始区分的灵魂、心理或意识，因为这隐含着先把人与自然割裂开，而后又把人与其他同胞割裂开的意思"[18]。他不相信无具体化身的自我或前社会性的自我。在后来的著作中，杜威因为难以说服人们摆脱传统观念而感到沮丧。杜威常常更愿意使用"生物学的文化的人"而不是"自我"。不过，虽然他反对把 self"自我"（也反对 subject"主体"、mind"心理"、knower"知者"）作为"优越于客体和世界或与之对立的最初单独实体",但是把自我作为哲学术语完全排除掉很困难。[19]即使有可能,这样做的哲学代价也可能太大。在寻求自我理解和理解他人的时候,我们必须面对像"人"(human being)、"自我"(self)、"个人"或"人格人"(person)等术语之间的关系所产生的复杂议题。①

一个人作为个体不仅仅因为她占据了独特的时间和空间,因为其他实体同样有这种个别化的形式。如果一个人愿意参与科幻小说般的思想试验,这种时空个别化绝非明显的或确定无疑的。对实践哲学来说,人类个体观念的意义与尊重作为个体的人有关。下面的说法证明了这个观点的合理性:与个体的物品不同,个体的人是自我(selves)或人格人(persons)。杜威承认没有办法摆脱个体是自我的事实(M14.202)。问题是"哪一种自我"?在哲学上至少在英美和欧洲文化中,当把个体称为"自我"时,我们的意思不仅仅是指出这个事实:人们在语言中使用反身代词进行自我指涉思考。查尔斯·泰勒认为,一个人的用以指导其行为的世界观和道德立场都是一种身份认同的组成部分,对于西方现代人来说,这种身份认同的部分内容是他认识到自己是拥有深刻内涵和特殊内在性意识的存在。正是这种内在性支撑了他是一个自我的观念。[20]在杜威看来,他的自我概念与流行的自由主义自我概念之间的差异是,在个体与世界其余部分建立关系前并不存在"深刻内涵",这些内涵是自己

---

① 此译法借自朱岩译的《法律与历史:论〈德国民法典〉的形成与变迁》,转引自崔拴林:《论自然人权利能力制度的法哲学依据——以近代德意志法系私法制度为对象》,载《金陵法律评论》2007年秋季卷。另外,雅克·马里坦《位格与公共的善》中"individuality"与"personality"被分别译为"个人性"与"位格",前者指一种来自于物质的力量,是已经存在的你自己;后者则提出进一步要求,即"成为你自己",是一个能够为自己承担责任的自我。"物质个性并不是什么恶的东西,就像人类存在的物质条件,是一种善。但是只有与位格(personality)相关联的个性才是一种善。"转引自崔卫平:《你说的是哪一个"自我"》,见《共识网》http://www.21ccom.net/articles/sxwh/shsc/article_2012071563726.html。——译者注

与他人交往过程中通过与社会环境和自然环境的互动体验获得的。

为了理解个体性的伦理学意义，我们还需要其他概念，即便它不是"人"（human being）的替代品。除了"自我"（self）之外，还有另外一个选择"人格人"（person）。从哲学上看，人格人的概念与自我的概念一样模糊不清，容易引起争议。阿美丽·罗蒂认为，实际上不存在单独的"人格人"概念，相反，这个概念实现了众多重叠功能。每一种功能都与"人格人"和"人"的类别有不同的关系，并产生不同的对比类别。最常见的用法是把"人格人"当作"单个人"（individual human being）的同义词。[21]但在当今西方哲学中，可以接受的或许是"人（human beings）的概念是生物学意义上的实体概念，而人格人（persons）的概念是具有规范性和意识形态内容的概念"[22]。这使得"人格人"与自我更接近，比它们各自与"人"的距离都更近些。

但是"自我"和"人格人"可以互换吗？大卫·休谟认为"self identity"（自我同一性）和"personal identity"（人格同一性）是一回事，其他人也这么认为。[23]虽然"自我"和"人格人"常常被互换使用，但着重点不同："自我"强调第一人称视角，而"人格人"则强调第三人称视角。正如约翰·洛克指出的，"人格人"是法庭术语，人格同一性的问题出现在实际事务中如谁是遗嘱受益人或谁实际犯了罪。虽然人格同一性问题往往是在与他人有关而不是与我们自己有关时提出来的，但自我同一性的问题只能由第一人称提出。自我同一性关心的是每个人的"自我意识"，即个人了解自己内心生活的特权。

在杜威的哲学中，第一人称视角并没有占有像西方某些自我概念那样的权重。达内尔·拉克在研究了杜威未发表的标题为《物与人格人》的手稿后指出，在杜威的哲学中，"自我"演变成了"人格人"，正如生物学意义上的个人演变成自我一样。人格人是拥有职责和代表性功能的自我，这些功能是在社会交往中得到承认和定义的。[24]拉克刻画的差异揭示出个人的社会性的重要方面。但是，笔者将互换性地使用"自我"和"人格人"，这是因为（正如拉克承认的）杜威从来没有在任何地方直接区分自我和人格人，实际上就连在《物与人格人》中他也是互换性地使用这两个词。我们需要牢记的是，除了早期著作外，杜威在讨论"自我"时并没有强调第一人称视角来暗示自主的自我的彻底反省，因此，他的哲学把"自我"向"人格人"推近了许多。

人格人的概念除了不再强调第一人称视角外，还显示出与专注于彻底独立性的概念形成对比的个体性概念。请注意我们使用的形容词"人的"（human）和"个人的"（personal）。被描述为"人的"东西具有笼统的生物学物种的特征，它并不刻意把这个人与那个人区分开，相反，隐含的意思是所有具备这些特征的人在人性上是相似的。但是当某种东西是"个人的"时，它描述的是某人与他人不同的特征。而"人"（human being）这个词往往把注意力集中在物种的成员身份上，因此往往是牺牲独特性而强调相似性或至少外表相似。相反，"人格人"的个人则强调个体性的独特性。杜威宣称，个体性总是隐含着与某个类别、类型或阶层的对比，"引起人们关注那些独有的、不可替代的、可以区分开来的特征，正因为如此，它们需要特别对待，需要对通用方法或类方法或标准进行特殊调整"（M7.238）。即使考虑到每个笼统特征所呈现出来的无限多样性，但个人独有的特征可能并不多。更可靠的说法或许是每个人的特征的特别组合，这意味着让某个人成为她现在的自我的全部人生经验。"任何两个人都不可能拥有同样的自我，这不是偶然的而是必然的。我们不是同一类别的成员，每个人都是独一无二的"（M7.403）。

与强调自主性和完全独立的概念相比，这种强调独特性的个性概念在中国背景下更容易得到认可。"中国人总体上相信独特的个人存在，这毫无疑问为家庭代代相传的宗族概念所强化，子孙后代可以无限延伸到未来，但每个人都在族谱中占据独特的位置。"[25]独一无二的个人的价值在于其人格的独特性和不可替代性。这种独特性是在特殊背景下确定下来的，不仅与环境对自我的影响有关，而且与个人对自然环境和社会环境所做的贡献有关。个人独特性的实现和发展就是通过这些关系完成的。

儒学中推崇的背景独特性不同于浪漫主义"张扬个性"（expressive individuation）的独特性。张扬个性是在18世纪形成的观点，即人人都是特别的，独一无二的，这种独特性决定了他或她应该如何生活。[26]在儒家和杜威哲学中，个体性的价值主要是独特性而不是完全独立的自主性，它更不是道德的根源或者主要标准。这与浪漫主义的独特性价值观形成对比，在浪漫主义中，独特性不是自主性的替代品而是它的补充，因此强化了内在意识和个人孤独感。虽然浪漫主义运动强烈排斥康德对自律和自然天性的区分，但是自律首先被理解为自我表达的自由，仍然是最重要的善。浪漫主义者认为自然天性是善的来源，我们接触善的唯一方法是聆听内心的声音，在我们身上找到自我的表达。与之对比，杜威和儒家不是通过自主性而是通过社会性把独特的个体性与道德联系起来的。

杜威的社会性完成中的自我

已经存在于杜威早期著作中的是这样一种自我概念，它"本质上具有社会性，不是由孤立的潜能而是由个人对环境的需要作出反应的潜能所构成，如果从整体上看，这个环境就是个人组成的共同体"（E3.335）。这个社会自我不是先于经验而存在的现成之物。即使他仍然把自我看作能够解释经验的连通性的"真正统一"，但是自我的统一不在于任何单个的恒久物品而在于过程的连续性——"自我是建立联系和互动的活动"（E2.210，216）。杜威后来放弃了统一的自我观，在个人的"行为和经历"中也就是体验本身中寻找统一性。他通过聚焦于行动的哲学心理学提出了实用主义色彩更浓厚的自我概念，即行动中的自我。

杜威反对威廉·詹姆斯的以作为判断思考的"I"（纯粹自我，对应 me 经验自我）的形式存在的超验自我概念，这个"我"当前作为意识流中的一个单位，能记忆和挪用过去意识流中的过去因素（个人同一性概念：现在的自我与它想起的那些过去的自我相同）。在杜威看来，思想预设习惯，而且与行动有关。尽管后来两人的观点存在很多分歧，但詹姆斯的《心理学原理》对杜威的影响很大，使他不再使用传统的猜测性的内省途径去认识人的心理和意识。1890 年之后，杜威更加关注生理学和实验室的试验，这些研究把人当作自然世界的组成部分。这个新途径显示"感觉不是知识的单位或元素而是针对环境作出适应性调整的场合"（M7.346）。心灵是在有机体与环境的互动中形成的，它是"用来控制与生活过程的目标密切联系的环境的器官"（M2.41）。

杜威对该心理学的重大贡献体现在颇具影响的《心理学中的反射弧概念》一文中。他在文中阐述了用以说明他的自我概念的行动统一性。杜威反对把"反射弧"作为行为的关联性和连贯性的新保证。他反对刺激与反应二元论，也反对心理学企图在两者之间寻找因果关系。他认为行动不是由刺激的不同阶段组成，对刺激的内部处理和外部反应之间的联系是随意的。在分析了小孩对蜡烛火焰的反应动作后，他指出明显的动作和反应以及视网膜和其他地方的感觉都"存在于看见的行为之内而不是之外"（E5.98）。被错误地视为动作独立组成部分的内容其实是统一行动内部的功能性差异。

詹姆斯·泰尔斯描述了把杜威的反射弧概念作为揭示有机整体内功能性差异模式的关键。[27]杜威在 1928 年发表的一篇文章中清晰地表达出这一点。"最初是整个有机体参与的动作，反射机制作为包容性的动作整体的具体分工参与进来"（L3.33）。看见蜡烛去抓火焰的行为后果会让小孩回忆起最初的冲动和与这个动作有关的习惯，因此会修改冲动和习惯的意义。人们认识到某个事情是外来刺激,只有在不确定的时候才要求作出某种反应。正如小孩看见蜡烛去抓火焰的习惯性反应苦乐参半。反应的一部分是对那种刺激的解释,要把它变成确定性的东西。反应是控制对刺激进行解释的个人感觉和他的反应相互适应的一种循环,两者决不是线性的因果关系。

刺激的出现关键在于它本身是个问题,造成经验本来通畅的流动突然中断,可以说是有机体与环境的"脱节"(因此存在刺激与常规的对比)。反应不过是尝试在两者之间重新建立关系。行动的统一性不需要靠某种与行动分开的东西赋予,而是存在于有机体及其环境之间的关联性和积极互动之中。这种统一性可能遭到破坏,但是它可以通过重建出现问题的情景而得到恢复,并将先前的条件和渴望的后果成功地结合起来。因此,根本不需要任何旨在"统一"行动和经验的统一实体或个别的活动。

那些仍然纠缠于"同一性"的人常常抱怨说杜威的观点是"没有自我的行动自我"。[28]他们没有认识到杜威驳斥传统自我概念的意义。在杜威看来,自我不可能存在于人的"行为和经历"之外或经验之外。"自我"和行动的区分出现于"事实之后"。统一性优先于经验差异,如果不这样想就是犯下了"溯及既往的谬误"(retrospective fallacy)——这是把事后对当初经验的回顾所作的分析当成原始经验本有的组成部分。"回头看,有一件令人伤心之事和感到伤心的我;可怕的熊和我的恐惧;令人鼓舞的迹象和令我兴奋的希望;但是原始情景并没有这种分别"(M7.37)。自我身份是伴随着有机体的或社会的结构复杂的互动而最终出现的一种功能(L1.162)。

一个人的自我有部分是习惯构成的,而习惯是在行动中形成和发挥作用的(M14.21)。习惯是社会功能,无法脱离行动而存在。在杜威看来,习惯不仅仅是条件反射或消极的常规反应,而是积极的、有预见的手段,是充满活力和支配能力的行动方式,可以有智慧和变化。杜威把习惯单独阐述并不是割裂它与自我冲动和智慧——他在《人性与行为》中列出的人性的其他成分——的关系。其实，习惯、冲动和智慧这三者重叠的地方很多。习惯是因为社会互动而变成行动趋势的组织化的冲动，习惯受到智慧的控制。习惯是附属性的，是后天养成的，是"人在出生时就具备的部分天赋的非习得活动的副产品"（M14.65）。因此，人天生并非一个现成的自我。自我的形成是不可简化的社会化过程。

与杜威关系密切的乔治·赫伯特·米德对这个过程的描述比杜威自己的著作中的描述更好，虽然可能不是更彻底但至少更简练，焦点更集中。米德从具体的人类交际和社会性起源理论中提出了让人能自我反思的条件，而自我反思是形成自我必不可少的。[29] 符号的使用让人能够在想象中表达可能行动。运用如"一般化的他人"和"角色扮演"等关键概念，米德提出了以符号为中介的社会互动理论。即一个人对他人可能因为自己想象中的行动而作出反应的预测影响他实际上采取的行动。当一个人能够在想象中把自己看作不同于他人但同时又与他人有联系的行为主体时，她便成了自我，但是这只有在具有社会互动的实际体验之中才有可能，也就是说她被当作行为主体来对待，她对别人的行动作出反应，而别人也对她的行动作出反应。

婴儿的生活开始于本能活动，这些活动就像"一阵风刮在泥潭上，除了他人的存在所给予的方向、他人对他作出的反应之外毫无意义"（M14.65）。只有在与他人的互动中，婴儿才能成为一个自我。因为自我的个体化不仅存在于别人对自我的观察和描述中，而且是自己对自我的个体化。成为自我意味着一个人体会了自我的意思和感觉。自我意识要求区分自我和他者，但这种区分并不意味着先于社会的自我或者完全与他人区别开来的自我。新生儿必须学会与周围人区分开来。只有在对喂养、交谈、关照、安慰作出回应，激发他人对他的关照不同于其他人；婴儿才能学会把自己的体验组织起来成为一个自我。

区分自己与他人不仅首先是通过他人实现的，而且这种区分在整个婴儿期都是继续通过与他人的互动来维持的。为了维持这种区分就"需要一种对比。当一群生物共同生活在某种条件下，他们在自己的经验中寻找方向及形成自己的目标时，必须关照他人的福利，这样一来，每个人都不得不将自己与他人区别开来，而且通过相关的过程把自己的存在和目标与他人的存在和目标区分开来"(M7.340)。因此，自我出现，并且在社会互动中维持下来，"如果没有对 alter（他人）的意识，就不可能有对 ego（自我）的意识，对他人的意识越清晰，在想到自我的时候就越确定无疑"(M7.340)。自我和他者的区分并不意味着二者截然分开而是意味着个体之间的联系。我们学会成为现在的自己在很大程度上是别人赞同、反对、抗议、鼓励、分享和抗拒的结果。

我们是社会性的自我，因为我们的行为影响他人，他们的反应反过来影响我们。承认这一点对我们如何行动特别重要。我们在社会环境下行动，虽然他人或许不在直接现场。正如当今时代的环境问题要求全球性的解决办法告诉我们的，我们与他人共享一个地球的事实意味着，即使我们相距很远，自己的行动也可能对他人产生很大的影响。"每个行为都使行为主体与他人发生联系"(M5.404)。詹姆斯·坎贝尔指出，当杜威宣称"行动总是与他人分享的，无论好坏，它都具有社会性"时，他主要不是对行动作出评价而是对行动解释（虽然评价往往伴随解释出现）。[30] 人的行为之所以不同于纯粹的物理运动，就在于前者是有意义的，而此意义来自通过共同的工具、目标和传统参与一个较广的社会群体活动。通过社会参与赋予我们的行为以意义，社会环境才会影响我们的欲望、兴趣和动机(M9.21)。我们通过行动影响环境时，环境也反过来影响我们自己。

像社群主义者一样，杜威拒绝了没有具体化的和先于社会性的自我概念；像自由主义者一样，他并不认为自我是静态的或消极的"有负荷的自我"或"嵌入式自我"。自我是经验的产物，而经验涉及到个人与环境的互动。因此，自我至少在一定程度上是环境的产物。有些自由主义者指控社群主义者把自我简化成一个"机械人"，但杜威并没有犯上述错误。在杜威的概念中，自我行动影响环境，也受环境影响。在个人与环境的互动中，他通过解释过去和现在的行动，以行动改变未来环境。自我既不完全独立于环境也不完全被环境所决定。我们既没有具体化先于社会的自我的自主性也没有沦为只有机械活动的"有负荷的自我"。个人与环境的互动在不同情景下容许不同程度的相互适应改变，所以个别性和社会性能相互促进，共同提高。

构建儒家的自我概念

在考察了杜威的自我概念如何把个别性和社会性结合起来后，我们现在转向儒家如何处理个体性和社会性的问题。在许多人看来，自由主义的自主自我的个体概念与儒家格格不入，那么，儒家有什么别的自我概念呢？

与西方哲学史不同，实际上在儒家早期传统中自我并不成问题。当然，中国古代语言中确实有一些涉及到自我或指代自我的术语。它们在特定情景中区分自我和他人：在某个情景中是"他人"，到了另外一个情景中可能就是"自我"。当今仍然经常使用的汉字"我"和"吾"根据具体情景可能用来指"我"或"我们"。用于反身指代的汉字"自"和"己"若翻译成英语常常就是 self。另一个汉字"身"的基本意义是"身体"，有时候也被翻译成 self。正如赫伯特·芬格莱特指出的，不把 self 的这些语法对等物具体化为某种内在自我是很重要的，因为它们不具备英语中的独立名字那样的地位，更准确的译文应该是 oneself（自身）而不是 one's self（一个人的自我）。[31] 即使有自我的问题，像杜威一样，孔子也不会相信有什么凌驾于世界和客体之上或与它们对立的原始的独立实体的"自我"。

第二章 社会个体

儒家的核心问题是"要做什么"而不是"我是谁"[32]，后者当然可能是前者的一部分，反过来也是如此，但是由于首要议题不同，哲学探索的展开方式会有很大差别。虽然一直被翻译成"self-cultivation"的修身是儒家的关键哲学议题，但是它指的是通过参与某种实践而养成某种生活方式。处于西方近期有关自我问题的核心的彻底自我反思在早期儒家中并不是议题。芬格莱特认为《论语》相对缺乏一种"内在向度"立场。[33]我们不应该夸大这乍看似乎是惊人之语的说法。芬格莱特当然不是说中国人缺少一种"内心生活"，或没有属于个人秘密的情感或思想。像任何人一样，中国人也感受、思考、"examines herself within"（内自省）（见《论语》里仁第四第17节）。她甚至承认那种内心生活的复杂性和隐蔽性。中国习语"人心叵测"可以追溯到汉朝初期。[34]

但是，认为"内心生活"不是严肃的哲学问题的观点确实很有说服力。如果内心生活有什么问题的话，这些问题产生于并不被认为属于"内心的"经验。实际上，"内心生活"从来没有完全与外在生活区分开来。[35]涉及描述"内心生活"的说法都有一个"心"字，这个字既指心脏又指心理，结合了心理学和生理学的含义，同时还用来指"核心"或"中心"。正如在个人经验的"内"心，"心"字首先表达的含义几乎毫无例外地与别人能够看出的"外在"表现和行动有关。刚开始作为"外在"经验的东西必须达到"内心"才有意义。而且，内心生活问题的答案不能仅仅靠"向内反省"找到。孔子就有此体会："吾尝终日不食，终夜不寝，以思，无益，不如学也。"（《论语》卫灵公第十五第31节）

虽然孔子及其追随者没有讨论自我的来源和概念，人们仍然能够塑造儒家的自我概念，它不仅与我们对儒家主要观点的理解一致而且能加深我们的理解。这就是常常被环境重新塑造的社会自我概念，即使此自我能通过行动影响环境。该概念与约翰·杜威和乔治·赫伯特·米德等实用主义者的概念的相似性十分引人注目。郝大维和安乐哲从米德处汲取灵感，提出了儒家社会自我的中心—场域①概念。中心—场域的关系或许可以用一个全息图表现出来。这是一个放置在感光板后面的三维空间形象，与此同时组成这感光板的每个小部分从不同角度显出整体形象。场域被每个中心所涵盖，而中心的集合同时组成了场域。在此模式中，"具体的家庭关系或社会政治秩序确定下来的具体背景的多样性构成了个人作为中心的场域，而个人反过来又受到他们组成的场域的影响"。自我总是特别的，因为每个场域都只能从特定的视角来观察。它总是一个终点开放的过程，因为家庭、社会、文化、自然环境等都提供了场域的无限可能性。人们在一个情景化过程中完成自身的塑造，这个过程"让作为中心的个人和环境融为一体，她是环境的组成部分，环境反过来也成为她的组成部分"[36]。

　　儒家的中心—场域自我的持续"建构"体现在"修身"——常常被翻译成 self-cultivation 或 personal cultivation——思想上，其中被翻译成"self"的字是"身"，指的是"人的身体"，但正如众多学者指出的，先秦时期的中国哲学与西方的身心二元论不同，"身"指的是"气"和"质"的结合，前者用来配置能量，后者是原始材料。所以，身是心理、生理的共同过程而不是纯粹的物质实体。[37]"身"这样的概念显示，在儒家的自我概念中物质时空存在的重要性，它与心理生活密不可分。身是从内心角度看到的人，因此具有"自我"的含义。芬格莱特认为，它"指的自我与其说是主体，倒不如说是客观现象"。从儒家的视角看，"身"总是"活着的身体"或具体存在，重点在于杜威所说的"经验饱和性"。一个人的身就是他的"人生"，终身意思就是"一个人的一生"，身世就是他的"生命的故事"，"他的具体存在时代"。

---

① focus-field，借自彭国翔的译文，"安乐哲 郝大维：《〈中庸〉新论：哲学与宗教性的诠释》"，见 http://www.aisixiang.com/data/19044.html。——译者注

把"身"理解为"活着的身体"更接近杜威的自我概念,即自我是经验的产物,是一个人的"行为和经历"。与杜威的概念类似,儒家的自我概念"身"不是现成的自我,而是一直在建构和不断改善之中。个人与环境相互适应改造的类似过程在儒家中也非常明显。修身是实现理想的世界秩序的第一步。正如《礼记》中《大学》一章的著名段落详细阐明的那样:古代那些要想在天下弘扬光明正大品德的人,先要治理好自己的国家;要想治理好自己的国家,先要管理好自己的家庭和家族;要想管理好自己的家庭和家族,先要修养自身的品性。(古之欲明明德于天下者,先治其国;欲治其国者,先齐其家;欲齐其家者,先修其身。)[38]

在修身过程中,我们改造环境,但这个过程不是一线性的,它存在着反馈效应。环境也影响我们,或助推或阻碍我们的修身努力。因此,修身常常要求改造环境。我们在这样的修身过程中发现个人和环境的互动方式与杜威哲学中的自我和环境的相互适应改造不谋而合,这种相互适应改造让个体性和社会性相互促进而不是相互限制。就像杜威的自我一样,儒家的自我既没有无具体化身的先于社会的自主性也不是只能机械化活动的有负荷的自我。

独特性与联系性的张力

作为社会自我和与环境互动的人的个体,他们在杜威和儒家的道德生活中处于核心地位,既不完全被社会关系所决定也不完全决定这些关系。社会自我的发展是成就道德的关键部分,杜威认为这是一种成长(L7.14)。道德判断和道德责任都是社会的产物,良心的形成基本上是社会化过程,其中"外在的共同体成为内心的论坛和法庭"(M14.216;M11.124)。对他来说,道德责任属性是向前看的而不是回顾性的,目的在于影响习惯和目标的形成,影响未来的行为（M14.216；M17.303）。除了童年的早期之外，构成我们道德世界观的"共同体"不一定是围绕我们的社会群体，还包括仅仅存在于想象中的理想共同体。

如果"共同体"的定义过于狭隘，杜威的道德理论在有些情况下将无法解释为什么一个人会拥有与其周边社会群体完全不同的道德观念。这种案例在杜威的哲学中非常重要。他区分了三个层次的行为：第一层，由生物的、经济的或其他非道德冲动和在需求刺激下产生但却对道德产生重要后果的种种行为所组成；第二层，个人在较少的批判性反思之后接受体现在风俗习惯或者习性中的群体标准和生活方式；第三层，个人作出独立的思考和判断，衡量目的好坏，作出决定和选择，从不轻易接受群体标准（L7.12）。在最后阶段，经反省的道德要求人们有能力以比个人身边群体更好的共同体来思考。但是，这并不需要设定传统上与自主性概念有关的彻底独立于所有社会群体，因为实用主义的认识论排除了知识主体和客体的彻底分离。[39]

道德是社会性的，这与自我是社会性的道理相同：因为他人确实影响我们的行为并且针对我们的行为作出相应的反应。别人的反对与合作是自我的计划和活动成功或失败的关键事实，但只有活动充满社会性的事实并不能保证活动本身是正确的或好的（M14.218）。社会自我和道德自我并不是一回事，后者是前者的一个从属类别。即使作为社会自我，我们的行动仍然可能不道德。这么说的意思是道德行为与不道德行为之间的差别并非社会性与个体性之间的差别，这与道德理论中有关自我主义和利他主义的冲突背后的错误假设正好相反。杜威区分了自发的自私和反省后的自私（M7.340）。自发的自私就像小孩子把桌子上的食物全部抓在手里一样，因为她饿了，无意识地全神贯注于某些东西，是在根本不考虑她自己与他人的关系的情况下采取的系列行动。在没有认真反省、审慎考虑或清醒的目标意识情况下完全凭冲动直接作出反应，严格来说，这种行为是不涉及道德的（nonmoral）。但它是道德认可的合适主题，只是因为这种行为如果未引起注意将养成一种社会不接受的行动习惯（L7.294）。

反省后的自私则是有意识的，故意让自己处于特权位置，把自身利益凌驾于他人利益之上。只有在小孩子意识到自己和他人是不同的个体，她的行为会给别人造成积极或消极的影响时，她才有可能清醒地意识到自己的利益和他人的利益成为行动目标的组成部分。这是伴随着大人赞同或谴责她的行为后果而逐渐出现的（L7.294）。无论是自我主义还是利他主义都是习得的产物，都是习惯，因而也是品格的组成部分。真正的道德行为要求考虑自身及他人需要，而不是完全忽略自我。"在我们谴责的自私和尊崇的无私之间的界限就体现在从自我出来到进入自我的种种活动的质量上"（M14.202）。我们的行为的关键道德问题不是自我优先或他人优先的问题，而是"促进和塑造什么样的自我的问题。在考虑自己的自我和考虑他人的自我时都会出现这个问题"（L7.295）。

杜威指出，在最充分的意义上，让行为变得更明智、更具社会性的社会自我塑造还不是道德进步。这样的行为本身还需要被视为善而受到尊重，因此应该是特别挑选和追求的行为（L7.14）。人们承认和尊重其社会性的程度存在差异，因此自我的本质具有一种存在模糊性（L1.186）。在个人的偏见和爱好组成的含混模糊状态中，人们倾向于独处和切断联系，特别强调经验中的私密性和非交流性，因而注定陷入一种盲目的孤立中。如果仅仅关注这方面的经验，人们就可能破坏她与别人交往的能力，其社会性就陷入功能失常的境地。可是这种狭隘的思想是不必要的。开阔视野，认识到个人需求和欲望的可塑性、可渗透性既是现实问题也是道德问题。人们需要承认自我"属于相互关联的事件的连续系统，这些事件强化了自我的活动，而这些活动构成了总是让自我感到自在舒服，符合她的偏爱，满足她的要求的世界"（L1.188）。自我不仅仅是社会产物，它还能改变产生这个自我的环境。不可消除的独特性可以是自我和世界的创造性变革之源，但如果一个人听任自己陷入孤立中不能自拔，这种独特性也可能"增加个人孤独体验的痛苦"。我们不应该否认自己的社会性，而是让它为我们服务。

杜威的自我概念存在着一种张力，一方面是自我与他人的区分，一方面是自我与他人的联系。我们需要不断地挣扎，防止自我与他人的区分落入假定两者截然分开的深渊，因为那样的话，对抗和冲突将必然存在。道德生活就是要在独特性和联系性之间获得一种动态平衡。大部分时间里，我们达不到这种平衡，但是杜威反而从中看到了成长的机会。认识到在社会交往中必然出现冲突是非常重要的，但这些冲突不一定是无法解决的，也不一定必须消除自我和他人之间的区分才能找到解决办法。我们不应该总是认为社会环境具有侵略性，相反，应该认识到社会制度、法律和组织机构都是"创造个人的可能手段"（M12.191）。从独特个体性角度看，道德自我是一个成就，该成就的实现难度部分取决于环境的好坏。

个体性是主动性、创造性、五花八门的智谋的体现，是在观念和行为的选择中承担责任的结果，决不能当它是理所当然，而且它总是处于危险中。在杜威看来，探讨诸如"个体"和"国家"等笼统范畴的哲学常常忽略了这个内容。因为忽略了具体的背景，那些宣称个体和国家组成有机整体的理论最后往往为社会现状的合理性辩护。这些理论与杜威哲学的差别非常清晰地体现在杜威对他那个时代的美国的具体情景的批判中，尤其是他的著作《新旧个人主义》①。他分析了生产和消费的新方式产生的"企业文明"对个体性的压抑，虽然他们口口声声宣称信仰"粗犷的个人主义"。在个体和生活的社会条件之间的尖锐冲突及矛盾中存在着"因为无法重建

---

① 副标题：杜威文选，孙有中译，上海，上海社会科学院出版社，1997。——译者注

自我以满足社会生活的现实而造成的个性的崩溃"（L5.73）。重建自我以恢复包含社会性的个体性的"最深刻问题"不仅是他那个时代的问题，也是任何文化和生活在快速变革时代的人必须面对的问题，因为这种功能的社会性是道德生活的基础（L5.56）。

独特性与联系性、自我与他人之间的张力也可以从儒家中看出来，体现于"自"和"己"的使用中。这两个词都翻译成 self，赫伯特·芬格莱特觉得两者没有任何明显的差别。[40] 利维亚·柯恩使用心理学家亚瑟·德克曼的"被观察到的自我"和"观察他人的自我"的区分，将"自"和"己"分别翻译成"spontaneity"（自发性）和"selfhood"（自我性）。在她看来，儒家和道家都"竭力修身，压制自我性，推崇自发性"[41]。我们应该探索"自"和"己"具有哲学意义的另一种区分，"己"出现在《论语》中最重要的段落之一"克己复礼为仁"，刘殿爵将它翻译为"To return to the observance of the rites through overcoming the self constitutes benevolence"（通过克制自我以恢复礼仪就构成了仁）。[42] 把克己翻译成"overcoming the self"有改进的空间，因为它隐含的意思是某种可以确定的自我是个人在道德进步中应该克服或牺牲的。安乐哲和罗思文把这一句翻译成"Through self-discipline（克己）and observing ritual propriety one becomes authoritative in one's conduct"（通过自我约束和遵从礼仪，一个人在行为上就构成了仁）。通常，"self-"（自我）被用来翻译涉及到"自"的词语，如 self-examination（自省）、self-so-ing（自然）。为什么不是"自克"而是"克己"呢？

"自"被用来反指自己的行为，在其他情景下这种行为或许涉及到不止一个人。主要含义是在暗示说话者既是行动来源也是行动对象。"自"的一个相关意思是"从某处来"。[43] 说到"己"，不仅有反指自己（当然存在这个因素），而且有与他人对比的意思在里面——是我而不是他人。这种区分不一定是应当受到指责的，因为孔子本人说学习应该为自己而不是为别人（古之学者为己，今之学者为人。——《论语》宪问第十四第 24 节）。正如杜威指出的，自我与他人的区分在其位置上绝对合情合理。"将在行为的具体条件下相关的和重复出现的这种界限僵化为天生的（因而也是绝对的）界限是'恶性'事件"（L16.248）。在把自己与另一个人对比时，就是划了一条界线，无论多么短暂和临时。[44] 克己就是给予他人应有的充分尊重而不是在牺牲他人的情况下强调自身利益。它不再强调两者的对比以及自我和他者的界限，无论是自己的问题还是他人的问题它都给予适合其背景的同样权重。

克己怎么成为实现仁的手段呢？仁也被翻译成"benevolence"（仁慈）或"humanity"（人性）。彼得·布德伯格（卜弼德）把它翻译成"co-humanity"（共存的人性）来确认其内在的社会性。杜维明称之为"社会中的人"[45]。仁涉及到扩张和改善构成一个人的关系网。它是要防止边界陷于僵化，是要打破人与人之间的固定疆界。但是对于"自"来说，就没有办法做到这一点。《荀子》更强化这一点，据说孔子在面对"什么是仁"的问题时回答说，把自爱放在"使人爱己"和"爱人"之上。（子路入，子曰："由！知者若何？仁者若何？"子路对曰："知者使人知己，仁者使人爱己。"子曰："可谓士矣。"子贡入，子曰："赐！知者若何？仁者若何？"子贡对曰："知者知人，仁者爱人。"子曰："可谓士君子矣。"颜渊入，子曰："回！知者若何？仁者若何？"颜渊对曰："知者自知，仁者自爱。"子曰："可谓明君子矣。"——《荀子》子道第二十九）[46] 使用自而不是己就避免了强调自我和他人的对比，而其他两个答案虽然有些道理，但都因为使用了己和人而强调了两者的对比。

自我和他人之间的界限发生变化的可能性以及给予个人差异不同的重点和价值的可能性都说明张力的存在，它类似于杜威的自我概念中的独特性与联系性之间的张力。儒家认识到因为忽略其社会性而陷入自我设定的孤独状态的可能性。承认"己"强调自我和他人之间的界限也让儒家认识到一个人可以而且常常是自私的，是以自我为中心的，而又不放弃对人类天生是相互联系着的看法。人们常常用"自己"指代自身，突出显示自己和他人的界限与差异，无怪乎他们常常认识不到人类天生是相互联系的整体，虽然2500年的传统一直在敦促他们认识这一点。

　　孤立性不一定是自我设定的。如果任何一方贬低或者利用社会性达到自己的目的，社会性就丧失了应有的功能。社会条件可能因为他人的行为而功能失常，如此一来维持个人的道德诚信便免不了孤独。这种孤独感在历代中国文学中都非常普遍，尤其对那些深受儒家熏陶的"郁郁不得志的"官员来说是非常痛苦的，因为儒家传统非常看重仕途，认为当官是道德生活的实现。那些饱尝挫折和失败的士大夫往往不得不在保持道德操守、清流风骨和在皇家官场中取得成功甚至仅仅是维持生存之间作出艰难的选择。这种文人非常多，杜甫（712—770）就是其中一个例子。伊懋可在论文《在天地之间：中国的自我概念》的开头就引用了杜甫的诗歌。伊懋可认为，中国人日常的自我概念对现代西方的想象力来说既不陌生也并不难理解，他分析了诗人屈原（约公元前343—约前277）最著名的著作《离骚》，称之为唤起"自杀性人格的自我中心主义者孤独"的"心理学自我刻画"。[47]

　　中国人尽管非常看重社会性的价值，但他们并没有忽略个体间的界限和独处作为生存模式的可能性，这种模式或许是自己选择的或许是别人强加的。虽然孤独感确实显示了这一点，但是如果把屈原看作西方意义上的个人主义者和自我中心主义者，至少对中国人来说，伊懋可误读了这种文学的意义。从儒家的视角看，屈原"与他那个时代的人格格不入"是因为周围人的腐败而不是因为他是"自我中心主义者"。在这个例子中，自我和他人的边界不仅仅是自我选择的结果。屈原没有贬低社会性，但社会性的功能已经因为其同僚的腐败和朝廷上层的堕落而完全变态。他没有从这个腐化堕落的官场退出和继续"修身"的事实就证明了与他人的联系性是多么重要。正是这种联系性的极端重要性使诗人在极度的孤独中最终走向自杀。在中国人看来，他从死亡中获得了另外一种生命：不是永恒灵魂的不朽而是他与不同时代的其他杰出人物的联系，他与从他那里获得道德生活灵感的其他人的联系，因此，他与这些人共有经验的持续性。

儒家的自我概念或许具有社会性，但是这并不能保证社会性得到承认和尊重，因此总存在社会性陷入功能失常的可能性。所以，儒家认识到社会自我和道德自我（与之对应的是不道德而不是不属于道德范畴的东西）或者伦理自我的差异就非常重要，杜威就曾经明确指出这种差异。[48]我们可以建构儒家的自我概念，即我们每个人都是社会关系网络这个面上的一个点，无论我们喜欢与否。但并不是所有社会关系都值得尊重，因为它们可能陷入功能失常状态，也可能阻碍个人的成长或危害伦理生活。正是这种障碍性的纽带和关系遭到后来的中国知识分子如谭嗣同及康有为等人的谴责。如果我们要重建儒家的话，区分社会自我和伦理自我就十分重要，这样它才不会赞同五四运动知识分子如鲁迅、胡适等人竭力要消灭的各种社会罪恶了。儒家不仅主张克己修身而且支持社会改革。要成为伦理自我，一个人就必须为有助于提高自身和他人经验的质量的社会关系做贡献，并且有意识地尊重个人的内在关系。一个人不应该延续障碍性的社会纽带，而应该试图改变自我和他人以便让社会关系重新发挥作用。

"背景社会性"和具有伦理价值的社会性之间存在差异，前者体现在作为"己"的自我，后者则体现在作为仁德之人的自我（仁）。中心—场域概念如果能避免让两者陷入崩溃，会比较有用。一个人只要能够反指自己，她就成为"己"，但是需要作出艰苦的努力才能获得仁。一个人作为"己"与他人区别开来，即使她与这些人有不可切断的联系。伦理上的进步者和落后者的差别在于她对关系性的尊重程度，以及她是否承认自我和他人的界限总是具有背景性和临时性并且永远都不应该被僵化。当一个人实现了仁，自我和他人之间的内在关系就变得相互包容，所以她处于自我和他人所关心的整个领域构成的情景中，每个人的问题都得到适当的关注。独特性与联系性之间的张力具有了创造性而不是破坏性。

这就是为什么在早先提到的《荀子》的篇章中，孔子说，贤明君子认为仁就是自爱，贤明君子超越了自我和他人之间的临时界限，得体地照顾到情景的各个方面，同时不给任何一方特权（颜渊对曰："知者自知，仁者自爱。"子曰："可谓明君子矣。"——《荀子》子道第二十九）。这与杜威的观点很相似。杜威认为，在道德中，"自我所渴望和选择的那些对象是重要内容，这些目标无论是在你身上还是在我身上都没有道德质量上的差别"（L.7.295）。

为了产生伦理后果，解决独特性和联系性的张力一定不能牺牲任何一方的个体性。早期儒学中实现这一目标的方法就体现在贯穿孔子教导始终的"恕"的概念中（吾道一以贯之……曾子曰："夫子之道，忠恕而已矣。"——《论语》里仁第四第15节）。"恕"曾经被翻译成 altruism（利他）、consideration（体贴）、reciprocity（相互性）、deference（尊重）等。孔子本人的解释是"己所不欲，勿施于人"（《论语》卫灵公第十五第24节）。恕是仁的方法就在于它被描述为"能够就眼前选择范例做起，可以说是实践仁的方法了"（能近取譬，可谓仁之方也已。——《论语》雍也第六第30节）。从这个表意文字的构成进行创造性的推断，人们可能认为"恕"就意味着让自己的心智与他人一样。同根词"如"的意思是"像"、"好像"、"类似"，心的意思是"heart and mind"，这并不是说别人和自己一样，把自己的喜好、厌恶和信仰强加在他人身上；也不意味着不加批判地接受他人的喜好、厌恶和信仰而压抑自己。相反，一个人尽力领会这种情景，不仅从自己而且从别人的角度感受、体会自己和他人的欲望及信念。转换视角的过程能实现某种融合，人们尝试在不偏向任何一方的情况下领会与总体情景有关的每个欲望和信念。在此过程中，每一个视角最终都得到修正。此一任务类似于米德宣称的"角色表演"过程，有助于社会互动中自我的出现。

独特性和联系性之间的张力的实质对塑造出的自我类型非常重要。在儒家理论中，正如在杜威哲学中一样，塑造出的自我的质量与社会关系的质量有关。人们塑造出的自我（自己的自我或他人的自我）决定了她的伦理成就高低。对杜威和儒家来说，关键的伦理问题不是自我或他人哪个优先，而是在关系中创造出来并在任何情况下都维持下去的是哪一种自我（自己的和他人的）。

自由主义者和社群主义者辩论中的选择

认为伦理生活应该集中在独特性和联系性之间的张力的质量上但并不彻底牺牲其中任何一方的观点不同于自由派的观点。自由派认为"人们应该如何生活"这个问题的答案在于个体的选择行为。选择是自由派道德和西方自我概念的问题的核心。查尔斯·泰勒把"个人承诺的个体主义"看作现代西方文化的一个重要方面。它扎根于拥有自由意志的"自我"的个体作出选择的能力和与之相伴的责任之中。个体因此获得了把自己与其他人区别开来的重要地位。

选择是约翰·罗尔斯和迈克尔·桑德尔辩论的核心议题。桑德尔区分了自我获得其目标的两种能动性模式（models of agency）：一种是被称为"唯意志论者"的描述，把自我作为行使意志的主体和目标作为选择的客体联系起来；一种是被称为"认知论者"的描述，把自我作为认知的主体和目标作为理解的客体联系起来。桑德尔认为选择在"义务论伦理学"中的核心作用要求唯意志论者的能动性模式，这建立在自我优先于目标的基础之上。[49] 在他看来，认知论者的能动性模式抓住了道德经验中的重要方面，而唯意志论者的描述则错过了这些内容。威尔·金里卡批评桑德尔把选择和自我发现对立起来，因而排除了自我发现包括质疑所给的目标。金里卡认为"无论我们多么深刻地陷入社会实践或者传统的束缚中，我们都觉得有能力质疑该实践是否宝贵"[50]。

人们不应该低估对自己嵌入其中的社会传统和实践提出质疑的困难。而且，一旦出现了质疑，我们并不清楚所发生的应该被描述为选择还是发现。对我们自己嵌入其中的社会传统和实践提出质疑就意味着这种"嵌入性"已经因新经验而松脱。这是从前的自我身份认同部分消解的过程，同时启动了在新经验中重新塑造自我身份认同的过程。它或许呈现出重新解释从前内容（自由派或称之为角色）的形式，或在更严重的替换案例中，某些内容被彻底抛弃，或被新内容替换。

我同意金里卡的观点，即"解释构成自我的附属物（constitutive attachments）的意义"可能不够，真正的问题是当我们开始轻视它们或觉得它们有辱人性时，我们能否彻底抛弃它们。一个目标或附属物被抛弃的可能性意味着它未来或许不再是自我的构成要件，但这并不意味着在被抛弃之前它不是自我的组成部分。构成性目标和附件不必是绝对不可置疑和不可替代的，除非我们错误地假定自我必须具有某种不变的本质。如果我们承认自我的统一性在于不断变化的经验的持续性而不是某种不变实体的永久存在，那么，某些具体目标和社会关系是否构成自我就不取决于它们是否可被质疑或可被摈弃。

当我们考察金里卡所说的"对个人身份的反抗作为表达身份的可能方式"的现象时，正如某些自由派理解的那样，选择或许不是对质疑过程的适当描述，或至少它错置了质疑过程的重点。这一点已经非常清楚。虽然就多种选择进行深思熟虑的过程需要花费很多时间，但是作出选择却可以在瞬间完成。自我身份的组成部分很少在瞬间的宏大反叛姿态中遭到抛弃。在关键的思维或语言表达时刻之后，这种抛弃要取得成效就需要持续不断的实践，即在随后的时间里逐步消除某些成分同时增加新成分。这或许是此后不同的思维方式的问题。我们经历的"身份认同危机"并不是选择问题，更多的是我们在试图重新找到前进之路时陷入迷茫之中。在选择时，我们不可能在不了解选择项的情况下就作出有效选择。关键的时刻在我们弄清了选择项之后。在发现中找到前进之路，即获得那种清晰性才是重要体验，因为获得那种清晰性之后，应该选择的道路就已经一目了然，无须自由主义者所说的那种选择了。自我重建或个人重建不在于自主发挥自由意志的选择，而是在与他人互动的过程中产生的新经验激发出的发现，我们只能部分控制这个过程。

社群主义者担忧自由主义者的选择概念低估了社会认可在个人伦理判断以及社会实践在维持个人伦理生活中发挥的作用。"担忧的是自由主义者吹嘘的'自由的个性'所造成的结果不是对值得从事的行动充满信心的认可和追求，而是存在的不确定性和社会脱节，是怀疑人生的价值及其目的。"[51]这并不像金里卡假设的那样，我们只剩下一种选择，即支持给民众信仰提供与理性相对的"外在原因"（如政府的作为），使民众从能动者变为完全受制于人的机械人，这种做法令人无法接受。其实还存在另外一种选择：好生活的探索在社会实践中进行，在与他人的互动中完成，在此过程中个人既是老师也是学生。

在某些自由主义理论中存在一种趋势，即把推理过程最终理解为独自思考的过程。这或许可以追溯到康德："我们不可能设想到理性会有意识地在判断中因外来的影响而有偏见，因为那样的话，主体就会认为他的判断是由自然冲动所决定，而不是由理性所决定的了。所以理性必须将它自己看作行动原则的创作者，不受任何外来影响所支配。"（《道德的形而上学基础》第三节，从道德的形而上学过渡到实践理性的批判）[52]正如生活"来自内心"一样，我们的思考"也来自内心"。但是推理过程真的这么个体化吗？与别人一起思考或者为他人思考并不一定非要排除为自己思考。社群主义者可以像杜威一样主张，把"我该如何生活"或"我是谁"的探索作为社会实践可能产生的更好的结果。

杜威论意愿和选择

在选择问题上，杜威更同情社群主义者。在杜威的哲学中，伦理学开始于一个有问题的情景，即在不同的善发生冲突时面临的不确定性。杜威认为可以通过把不确定的情景变得确定无疑来回答伦理学的问题，这种尝试与其说是自主发挥自由意志倒不如说是一种发现。他认为伦理推理是社会智慧的合作探究而不是个体独自发挥理性的实践。但是杜威拒绝自主选择和自我发现的虚假二元论，前者令个体处于完全控制中，后者则否认个体为自己思考的能力。在这两个极端之间，一个更可靠的、既不是完全控制也不是没有任何控制的选择概念处于杜威哲学的核心地位。杜威认为选择是"自我最具代表性的活动"，而且"只有故意的行动，也就是经过反思的选择后作出的行动才具有明显的道德性，因为只有这时才存在好坏问题"（L7.286；M14.193）。

杜威区分了偏爱和选择。偏爱包括口味、冲动以及看中某个东西而抛弃其他的盲目的选择。它之无意间为选择只是因为偏爱某物就通过行动宣布它比其他东西更好，虽然在思想上不一定这么认为（L1.320）。"偏爱是自发性的，选择则是故意的、有意识的行为"（L7.286）。在偏爱发生冲突、行动受到干扰之时，就会出现仔细考虑后作出决定的选择的场合。如果出现了困惑和不确定性，需要进行思考时，人们就开始探索相互竞争的目标以及对它们的感受，评价各种现有的手段和可能的结果，并在想象中预演各种不同的行动轨迹，最终得出哪种行动更好哪种行动更坏的结论（M14.132）。

选择正是在得出什么更好、什么更坏的结论中作出的，即使承认某个行动更糟糕，人们可能仍然开始这个行动，但这等于抛弃自己的思考——只要选择是审慎有意的，这行动就不是出于选择而是出于以盲目的冲动或口味等形式表现出的偏爱。因此，作为审慎决策的选择不是随意的，即使在从若干选项中挑选一个的笼统意义上，在具体的例子中选择或许是随意的（L1.67）。选择不是意志发挥某种神秘的独立的机能，它是沉思默想的过程的结果，而且与其密不可分。这个过程开始于高效的、明确的行动受到阻碍，"**发现的工作**"不断展开，偏爱的冲突充分暴露出来以至于"恢复明显行动的适宜刺激"得以展现（M14.150，黑体为作者添加）。只要在沉思默想后，面对冲突的偏爱呈现出"统一的偏爱"，就说明已经作出了选择（M14.134）。

选择可能有道理也可能没有道理，在选择中，理性不是与欲望相反而是"在多种欲望中找到奏效的那种和谐"（M14.136）。在对情景的整体性和充分复杂性保持敏感，并适当考虑与整体背景相关的每个组成部分时，沉思默想就能顺利进行。最后作出的选择将是统一的偏爱，它融合了尽可能多最初相互冲突的偏爱，因而这个选择是有道理的。相反，如果某些特别的成员完全淹没了其他成员，这个选择便是没有道理的。这或许可以比作罗尔斯"理性选择的原则"中的"包容性"原则。[53]但是，杜威更重视情感，因为在一个情景中成员间相互适应以便达到和谐时，情感和思考无法分开。

罗尔斯承认沉思默想过程的复杂性，尤其是有关人生计划和善的概念等内容，人们因此不由得怀疑他是否坚持完全简化到理性原则的地步。罗尔斯在《政治自由主义》中区分了两种理性——作为事物属性的理性（rationality）和作为话语根据之态度的合理性（reasonableness）：第一种理性涉及到"单个统一的能动者在寻求自己独特的目标和利益中拥有判断和思考的能力"；第二种合理性涉及到"支持其参与公平合作的欲望的某种特别形式的道德敏感性"[54]。杜威没有区分这两者。在杜威看来，"有道理的"（reasonable）适用于属于某个人的和属于不止一个人的两种偏爱。虽然他描述的有道理的选择是单个人的偏爱，但正如我们从他讨论自我主义和利他主义中看到的，它也适用于涉及多人的场合（L7.295）。

虽然杜威强调选择中的"发现"因素，但这并不意味着他认为任何一种目标都已经无法修改了。他和自由派的区别就在于，他并不认同不受社会附属物、风俗习惯、传统任何约束的自主的自我是那个修改过程的前提，我们起初是嵌入式自我，我们的思维依靠文化机构，即黑格尔所说的"客观思想"和杜威描述的"个体中的心智"。[55]个体中的心智在经验中显得不足，或当一个人偏离风俗习惯和传统以便改造有问题的情景时，心智就不仅仅指导个体行动，而且具有了个体性（即为自己思考）。个体心智是在"对原有秩序的崭新重建"中出现的最终功能（L1.164）。摆脱社会附属物、风俗习惯和传统约束而获得独立（只是相对独立）地位是修改自我所曾嵌入的事物的结果而不是前提。

作为自我的"构成因素"的目标保持稳定通常是好事，但是如果这些目标在任何情况下都不得修改，杜威可能觉得这是妨碍个人成长的证据，不仅对自我而且对社会都有危害性。在杜威看来，停滞的发展（arrested growth）是选择了静止的自我而不是动态的自我的结果，动态的自我"一直在满足新的要求和场景，在此过程中不断重新适应和重新塑造"。认为目标不可修改就是把静止的自我永远作为评价标准和行为目标，付出的代价就是牺牲了动态的自我，这实际上就是限制自我的发展使其僵化（L1.307）。与高尔顿·奥尔波特的批评相反，杜威并没有夸大任何具体的个人的变化。[56]虽然杜威相信动态和变化的可能性，但是他也特别强调个人习惯的"自作主张"、风俗习惯的强制性、发挥个体性的困难以及人类历史的智慧成果是多么稀少等。他相信不管困难有多大，我们必须试图创造一种能让个体用智慧指导其行为的共同体，因为只有这种选择不会背叛人性。

在杜威看来，选择是自我的典型特征，因为"在选择这个而不是那个物体时,人们实际上是在选择自己要成为什么样的人格或什么样的自我"(L7.287)。自我是由习惯构成的,习惯则是通过持续性的行为构成的,任何行为只要不是不加思索的,肯定首先从选择开始。在杜威的哲学中,自我反省是伦理自我塑造中不可缺少的组成部分。没有它,仍然可以通过冲动性的不加思索的常规行动形成自我,但是这种自我只是社会自我而不是伦理自我。伦理生活要求思考,要求个人在行动中运用智慧。不成熟的、分散的冲动融合起来成为社会互动中可供使用的力量和习惯,并从中产生社会自我,同样,社会环境中的行动和交往则产生智慧。

在杜威看来,"思想诞生于习惯受到阻碍的时刻出现的两个冲动"(M14.118)。在《人性与行为》中,杜威有时候随意地使用智慧和思想两个词,并没有明确指出它们之间的关系。在其他地方,他把智慧描述为"积极的和有计划的思想"(M12.134)。智慧是"运用过去的经验来影响和改造未来经验的力量"(M11.346)。它不是思想的同义词,思想也适用于不涉及塑造未来经验的场合,或涉及塑造未来经验但并不涉及从历史中学习的场合。如果习惯受到阻碍,从能动者的角度看,存在着惊讶、困惑、烦恼和不确定性,从而"激起新的冲动,这成为调查的起点,他要观察事物、尝试新方法并弄清到底发生了什么"(M14.127)。

因为习惯受阻而产生的新冲动促使人们思考。冲动提供了思考前瞻的趋势,使其迈向恢复中断的行动的统一性。但是思考的内容若要产生效果而不仅仅是"做白日梦",就必须回顾过去,要从以前的经验中吸取营养,要考虑思考者与自然环境和社会环境的互动过程。要消除习惯和明显的行为的障碍所需要的就不仅仅是思考而且还需要智慧。智慧利用了许多人而不是一个人的行为所产生的历史资源。它是社会财富而不是个体私有(L2.366;L11.48)。智慧在试图影响发生在社会环境中的未来经验时,智慧就不仅仅是个体的,而且具有了社会性。

与他的选择概念一致,杜威拒绝了把意志看作具有超越地位的神秘机能的观点,拒绝了"在随意的选择本身之外没有基础或者理性的一种选择能力,把道德能动者与所有社会关系区别开来"(L7.341)。相反,他认为意志就是习惯,是"习性",是行动的趋势,潜在的能量只要有机会就会变得活跃和明显(M14.21,34)。与习惯一样,与行动分开的实体是不存在的,虽然名词的使用可能误导我们。意志是行动的功能性一面。当一个人有意志做某事时,就存在"预见后果,形成明确目的,和使用一切可能的努力产生预期后果的积极趋势"(L7.175)。杜威认为,不管传统道德理论借用那些使人难以信服的心理学,"常识"把意志理解为切实可行的和移动的,是"后果的**起因**,是个人方面的起因,这个方面就紧靠在行为之前"(M14.33,黑体为原作者所加)。意志可能宣告无效,因为外部条件可能令行动失败,从而无法实现预期后果,但是只要有意地开始了某种行动,意志就在活动。

意志和欲望密切相关。欲望只有在行动受阻时才会出现,欲望的满足和实现是受阻的行动重新恢复(M14.172)。因此,欲望是由影响行动形式的习惯所决定的。所以,习惯"形成我们有效的欲望","若从意志的可理解含义上说,它们就是意志"(M14.21)。发生的行动可能只有一关键冲动或确定的习惯直接对某些即刻的感官刺激作出反应,行动也可能有"视域中目的"(ends-in-view)(L13.222)。后者有欲望存在,其视域中目的是被预期的后果,而对后果的预测推动了指向实现这些预期后果的行动。因此,欲望涉及努力,与不牵涉努力的愿望不同(L13.204)。具有推动力的欲望必然涉及冲动,但是也涉及到感受和理念。这些感受和理念受习惯影响并体现在产生欲望的行动中(M14.25)。当欲望第一次出现时,它们是"有机体的天生趋势和后天习得的习惯共同作用"的产物(L13.217)。行为的成熟性不仅在于不马上屈服于这些趋势,而且在于通过考虑行动后果重新塑造这些趋势。意志就是由那些被思想"重塑"的欲望组成的（L7.190）。

顽固不化和意志坚定的区别就在于是否存在智慧和对目标的批判性审视以及对后果的预见性。两者的共同点是在努力实现目标时的坚持不懈和精力充沛（M9.135）。欲望，以至意志，都是具有生物学基础的行为态度，产生于生物体的生命活动受阻之时。欲望"是奔涌向前要突破障碍的活动。在思想中呈现出来的作为欲望的目标的物体就是环境对象，**如果它存在的话**，此对象将再统一活动和恢复其持久统一性"（M14.172，黑体为原作者所加）。从这种描述来看，欲望和意志显然存在于同一种要求当事人深思熟虑和选择的情景之中。选择是行动的开端，因为选择对象也是意志对象（L17.338）。

儒家选择：学与思

尽管杜威重建了意志和选择的概念，人们可能会问这种概念是否也可以在儒家词汇中发现呢？赫伯特·芬格莱特将儒家描述为"没有十字路口的道路"，在这样的哲学中，选择似乎并不重要。他指出，十字路口的形象完美地适用于选择的隐喻，但是孔子从来没有使用过，虽然《论语》中道路和旅行的隐喻非常流行。人们可能认为，在备选项之间作出选择是行动不可分割的组成部分，而表意文字"行"已经抓住了这个特征，它通常被翻译成 action（行动）或 practice（实践）或 to walk（步行）或 to travel（旅行）等，它是从十字路口的象形字演化而来的。[57]芬格莱特不否认，孔子认识到人们在日常生活中作出选择，而且认为他们在不同程度上应该为其行为负责。芬格莱特的具体主张是有关这些行为的哲学意义。他认为《论语》中缺乏的选择是意志自主发挥作用的具体概念的选择，它"与个人的本体论意义上的最终力量的观点密切纠缠在一起，即个人从真正的选项中作出选择以创造出自身的精神命运"[58]。

第二章 社会个体

不幸的是，芬格莱特观点中的"真正的选项"到底是什么存在歧义。当他说孔子不允许选择时，是在把它们等同于"真实的选项"，"如果我们把选择理解为能动者依靠自己的力量从众多同样真实的选项中挑选出一个的话"[59]。这隐含的意思是选择对孔子来说是虚幻的、不真实的，而实际上他对"走在真正道路"之外的选项的描述——扭曲地走、迷路或放弃道路——则更朴实无华：在任何具体的情况下，都不存在同样好的选项。扭曲地走、迷路或放弃道路等选项与走在真正的道路上可以同样真实，但不可能同样好。一旦理清这种含糊其辞，早期儒家和西方哲学在选择问题上的对比就不得不作出修正。

虽然奥古斯丁也不把选择当作是在同样好的选项中作出选择，但他与孔子仍然有差异。芬格莱特的观点非常有说服力。他指出，与奥古斯丁不同，孔子认为道德失败与其说是意志薄弱倒不如说是无知。虽然奥古斯丁对道德选择的理解在西方自我的问题中占主导地位，但是仍然存在着一种可以追溯到古希腊时期的把道德行动与知识联系起来的思潮，如桑德尔的"认知"能力模式，该思潮决不是微不足道的。这不足以断定早期儒家只适用认知能力模式，因此不特别关心个体选择。我觉得儒家更能容纳杜威式意志及选择等概念，这些概念在合作探究的社会实践中保持平衡，一方面是个体对情景的控制，一方面是对包括自己在内的情景组成部分的发现。

一个说明问题的例子是，孔子说："从来不想'怎么办，怎么办'的人，我对他也不知道怎么办了。"（子曰："不曰'如之何，如之何'者，吾末如之何也已矣。"——《论语》卫灵公第十五第16节）芬格莱特认为，这不是选择问题。用杜威的术语，它涉及到选择，这是一个有问题的情景，不仅需要从选择项中作出选择而且需要思考的过程。典型的问题"怎么办"只能通过把学与思结合来的方式来回答，而这种结合与杜威的智慧（intelligence）概念——"使用过去的经验影响和改造未来经验的力量"——非常接近。

"学"的早期含义非常广泛，后来则被简化为"读书"。它的意思是"意识到"，实际上包括了所有种类的经验学习——不仅从自己过去的经验中学习，而且从别人的经验、从个人的文化遗产中学习等。孔子描述自己是"好学者"，也以同样的原因称赞自己最得意的学生颜回。[60]学习是修身的第一步，是伦理进步的首个动作，要维持伦理生活，就必须坚持学习永不停止，因为爱仁却不好学，弊病就是容易被人愚弄（好仁不好学，其蔽也愚。——《论语》阳货第十七第8节）。虽然孔子提到"生而知之者"，但他实际上并不认为任何人有这种知识。他主要关心的是从学习中获得的知识，他描述为多多地听，选择其中好的东西加以接受；多多地看，牢记在心里。这样的知识是仅次于"生而知之"的（多闻择其善者而从之，多见而识之，知之次也。——《论语》述而第七第28节）。儒家运用从经验中获得的知识回答"怎么办"的问题，这一点非常接近杜威对选择的描述，即利用过去的资源通过重建当前情景而影响未来的明智思考。

孔子有时候谈到与学对比的思，这个词常常被翻译成 thinking 或 reflecting。"我曾经整天不吃，整晚不睡，用来思考，却一无所得，不如去学习"（吾尝终日不食，终夜不寝，以思，无益，不如学也。——《论语》卫灵公第十五第31节）。这并不是说思完全无用而是说思必须与学结合起来："学习却不思考就会糊涂受骗，空想却不学习就会迷失方向"（学而不思则罔，思而不学则殆。——《论语》为政第二第15节）。思是各种不同思考的通称，每种思考都和从过去经验中获得的知识有不同联系。思考如果"没有根据"、空洞无物、完全出于猜测，那就是没有效果的"白日梦"而已。如果建立在经验知识基础上，思就具有批判性和评价性，它能够让思考者把知识扩展到新情形中并解决面临的难题。[61]除非过去的经验通过明智的思考后变得与现有情形有关，否则人们同样不清楚该如何行动（因此仍然困惑）；如果一个人试图不依靠过去的经验思考，或者更糟糕的是按照这种"没有根据的"思考采取行动的话,这行动将是不明智的,其结果常常是徒劳的甚至是危险的。

人们不应该过分强调学与思的对比。两者两极交换,任何一方总是处于向另一方的转换过程中。凭空思考不是常态,学习中已经包含了批判性和评价性思考的因素。孔子说"多听,有怀疑的地方放在一边,谨慎地说出其余能确信的地方,就能减少错误;多看,有怀疑的地方放在一边,谨慎地实行其余能确信的部分,就能减少懊悔"(多闻阙疑,慎言其余,则寡尤;多见阙殆,慎行其余,则寡悔。——《论语》为政第二第18节)。在你听到或看到某些东西时,你已经在评价可以在多大程度上依靠它及据此采取行动。在面对一个问题情景时,人们从过去的经验中学习,连带其不可分割的观察和评价。在学习过去经验的过程中,人们会把它的相关性延伸到现在和未来,进一步反省和明智地思考。这样,人们就通过深思熟虑找到"怎么办"这个问题的好答案。

虽然在关心的问题和解决问题的途径上,杜威和孔子有关道德生活要求的思考—行动过程的观点的相似性足以让我们有理由得出两者存在平行关系的结论,但是我们必须小心,不可过分夸大其相似性。杜威有非常成熟的探索理论,该理论源于他对科学方法的理解;但早期儒家中没有这样的理论。杜威哲学中的深思熟虑往往是对目的与手段的思考,既有工具性又有结构性;但早期儒家文献中没有任何有关手段和目的的哲学理论。虽然两者都承认风俗习惯和传统的重要性及其积极意义,但是杜威强调个体思想中出现的对风俗习惯和传统的偏离,孔子则强调历史的连续性。当过去的资源不够用的时候,儒家往往喜欢重新评价过去而不是抛弃过去。虽然应该牢记这些差异,但人们还是能够指出,孔子对"思"这个词的使用具有模糊性和灵活性,足以包容杜威有关深思熟虑的更成熟的理论,当然包括其他结构性不强的形式。

我们是否过分强调了早期儒家所理解的伦理行动中的质疑和深

思熟虑了呢？虽然华蔼仁承认"选择不一定被视为涉及道德责任、内疚、矫正性的惩罚和后悔等复杂思想，正如我们在遭遇奥古斯丁式的自由抉择（Liberum arbitrium）之处看到的那样"，但她从孟子对"四端"的讨论中所得的"明显要点"是排斥有意的思考或选择在道德行动中发挥的作用，道德行动不是替代性解释或判断的对象。[62] 根据杜威心理学的观点，那个赶紧前去救助即将掉入井里的小孩的人不仅仅是出于本能。他作出这种反应仅仅因为过去的经验和想象力让他知道或者预见孩子掉进井里的后果，并根据这个知识作出反应。前者包括观察经验和评价经验，后者则扩展了自己的实际经验。

与井边的孩子同样没有经验的另一个小孩就不会像大人那样对此情景作出反应。从过去经验中学习将产生影响未来经验的尝试，无论这种反应显得多有自发性，都存在着智慧的运用，它类似于有意的思考和选择中用到的智慧。因为经验的持续性和开放性，在考虑伦理行动中选择和思考的作用时把注意力的焦点集中在特定的时间段之内是具有误导性的。虽然如此，这样的例子确实显示，早期儒家虽然相当重视思考的价值，但他们强调通过礼仪实践逐渐养成的习性而不是自发性较少的探索，因为这种习性将确保行动得体。与此相反，杜威虽然承认情感和习性的重要性，但他强调的是合作探究中的言语层面的思考。

布鲁姆也相信"在古代中国，个人的特征往往是通过生物学意义上的继承关系来确定的，身份和角色不是选择的结果而是伴随着生命而来的天赋"[63]。在此情况下，正如桑德尔所指出的，某些"构成性目的"（constitutive ends）是不容置疑和修改的。但是，如果构成性目的可以修改，儒家就可以被重新建构。人们确实无法选择自己的父母或兄弟姐妹，甚至无法选择出生地，但是就最后一点来说，人们至少还是有一定限度的选择，比如接下来生活在什么样的地方。孔子就离开了他的出生地鲁国，试图找到一个愿意把他的政治理想付诸实践的国君。他曾经想搬到中原人可能认为"野蛮"

的东部少数民族部落居住（子欲居九夷。或曰："陋，如之何？"子曰："君子居之，何陋之有？"——《论语》子罕第九第 14 节）。虽然现在交通工具的发展似乎扩大了这种选择，但是当今更正规化的政治边界实际上增添了更多限制。

布鲁姆过分强调了儒家学说中生理纽带所赋予的稳定性，这种稳定性确定了人际关系中的角色和身份。家庭的文化意义并不完全归功于"生理遗传"。领养孩子在中国社会是被普遍接受的一种做法，养父母的权利并不比生身父母少。《论语》承认如果从父母的伦理要求来看生身父母的行动不一定适当（父不父，子不子。——《论语》颜渊第十二第 11 节），这是具有伦理意义的问题。家庭和其他社会关系在一个人的伦理生活中显得重要不是因为"生理遗传"而是因为它们是伦理关系。伦理关系要求人们作出有意识的努力来产生和维持这种关系。而在极端的情况下，建立在生理纽带上的关系可能被抛弃，与亲属的接触宣告终止。孔子的一个学生司马牛因为弟弟的不道德行为而与弟弟断绝兄弟关系，当他痛惜地说自己没有兄弟时，子夏安慰他说，如果待人恭谨，合乎礼节，"四海之内皆兄弟也"（司马牛忧曰："人皆有兄弟，我独亡。"子夏曰："商闻之矣：死生有命，富贵在天。君子敬而无失，与人恭而有礼，四海之内，皆兄弟也。"——《论语》颜渊第十二第 5 节）。孟子为匡章辩护，称赞他是个孝子，虽然因为父子之间以善相劝而把关系搞坏了，得罪了父亲，不能与之亲近（夫章子，子父责善而不相遇也……为得罪于父，不得近。——《孟子》离娄章句下第 30 节）[64]。人际关系的伦理意义在于它的发展和维持是依靠伦理行为完成的，在这方面，人际关系及其定义的角色和身份是被有意识地培养起来的。

儒家的个人志向

杜威和孔子的对比集中在选择所涉及的思考过程和为儒家的辩

护，驳斥那些认为儒家拒不承认我们质疑和修改甚至抛弃我们的目的和社会关系的能力的指控。就杜威来说，笔者注意到智慧是社会性的而非个体性的。下面笔者将通过考察孔子对伦理生活中个人志向的观点进一步探索儒家思想中选择的社会性。值得注意的是这种社会性并不否认选择中的个体性。

在杜威的心理学中，深思熟虑和选择与欲望和意志有关。《论语》中似乎没有和"choice"（选择）对等的古代汉语词汇。我们可以解释为要求深思熟虑和选择的场合有时候是用欲和志来讨论，前者是个通用词，往往被翻译成 wish（希望）或 want（想）或 desire（欲望）等，后者常常被翻译成 will（意志）。芬格莱特描述欲和志给予自我一种"有导向的活力"，志能够"推动和指导行动"[65]。就像杜威哲学中的 will（意志），欲和志并不是指与自愿行动分开的官能或者实体。正如杜威发现的，人们很难从传统的影响中"解放"像"意志"这样的西方哲学概念，所以有些译者为了避免产生误解，更愿意放弃"意志"这个词，根据文字的构成把志翻译成"把个人的心思放在"某物上。[66]

杜威对欲望和意志作了区分，认为志中包含的思考甚至深思熟虑更多，表明了竭力实现目标时所付出的努力和坚持不懈。《论语》中志也有一次被用来表示顽固不化（子曰："事父母几谏，见志不从，又敬不违，劳而不怨。"——《论语》里仁第四第 18 节）。但是，志的最突出使用与伦理目的有关，其对象包括学、仁和道。我们看到个人对伦理生活的承诺的例子显示，与西方关于意志的大部分观点不同，"把个人的心思放在"某物上是社会实践的组成部分而不是纯粹的个体行为。孔子说，"吾十有五而志于学"。这是人生的第一个阶段，此过程一直持续到最后阶段，70 岁时孔子就可以做到"从心所欲不逾矩"（《论语》为政第二第 4 节）。从任何标准来看，孔子的生活都是个人志向的突出典范。个人志向是个持续进行的过程，任重而道远（曾子曰："士不可以不弘毅，任重而道远。

仁以为己任,不亦重乎?死而后已,不亦远乎?"——《论语》泰伯第八第7节)。它开始于个人存在的核心所在——心,此后贯穿人的一生。在儒家的教导中,个人志向不是单个的行动,不仅有志同道合者而且有走在我们前面的君子作为榜样,在此过程中若获得圆满,我们还可以带领后来者前进。

在查尔斯·泰勒所说的"个人志向的个体主义"中,自愿行为具有正当的权重,只要是自己挑选的人生道路就是好的(虽然未必正确)。这是自由派对选择在道德中的作用的观点。[67]与之相反,"把个人的心思放在"某物上在儒家中并不自动具有正当性。仅有的是取得的结果可以证明走在某条道路上的最初行为的正当性。伦理任务或许根据道来评价,这个道多被翻译成 the way(虽然汉语中没有 the 这个定冠词)。[68]不过,结果并不是通过独立于个体或其共同体的某种标准来评价的。笔者不同意芬格莱特的观点,他把道描述为一个"带有天生的笼统性,缺乏对特别的个体的参照性"的标准;笔者也不同意孟旦的观点,他认为"在儒家中,圣人的共有特征作为人们可以模仿的理想特征而突显出来",人们只是"在实现普遍目标的手段上"存在差别。[69]如果我们把伦理行动贬低为遵循超越的标准的活动,那么所有的个体性就都不复存在。

人们不能否认儒家伦理学必须通过一组在使用上相当笼统的关键概念来理解,其中包括了德、仁、义、礼、智、信、勇。但是这些不是个体必须遵守的绝对原则,每个伦理行为都有某种固定的普遍的具体例子,圣人不只是通过作为这些具体例子的杰出范例而出类拔萃。正如杜维明指出的,"因为道不是被显示为确立固定行为模式的规范,因而不能根据其接近一个外在理想的程度来衡量一个人行动的成功或失败"[70]。为了对儒家进行更有利于儒家民主的理解,我们需要一个途径把主体间性和专注于特殊性的焦点结合起来,从而为表达那些结合了社会认可和个体创造性的评价和判断留下空间。

如果遵循芬格莱特的观点，借助艺术来寻求理解儒家的途径可能稍好一些，但是他在用音乐进行隐喻的时候，个体性仍然遭到贬低，因为"真正的艺术家的风格是服务于作品的"[71]。杜威可能说，他已经把艺术产品（看得见的乐谱）与艺术作品混淆起来了，艺术作品由音乐概念与表演者和观众的每个具体互动组成，因而处于不断变化之中（M10.218）。根本不存在静止的"作品"，任何作品都与艺术活动产品的互动者分不开；同样，道根本不独立于个体走在具体道路上的个别走法。每次艺术表演的独特品质在进行评价时都不能被忽略，但是其价值不能完全根据其独特性来决定。评价必须具有主体间的可靠性。因此，评价存在两个方面：一方面集中在遭遇个别艺术产品的独特感受，另一方面关于思考为什么这种体验完美无缺。后者是尝试用共同的词汇来表达体验——不是根据某些先验的法则（虽然或许存在一些"总结性法则"）而是与当前体验相关的先前体验有关（不仅仅是自己的体验）。即使每个个别体验的表达受到从前体验所形成的通用词汇的指导，但与此同时，它也能修改这些词汇。

这是"模范"不同于具体例子实现法律、原则或规则或者遵守这些法则的一个方面。后者存在一种单向的决定性，法律决定某物是否可以作为它的例子，而前者则意味着模范和模仿者之间存在着相互适应和修改的过程。对一件艺术品的评价就是尝试说服拥有共同体验的共同体其他成员，这些共同体验受到这种评价的约束，评价时要回顾在体验某个特定作品时涉及到的独特感受，其中肯定存在对作品优点的阐述和体验到的情感的契合。而且，每个人对艺术品优点的阐述在共同体中占据的分量并不相同，因此肯定存在一种对评判者资格的认可，而这仍然是涉及到说服共同体其他成员的复杂过程。

这个类比揭示了社会性如何在促成个人选择的价值实现的同时并不彻底否认个体性，尤其是当她有志于道德生活之时。当一个人通过走自己独特的道能够把道扩展到让社会看见和尊重的地步，这个人的志向就有了价值。人们按自己的志向行事就像艺术家创作一件艺术品。个人的个体性创造出新东西即"现有秩序的新颖重构"，这将有助于共同体的发展。当一个人的作品集中和紧凑地展现了人类经验的丰富性，而且其表现形式可以与他人共享并进一步丰富社会生活时，其作品就具有了"合理性"，被赋予持久的价值。伦理价值就不仅涉及到个人而且涉及到整个共同体。

虽然在早期儒家中，个体性在一个人的伦理进步中具有重要作用，但是个人的独特品质并不仅仅因为独特就受到尊重，而不考虑其他。孟旦认为这是从浪漫主义继承下来的西方个体主义的重要成分。[72]儒家只尊重那些有助于个人伦理成长的独特品质。如果一个人拥有阻碍自己或他人的伦理成长或者造成痛苦的独特个性，这种个性还应该得到尊重吗？按照儒家和杜威实用主义的说法，答案是否定的。当然，很少有人会狂热和偏执到赞同这种个体主义的地步，通情达理的自由主义者也是如此。

个体性与有机社会性

自由主义之个体主义多不至于完全否认社会的重要性。约翰·罗尔斯承认"每个人都做贡献，每个人都参与的社会统一体的整体善"是与权利原则互补的政治之善（political goods）之一。[73]让社群主义者感到担忧的是，如果从自由派对社会性的理解来看自由派对社会重要性的承认并不充分。从历史上看，作为道德行为者的自主自我概念伴随着对社会的原子化理解，把社会当作现成的个体的集合体。对社会的这种机械概念是社会契约论的基础，这种理论与当今自由主义仍然密切相关。黑格尔批评这种把社会当作"一大堆原子单位的聚集体"的概念，因为它把社会和私人组成的协会混淆了。这种概念无法认识到下面这个事实，即我们出生于社会或属于社会都不是由我们决定的。[74]

作为对黑格尔的回应，罗尔斯承认"在进入社会之前我们没有现成的身份"，但他坚持这与维持个人的独特性和多样性并不矛盾。虽然严肃对待受黑格尔启发的社群主义者的批判，但罗尔斯仍然排斥把"社会当作一个有机整体"的假设。[75]虽然把社会当作有机整体的概念在社群主义者中很常见，但是杰拉尔德·高斯仍然认为，包括杜威、穆勒甚至罗尔斯在内的"新自由主义者"也把社会看作某种有机体。[76]要让个体性和社会性和解就需要从机械社会概念转变为有机社会概念。在有机体概念中，社会被视为一个有机体，个体之间相互联系并与社会整体联系起来，就像把细胞组织成器官，器官组织成有机体。[77]

与外在性的机械关系相对，有机关系是内在性的。在外在关系中，参与者被视为处于孤立状态，无论它是否如此存在；而内在关系影响或有助于参与者的身份塑造以及我们如何看待它们。"有机体的四肢和器官不仅仅是其组成部分：只有它们统一起来才能成为各自现有的身份，毫无疑问它们都受到统一性影响，反过来也影响统一性。"逻辑原子主义者认为，所有关系都是外在性的；黑格尔则认为所有关系都是内在性的。[78]杜威并不认为所有关系都是内在性的，但是他确实认为社会关系具有内在性，在这点上，或许可以说他持有有机体社会观。

杜威接受有机体社会观是在1928年，即使在为它辩护的时候，他也曾经对有机体社会观持有保留意见。[79]虽然他认为社会关系具有内在性，在后来的著作中也使用有机体的语言，但杜威的社会概念与多数自由派批评的黑格尔式的有机体概念还是有区别的。在卡尔·波普尔和以赛亚·柏林等批评家看来，黑格尔式的有机体社会观是在为政治和社会独裁辩护，因为它们属于整体论和目的论。另一方面，梭罗莫·艾维尼里和泰勒等学者认为那些指责黑格尔支持极权主义或威权主义的人误解了他。[80]

社会有机体概念中的社会整体可能表现出某种拥有自身目的和利益的超个体主体（super individual subject，福柯的术语）——它有一个最终目的（telos），该目的的实现就是其真正本质的实现。在黑格尔看来，社会整体的最终目的就是"精神"（Geist）的实现，即理性和自由的充分实现。这种目的论常常带有一种否认个体自主性和责任的历史决定论色彩。[81]泰勒用下面的话描述了黑格尔的"理性的狡黠"历史观的隐含意义："我们陷入到一个并不充分理解的剧本中。只有把它表演出来，我们才能理解一直在进行中的是什么。理性实现自我意味着结果产生于人类的行为，它并不真正明白到底发生了什么，人们是透过观看模糊的镜子在行动，但受到狡黠的理性的指导。"我们不能控制自己的命运，更不要说控制世界的命运了。能动性（agency）不仅是个人的。作为个体的"灵魂"和"无意识到的内在意识"的"精神""对他们发挥了作用，他们屈服于甚至违背自己的清醒意志"[82]。

自由派排斥任何隐含着有机体社会概念的"社会性个体"的概念。从他们的角度看，这些概念最终都将牺牲个体性。我们需要为杜威哲学和儒家辩护，驳斥这种指控以便维持这样一种看法，即他们提供了另一种选择，保持个体性与社会性的平衡而不是牺牲任何一方。杜威是以黑格尔主义者的身份开始其哲学研究生涯的。虽然他放弃了早年的黑格尔主义，但是"与黑格尔的际遇给他的思想留下了永久性的沉淀"（L5.154）。这个"永久性的沉淀"指的是"黑格尔把文化机构看作留在个人身上的'客观心灵'（objective mind）的观点，个人就是依靠它形成自己的思想生活"。但是杜威不是柏林批评的"集体神秘性（mystiques）的支持者"之一。杜威并不假定社会或者任何社会实体是超级个体主体。在他的哲学中，"绝对精神体现在社会机构中的形而上观点被抛弃，保留下来的是建立在经验基础上的观点，文化环境能够有力量影响个人的观点、信念、思想态度等"。这使他摆脱了有机体社会概念的整体论的、目的论的、集体主义的特征,这些在柏林看来属于"形而上和规范性"而不是"社会学和心理学内容"。[83]

不可否认的是,杜威常常采取整体论的视角。比如他对心灵和自我的描述就包括遗传性观点,体现了一个有机整体不断进步的功能分化。但是他并没有认为我们需要先认识整体的本质然后才能认识部分,他考察了经验性的功能分化本身以便认识部分和整体。而且,"有机整体"只是相对的整体。一个情景对于其组成部分来说就是一个整体,这些部分必须被分辨出来和重组以便解决问题,但它又是持续进行的体验过程的组成部分。虽然杜威对"生存的一般特征"做了哲学思考,但他并没有预测某种最终的绝对整体的本质。

杜威甚至非常警惕"社会整体"的说法。在他看来,这种"纯粹的抽象"导致人们常常错误地把个体与社会对立起来。他认为"并不存在一个被称为'社会'之一物;存在很多社会,很多形式的协会"(L7.327)。当每一种形式的协会被当作一个社会的时候,它并不存在于个体之外。协会的重要性不是因为存在一个超级个体主体而是因为存在着个人之间的互动和协作关系。任何社会性的目的和公共利益都不具有超级个体主体的地位,它必须是通过个体间的交往互动而构建起来的。

虽然杜威放弃了黑格尔主义的神秘的整体性的目的论,但若认为目的论在他的哲学中没有地位那就错了。在杜威看来,"有机体的意思倾向目的论,与机械论正好相反"(M2.177)。人们更热衷于提高生活质量而不仅仅是维持生存,更感兴趣的是达到圆满而不是准备。人类的行为超越了仅仅维持生活过程,它还关心经验的圆满阶段,关心与"最终目标"有关的直接享受(L1.69)。直接经验的"事物是惨痛、悲惨、美丽、幽默、确定、干扰、舒服、恼人等等"(L1.82)。因为"任何一种品质都有终极性,既是起点也是终点;就像它存在的样子,自身拥有品质的本质也就拥有了字面意义上被称为目的、终点和场地的内容"(L1.82)。"因为常识或直接或间接地与使用和享受的问题有关,在本质上属于目的论"(L12.81)。

所有自然事件都是自然目的,因为可以直接体验对象和品质。与传统目的论相反,自然目的不一定好。杜威承认,从语言上看,"目的"似乎确实是具有值得尊重或追求的东西的含义。他认为,这样的目的不是自然目的而是视域中目的。只有在因为体验到高质量而成为积极追求并最终实现的目标时,自然目的才能称为视域中目的(L1.93)。自然目的常常被认为与所谓的外部手段有关,而且仅仅是一种时间先后顺序,与之相反,视域中目的则与内在手段密切相关。某物成为手段"只有在视域中目的的实际体现在它们身上并塑造它们时。从字面上,它们是目的在其实现的当前阶段"(L1.280)。视域中目的"在向前运动的每个阶段都处于不断的、累积的重演过程中。它已经不再是终点"(L1.280)。它是在非排他性意义上的"目的",与产生它的手段结为一体。视域中目的及其手段不仅仅是随意联系起来的;它们共有的意义联系在灵活的、自由移动的过程中不断形成,所以没有既存的决定一切的固定设计,事情仍然能够朝某个方向移动,可能被加快也可能遭到阻碍,但此方向是过程的内在组成部分。

视域中目的在为人类行为提供方向中发挥了关键作用。世界是由"持续进行的、没有终结的、不完整的、不确定的"事件组成的,这些事件因而"有可能受到管理和操纵,不仅到了终点而且实现目标,不仅是终结而且还有结论"(L1.127-128)。在一个不确定的、未完成的、开放的宇宙中,进步并不是必然的,而是有待我们来实现的(L14.113)。直接的价值只能在亲身感受到事物,即自然目的的某些品质和意义中才能被发现,而作为不在直接现场之事物,其内在品质是无法直接体验的视域中目的,从控制的角度看,它是最重要的(L1.96)。视域中目的对于有智慧地控制活动是占据主导地位的,因此也是杜威的社会向善论哲学的核心。我们或许可以安心地假设目的论在杜威的思想中发挥了重要作用。但这种目的论是临时性的，与具体背景有关，不同于那种将个体完全置于社会从属地位的整体性和绝对性目的论。

杜威的目的论不同于黑格尔的目的论。因为后者提出有机整体本身不具时间性而是超越了所有时间系列，即使它"或完整或部分地展示在一个时间过程中或呈现为一个时间过程"[84]。黑格尔式目的论特别强调一种先验的/内在的秩序，是一个完整的自我封闭的整体，它们尊重静态而不是动态，所以变化只是作为获得永久性的手段而具有了价值。相反，在杜威哲学中，有机整体的稳定性总是相对的。每个存在都是一个事件，即每个存在都一直处于变化中——既已产生，随后消亡。在这样的变化过程中，被认定为提供了"系统"稳定性的"结构"不过是"更缓慢更有规律的节奏性事件而已"[85]。

杜威哲学中目的的终极性不是绝对的，它相对于经验的特定部分而存在。从更广阔的角度看，"自然中没有任何东西具有排他性的终极性"（L1.99）。"任何事件都是某个事件的结束和另一事件的开始，既有过渡性又有静止性"（L1.85，90）。杜威反对任何假定"一系列次要目的为真正目的做准备并最终积累构成真正目的"的目的论（L1.89）。正如"没有所有事情的单一的瞬间出现的开端"，也没有所有事情的单一终极性的结尾（L1.83）。我们的世界是"没有完结的世界，没有持久的决心要到哪里去或者要做什么事"（L1.67）。虽然在某种意义上杜威的哲学是目的论，但他既没有假设存在一个贬低个体目的的最终目的，也没有暗示否认个体对自己命运有控制的历史必然性。

黑格尔的有机整体社会观的影响也可以在对中国社会和中国思想的描述中找到。中国社会常常被描述成个体完全从属于社会的"有机社会"的典范。西方作家常常把他们自己对有机社会的理解投射到中国思想上。孟旦注意到"在过去20年浏览过外国人写的中国历史的任何一个人都会发现这种主张，即中国人喜欢用有机体的比喻解释自然界"和社会。安·肯特认为"集体权利凌驾于个人权利之上的有机整体社会观和人们生存是为了国家而不是国家的存在是为了个人的观点"是个体在中国争取公民权和政治权的重大障碍。兰德尔·艾德华将典型的中国社会描述为"有机整体或无缝网络",接着他用一个非常不幸的隐喻说,中国人认为人人都是"效率越来越高的社会机器中的齿轮"[86]。

本章中构建起来的儒家的自我概念认为,个体被置于社会网络中就像全息摄影术制作之面中焦点,这种自我概念支持孟旦的观点即"儒家和道家的大部分著作都认为自我和他人相互牵连,而这种纠缠意味着有机体关系"。但是,正如我们在讨论杜威的社会概念时看到的,含蓄地把社会关系当作内在关系的中国思想并不意味着中国人认为个体完全从属于社会。仅仅承认社会关系的内在性特征并不能证明下面这个说法的合理性,即中国人思想中流行的整体论给予部落、家庭、社会、自然等整体目的和目标,在中国人看来"个体的命运是由他们与整体的关系及整体的目的所决定的"[87]。

西方主流有机体概念中的"社会整体"要求一种结构和排除无休止进展的自我封闭性。按照吉奥瓦尼·萨托利的说法,"人们对系统各成分的融合程度及其边界的了解与该系统的封闭性有逻辑等值关系"[88]。相反,在当今讨论中国哲学的英语文献中使用的"有机体"和"整体"等术语并不总是意味着结构和封闭性。杜维明采用了牟复礼的观点,即中国人的宇宙观是有机过程,他认为"完整性"是这一过程的基本主题之一,另外两个是"连续性"和"动态性",但他强调有机过程是开放的而不是封闭的系统。"因为不存在具体指出的时间起点,也无法设想其终点。宇宙永远在扩展,大化永无止境。"①[89]这不同于西方对有机体的理解,他们认为有机体隐

---

① 本句借用了"存有的连续性:中国人的自然观"(刘诺亚译)的译法。——译者注

含着一个有清晰边界的完整的整体（至少在概念上）。

正如中国学者费孝通指出的，只要用西方语言讨论儒家，我们就无法避免使用西方哲学负荷的术语，但是"西方的革新（包括概念）决不会完全合适，我们需要将其中国化"[90]。除非进行修正，明确指出其不同的隐含意义甚至不同的意义，否则借用西方哲学术语将扭曲我们对中国思想的理解。有机体语言就产生这种问题。我们没有发现《论语》用有机体的隐喻或身体形象来指代任何一个社会群体。《孟子》中唯一使用与身体有关的形象是把君主和大臣的关系比作腹心和手足的关系（君之视臣如手足，则臣视君如腹心。——《孟子》离娄章句下第3节）。《荀子》曾经指出，"天下人顺从圣王就像长在一个身体上一样，就像四肢顺从思想的支配一样"（故天子不视而见，不听而聪，不虑而知，不动而功，块然独坐而天下从之如一体，如四肢之从心，夫是之谓大形。——《荀子》君道第十二）。按照孟旦的说法，宋代哲学家更进一步，"指天地和万物连同其思想和无处不在的生生之力构成一个有机整体"[91]。但汉语中的一体（通常被翻译成 single body）和西方理论中作为整体的有机体一样吗？

正如在杜威哲学中那样，中国思想中存在强有力的证据说明称某物是"整体"只是在相对意义上如此。在西方思想中，有机体是在物质上离散、在功能性上相互依赖的各部分结合起来组成的一个整体。在中国思想中，人体是由动态的能量场构成的，其边界即便存在也模糊不清。[92]缺乏对有机体内物质边界的强调，在有机体与环境的关系上再次体现出来。身体的能量场并不构成一个自给自足的整体，能量与环境进行互动交流，而环境被视为不同的相互依赖的能量场。[93]

对中国社会的研究在确定"社会整体"时遭遇困难。金耀基从三个层次上考察儒家社会——个体（己）、家庭（家）和非家庭的社会群体（群），他认为，家庭之外的群体（当然包括"社会"在内）在儒家的定义都非常模糊。[94]早期儒家中根本没有正式讨论作为社会群体的"群"。该词用来指任何超过三人的群体，但在古汉语中更频繁地被当作动词来使用。在《国语》中，群被用来指三个或三个以上动物的群体，以对应人的群体"众"，众通常被翻译成 multitude。[95]因为除了表示在特定场合内共同存在的意思之外，众没有衔接连贯的隐含意义，所以很难把众看作一个"整体"。

在《论语》中，"群"特指人的群体。孔子哀叹他无法从人类事务中脱身，因为他必须与同类的人打交道而不是与飞禽走兽合群共处（鸟兽不可与同群，吾非斯人之徒与而谁与？——《论语》微子第十八第 6 节）。他进一步区分了群与党："君子庄重而不争斗，合群而不结私党"（君子矜而不争，群而不党。——《论语》卫灵公第十五第 22 节），从而赋予群一种伦理含义。这一点在《荀子》中被进一步强化，群成为一种把人类提升到万物之上的活动；所谓君，就是善于此活动的人（故人生不能无群，群而无分则争，争则乱，乱则离，离则弱，弱则不能胜物……君者，善群也。——《荀子》王制第九）。[96]早期儒家著作中使用群的场合集中在人们如何相互协作而不是划分群体边界。

即使中国社会中最重要的群体概念"家"也没有确定的界限。这涉及到的不仅仅是确定边界的实际困难。边界的定义本身模糊不清是因为每个群体的独特性并不在于从哪里划分边界而在于个体之间的关系如何。按照中根千枝的说法，"日本的家族体系与中国的家族体系不同，在中国，家庭伦理总是建立在具体个人如兄弟姐妹、父母子女、夫妇之间的关系基础上，而在日本，则是建立在集体群体基础上，即家族成员而不是个体间的关系之上"[97]。中国人的家有时候指核心家庭或生活在同一个屋檐下的大家庭，但它也可包含一个世系或家族的所有成员，甚至包括下人和既没有血亲也没有姻亲的其他投靠者。

常见的说法"自家人"可以指一个人想包括的任何人，家也可以根据具体情景或扩大或缩小。在极端的时候,其经典用法是指拥有很高地位的个人,一个贵族或高官或"天子";在另外一个极端,它可以延伸到数不清的人,甚至"天下一家"。[98]人们很可能想说用家人来指并非直接亲属的人只是一种比喻。这样做当然并不真正产生概念问题,但它已经假设该概念在最原始的意义上应该只适用于生物学意义上的核心家庭,但在中国背景下这恰恰是有问题的。

在早期文本中,家与国常常同时出现,国总是被翻译成 state。在现代汉语中,国和国家都是指享有主权的民族国家。这个概念似乎有更清晰的边界,因为它包含有特定的领土边界的含义。国的含义之一是"天子或诸侯管辖的地方"。这已经引入了模糊性,因为诸侯(至少最初)是在天子的管理之下。当我们把它和《周礼》进行对比就会发现模糊性变得更突出了,因为在《周礼》中"家"被用来指在地位上低于诸侯的高官和贵族所管辖的领地。[99]"国"有时候并不是指君主治下的所有领土而是只指他所在的首都(在国曰市井之臣,在野曰草莽之臣,皆谓庶人。——《孟子》万章章句下第 7 节)。冯友兰宣称,在过去,国的意思实际上就是家。[100]我们不必同意这可能有些极端的说法,只需注意到家和国虽然在面积大小(或军事实力强弱)上有临时性的差别,如《论语》公冶长第五第 8 节提到了"百乘之家"和"千乘之国",但两者的区分在早期文献中确实并不明显。[101]

现代用法中用来翻译 society 的"社会"两字最初被用来指在节日时围绕土地神祭祀之所聚集起来的一群人。土地神祭祀之所(社)象征着社会团结和相互依赖。这个词的形象指向把社会理解为围绕一个象征性中心的网络而不是有明确边界的实体。梁漱溟注意到中国社会建立在关系之上而不是个体或群体之上。[102]儒家中非常重要的关系是特定个人之间的关系而不是个体与社会整体的关系。儒家社会思想的核心不是社会整体的概念而是五种基本人际关系的概念即五伦:父子亲、君臣义、夫妇别、长幼序、朋友信。正因为非常明显地缺乏把社会整体作为关键的伦理或社会概念,所以台湾在1981年时出现了在个体和群体之间建立第六伦(群己伦)的呼声,作为对不断增强的"个人主义"或现代资本主义中猖獗的自私自利所作出的回应。

正因为把社会整体的概念应用在儒家思想中遭遇诸多困难,我们有理由认为,理想的儒家社会并不是拥有凌驾于个体目标之上的自身利益和目标的超级个体主体。人们可能认为,即使不假设超级个体主体,如果存在一个不属于任何具体社会整体的"最终目的"或独立于任何社会整体的总体秩序原则的话,个体仍然具有从属性。最可能被当成这样的目的论基本原则的就是"道"。正如倪德卫描述的,"道允许和促使一切以自己而存在,不邀功,不推动,一切秩序井然"。在儒家学者中,芬格莱特把道定义为"单一明确的秩序",其对立面是混乱。在宋明理学中,常常被翻译成 principle(原则)或 reason(理性)的"理"一直被解释为天地万物的主宰,是单一的、非经验性的、造就秩序的统一。[103]这些描述受到占主导地位的西方秩序概念的影响,这些概念是以整体目的论的观点为根据的,而整体目的论中总是隐含着某种有机整体或封闭自足的系统的意思。

李约瑟和牟复礼反对那种认为中国思想体现了某种整体目的论的观点。正如牟复礼所说,中国人拥有的不是一个宇宙而是一个无始无终也无边界的"有机体过程"。牟复礼的中国人"显然是唯一一个没有创世神话的民族"的说法可能有些夸张。德克·布迪(卜德)认为盘古开天地的传说是唯一可以被看作创世故事的神话,他认为这个传说可以追溯到公元3世纪。白安妮在研究了中国古代神话后发现,中国最早的有记录的创世神话可以追溯到公元前4世纪,但她注意到"与古代世界的其他创世神话比较,中国的创世神话似乎相对晚一些",虽然中国最早的文字记录可以追溯到公元前1300年。[104]白安妮还指出,中国人的创世神话讲述的是宇宙通过某种最基本元素被制造出来，而不是造物主的杰作，不是涉及创世主、神圣意志、仁慈智慧的从无到有的创造过程（creatio ex nihilo）。这支持了牟复礼的观点，即传统中国人的世界观完全不同于西方"通过上帝之手或者上帝意志或所有其他宇宙观如机械论、**目的论**和有神论等方式实现的无中生有的创世概念"[105]。

在李约瑟看来，西方哲学中"动物有机体或许可以被投射到宇宙上，但信仰人格化的一个神或多个神就意味着它必须拥有一个'指导原则'。这是中国人肯定没有采取的道路。对他们来说，与各组成部分的合作是自发性的甚至是无意志的，但这已经足够"。郝大维和安乐哲认为，古代中国人的思维是非宇宙论式（acosmotic）的，他们的大部分猜测并非建立在万事万物合起来构成一个拥有明确开端和单一秩序的世界观念之上。[106]在中国的宇宙观中，宇宙不是凭空创造出来的并在统一的原则指导下走向一个终极目标，而是一个自我组织起来的无始无终的过程。宇宙处于自我维持的过程中，它不停地变化，并不遵循任何现成的或确定的模式，也不受任何终极目标指导，它就是自然。

无论先秦时期儒家文献中存在什么样的神话因素，它们都不符合宇宙创造论。这一点就足以支持儒家民主的论述。而且，按照研究中国古代神话的著名中国学者袁珂的说法，中国神话充分发展的障碍之一是"中国皇权时代早期的学者和后来许多世纪的学者的消极态度，尤其是儒家学者的态度"[107]。似乎可以安心地假设，儒家社会概念的核心不是最终目的和社会整体或宇宙整体而是个体之间的互动。从杜威哲学中吸取灵感，我们可以重塑儒家学说以避免把个体贬低为社会附属物的整体论和目的论。这样，杜威哲学和儒家学说都能够在独特性和社会性之间保持平衡，既不牺牲作为社会性概念的个体也不牺牲个体间内在关系网络所组成的社会。

第三章 和谐共同体

约翰·杜威的哲学并不明确地区分个体和他人,也不把个体贬低为别人控制下的傀儡,所以它成为与早期儒家的个体观一致的另一选择。这种观点并不隐含着把社会看作具有某种神秘性的超级个体主体的概念。在反对把个体作为原子主义自我的概念时并不一定必须否认个体性的价值。排斥个体性往往要强调共同体的价值。不是任何一个社会或更小的社会团体都能成为一个共同体。第二章有关社会性的讨论只是初步提出了强调共同体价值的儒家民主的可靠选择。

我们需要更清晰的共同体概念,也需要关于如何创建和维持这种共同体的观点。在使用杜威哲学和早期儒家的资源构建这个概念时,本章认为,儒家共同体无须为了社会一致性窒息个体创造性,社会一致性不是建立在排他性基础上以维持不健康的"我们—他们"心态,在许多人看来不平等的儒家共同体等级体系或许具有合理性和民主性。

社会和共同体

只是到了很晚的时候才出现了把社会当作理解个体与群体关系的重要概念。约翰·洛克首先对比了社会与国家。斐迪南·滕尼斯在《共同体与社会》中将它与共同体进行对比。[1]该区分抓住了一个重要的因素：归属感。许多人认为归属感对共同体来说必不可少，但在社会中却并不存在。杰拉尔德·高斯指出，"社会生活和共同体并不一样，前者以互动和联系为前提，共同体则涉及到一种归宿感和对群体的忠诚"[2]。仅仅承认一种归属关系还不够，必须同时存在对共同体的归属感。如果要求的归属感是建立在"共同性和相似性"基础上，即被理解为严格意义上的"共同性"，那么我们将和高斯一起得出共同体意识与个体性关系紧张的结论，因为个体性意味着多样性和差异性。

杰克·克里特登把这种要求的共同性和相似性的隐含意义又推进了一步。他称共同体（Gemeinschaft）观点是"绝对共同体/完全社群"（the total community），已经没有个体自主性的任何存在空间。在他看来，麦金泰尔、泰勒、沃尔泽和桑德尔等社群主义者都持有这种观点。[3]克里特登的范例式共同体涉及到共享一种整体的生活方式而不仅仅是分享具体和有限的利益或把交往当成实现个人目的的手段。它由面对面的关系构成，这种关系培养人们关心所有成员的幸福并确保共同体对个人身份认同的核心地位。如果这种共同体概念如克里特登所说彻底排除了自我反思，那么它与杜威的个体性发展观也格格不入，而个体性发展是评价人类所有生活方式的标准。克里特登在批评社群主义者的时候把他列举的标准推向不必要的极端，"共同体对个体身份认同的核心地位"变成了共同体决定个体的身份。但是共同体对个体身份认同的核心地位并不一定妨碍人们质疑风俗习惯和传统，也不一定决定个体的行为。

那种认为共同体要求"基本相似性"的观念针对的是社群主义的两种相关批评的基础，这种观念把共同性理解为决定个体行为的观念、世界观、态度的同质性。从内在角度看，它窒息了个体性，因为没有了多样性和个体创造性的空间。只有一种正确的思维方式和行为方式，除此之外任何偏离都被视为背叛，被看作是对共同体的攻击。无论是谁，不支持我们就是我们的敌人。从外部角度看，从最好处说是对外人冷漠，从最坏处说是对外人仇视。作为共同体生活核心的归属感依靠的就是这种"局内人—局外人或我们—他们"心态。这种共同体是靠理查德·塞尼特所说的"贫民区心态"（ethos of the ghetto）来维持的。[4]它强调了一种排除所有外人的生活方式，竖立起一堵看不见的高墙把世界排除在外。局外人被当作异族对待，被贬低为蛮夷甚至野兽。共同体的批评家们认为，不愿意接触不熟悉的东西，不能容忍任何差别的存在是共同体的本质。

笔者认为，我们在杜威哲学中发现了一个完全不同的理想共同体概念，它与儒家观点有共通之处。杜威式的或儒家的理想共同体对内不排斥差异，对外不敌视陌生人。它不强调群体边界，同时不牺牲共同体内部的纽带；它包容多样性却不屈服于统一性。

非排他性共同体

杜威和儒家的社会观都集中在个体参与的互动过程的特征上而不是维持社会实体的边界上。"社会是人际关系中的个体，个体不是在被称为'社会'的遥远而宽泛的实体内而是在相互之间的联系中发展的"（L8.80）。虽然杜威认为社会怎样形成是最矫揉造作的问题，但他仍然描述了人类组成社会的方式，"社会意义是结合，大家合拢从事于共同交际与动作，以期将任何可由共历而增广稳固的经验得更圆满的实现"（M12.197）①。

社会过程基本上是运用符号沟通的过程。人类的行为不仅涉及当前的现实而且牵涉到在时间和空间上远离现场的情景（L1.213）。这是通过使用符号代表不在当前环境中的实体而实现的。符号出现在共同的行动中，人们使用符号影响相互的行为以便产生渴望的结

---

① 本句的引语译文借自《哲学的改造》，胡适等译，115页，合肥，安徽教育出版社，2006。——译者注

果。动物也进行影响其他动物行为的行为,如孔雀开屏或某个动物在看到捕猎者走近时发出一种声音警告兽群。但是这种发出"信号"的行为至少在低等动物身上只能起到直接刺激的作用。究竟作出什么样的反应取决于某种生理机制,但不是对符号的反应。其行为完全出于本能,"现有的有机体结构实际上执行了正确的参与"(L1.261)。

相反地,对符号作出反应是对其意义作出反应,涉及到在许多条件和广泛后果中选择焦点。总是存在某些不确定性的解释过程替代了因果机制。杜威通过对比母鸡对农夫扔过来的粮食作出警惕性反应和婴儿学会的对喂奶前奏的反应解释了这一点(L1.140)。把刺激和反应结合起来的因果关系决定性无法被推翻,但是符号与其反应的联系可能被情景内的其他联系所推翻。意义的产生和符号与反应的联系要求能动者对情景进行灵活的、不确定的重构。重复遭遇和共同体验的历史或许能够确立符号网络意义在普遍运作上的共识,但是在任何具体的情景中都存在误解的风险。人类的符号运用是联合行动,成功的后果依赖于每个人把自己放在共享情景中的他人位置上。

人类交往本身并不独特或具有特殊意义。"事实上,互动和交易一直存在,也是相互依赖的必然结果"(L2.330)。相互依赖性并不仅仅限于人类世界。我们发现众多其他生物也是联合存在的,杜威相信"现有的任何东西,只要是已知的或可知的,就一定与其他东西发生互动关系"(L1.138)。人类交往的独特模式产生的后果意义重大。当这些后果被人们认识到从而引起重视并努力追求时,就会形成各种社团。对交往后果的追求要求有意识地、深思熟虑地共享视域中目的,遵从共同的行动计划,协调参与者的行动,所有这些都涉及解释性过程而不仅仅是本能性的刺激反应行为。[5]

人类交往不同于其他形式的交往,因为它有沟通性,确立了"活动中的合作关系,每个合作伙伴的活动都受到伙伴关系的修改

第三章　和谐共同体

和约束"（L1.141）。相互沟通是社会性的前提，这是人与动物的区别（L1.134）。学会做人就是"要通过沟通中的公平交换和相互迁就养成一种作为共同体独特成员的清醒意识"（L2.332）。没有沟通就不可能有共同体。"自然形成的交往关系是共同体存在的条件，但是共同体添加了沟通功能，人们不仅采取共同行动而且共有情感和观点"（L13.176）。创造和维持共同体纽带的因素是沟通质量而不是排他性的边界。

杜威并不总是能够清楚说明社会和共同体的区别到底是什么。有时候他似乎把社会等同于共同体并与单纯的交往形成对比（L2.330），但是接着他又把社会和共同体分开，认为社会是一种交往（L13.176）。摆脱这种困惑的方法之一就是记住杜威在使用"社会"和"共同体"等有歧义的词汇时区分了实际意义（de facto）和规范意义（de jure），虽然他自己的著作在涉及这些意义时也不一定阐述得很清晰。区分这两种意义比人们预想的更困难一些，因为经验不一定清晰可见。比如社交过程基本上是沟通过程的主张：这里的社交过程是实际意义还是规范意义？抑或两者兼有？如果沟通也有两种意义，其隐含意义如何区分呢？

如果一位女士命令我为她擦皮靴，我明白了她的意思但是什么也没有做，这里有沟通吗？这里有共享意义的传输，我明白她的意思，也有足够的共同文化背景，我知道是什么皮靴，怎样把它擦干净。这个情景符合日常生活中使用"沟通"这个词所包含的意思。但是杜威理解的沟通是分享经验的过程，以至修改联合行动中交往者的立场而实现共同目标。若从这个标准看，上文说的擦皮靴的例子还不算沟通。人类互动中实现的经验共享是程度问题；杜威的概念确立了规范意义上的标准，实际情况达到标准的程度各不相同。

把社会描述为沟通过程是规范意义上的描述吗？不完全是。正如杜威的解释，"任何现有社会都有积极价值和消极价值"（L8.83）。杜威描述的是现实社会，它承认社交过程中的互动存在着不同程度的共享，但它也是规范意义上的描述，因为除了把一个群体认定为社会之外，还可以根据日常互动实现的共享程度大小对它进行评判。难怪杜威宣称在社会哲学中规范意义几乎"总是占上风"（M9.88）。

在规范意义上，社会和共同体是汇合在一起的：一种能促进个人—社会成长的共同生活方式。现实社会和共同体各自以不同方式接近这个目标。作为普遍的用法，"共同体"和"社会"有时候可以通用，但"共同体"还用在更狭隘的意义上指特定的交往，而"社会"则用来指各种形式的人类交往。如果进行对比，"共同体"比"社会"拥有的共同经验更多，因为共同经验是个人—群体成长不可缺少的内容，"共同体"因而更接近规范意义上的交往。在哀叹"促成大社会的机器时代已经闯入和部分瓦解了从前时代的小规模共同体却没有产生一个大共同体"时，杜威强调了现实社会和规范意义上的共同体的差别以及填补此鸿沟的必要性（L2.314）。

从大社会到大共同体是朝向规范意义上的交往的动作，是要增加人际关系中的积极价值并改善沟通的质量。当杜威谈到"作为共同体特征的传统、世界观和利益"时，人们很容易想到大共同体是被理解为 Gemeinschaften（共同体）的从前时代的小共同体的更完美复制品（L2.331）。谈及实现大共同体的同时需要破坏"从前时代的小共同体"使批评家怀疑杜威有一种怀旧的保守主义。虽然他有时候使用的语言令人误解，但杜威的理想共同体概念不是简单的完美共同体，其总体的稳定性和衔接性特征是在严格的群体边界内拥有既定共同利益的共同道德/伦理性（Sittlichkeit）所赋予的。杜威的理想共同体没有排他性。

若从实现共同目的并在成员间分享非法所得这一角度看，成功的盗窃团伙的沟通非常有效。若是慈善团体的话，即便没有更好的组织和沟通，同样的团伙也将更接近理想的共同体。如果边界是共同体的定义性特征的话，两者之间将没有区别，把它们区分开来的是共同的价值观、利益和目标。杜威的哲学是根据每个群体对他人造成的后果来部分区分两者的："它与其他形式的共同体的互动有多么充分和自由？"（M9.89）一个群体若不能通过行动影响其他群体的成长和群体之外的个体成长，就不是理想意义上的共同体。一个共同体是灵活充分地与其他群体联系和互动并构成一个更大共同体的群体（L2.328）。如果做不到这一点，它就限制了成员成长的可能性，因而也阻碍了自身的成长。共同体的边界应该一直保持畅通，其作为共同体（或更好的说法是附属共同体）的价值部分取决于跨越这些边界的关系的能力。

杜威式共同体没有严格的边界，因为它不是靠同质性而是靠沟通过程聚集在一起的。"英文单词common（共同的）、community（共同体）、communication（沟通）不仅仅有词汇构成上的相同词根，人们就是凭借共同拥有的东西而生活在一个共同体之内，沟通是他们逐渐拥有这些共同的东西的方式"（M9.7）。沟通要求互动和持续性而不是同一性或同质性。如果"设身处地为他人着想"这个基本的交际原则只能在拥有某种共同性的人之间才有可能，那么我们最终将得出高斯的观点，也就是"共同体意识，即建立在同情心基础上的兄弟纽带似乎要求如此联系起来的人自认为在本质上相似"[6]。

如果我们只能对那些在我们看来在本质上相似的人才能给予同情，那么我们仍然是采用了"我们—他们"二分法，而这在杜威的共同体中根本不存在。沟通不仅要求相似性（相似而不是等同）也要求差异性，任何一方并不比另一方更重要。以"本质上的相似性"假设为开端，旨在填补独特个体之间差异的任何尝试都面临一种风险，即理查德·罗蒂所说的"最糟糕形式的残忍"，通过重新描述而羞辱他人。人们用自己的术语去定义另一个人，否认其"她者性"，也就是用她的术语定义自我的机会。这种残忍是自恋主义文化的特征，把社会关系变成"自我的镜子"，从而破坏了建立共同体的可能性。[7]

完全不同的各方有可能进行沟通吗？如果赋予词汇完全不同的意思，我们将无法用这些词清楚表达自己的意思。但是，这里所需要的不是完全等同而是"家族相似"①，即创造一种意义重叠的连续性。即使在语言中也总存在一定程度的意义灵活性，更不要说非语言的沟通了，所以理解所需要的"重叠"程度各不相同，在有些情况下，重叠程度可能非常小。人们可能仍然认为，即使一个人并非从完全等同开始，但是沟通的意义就在于最终实现等同。只有实现了完全等同才可能出现共同体，沟通的终结就是意义"重叠"的不断增加，一直达到所有人的视角完全融合变成人人共享的单一视角。这种同质性是杜威无法接受的。"文化的一致性和全无异议……是非常令人厌恶的概念，多样性是生活的调味品，社会机构的丰富性和魅力就在于不同单位的文化多样性"（M10.288）。杜威的共同体不是创造单一的包括一切的视角（这简直就是人人拥有"上帝观点"），而是在数不清的变化无穷的视角中创造和加深无限的重叠。这种非排他性的共同体接受差异性，因为只有差异的存在才能促进繁荣。

我们还可以用儒家的中心—场域自我概念得出有关差异性的相同结论。场域是社会性的维度，是意义的重叠性，各中心是拥有独特个性的独立中心。场域是无限的，无边无际，但任何一个具体例子中焦点所在的边界都是偶然的和具体的。扩展中心所在场域的可能性的唯一限制是任何特定时刻的现实条件。随着中心越来越多地出现（新出生的个体或者加入社会的个体），场域本身在不断扩展延伸，每个中心都带有独特的视野。共同体的"本质上的相似性"的固定不变有一个错误的前提，即对个体性和社会性的关系进行单一维度的理解。在一个场域内，无论意义重叠是多么宽泛和深入

---

① "家族相似"（family resemblance），维特根斯坦语，见《哲学研究》，李步楼译，北京，商务印书馆，1996。——译者注

第三章 和谐共同体

（即使在极端情况下，该场域实现完全重叠），与其他中心共享该场域的每个中心也仍然是明显和独特的。每个中心确定的焦点意义都是独一无二的，因为每个中心都拥有一个独特的视角。

在不那么抽象的层次上，我们想象一对同事接到一项工作，要求在下班之前完成。为了按计划完成任务，他们必须有一个共同的目标和对如何完成目标的共同理解。但是每个人都按自己的方式思考，会用各自不同的方式做这项任务，因为此项工作需要合作完成，要求每个人作出不同的贡献（否则我们会说他们是各得一份类似工作而不是两人共同接到一份工作了）。在每个人必须完成各自工作的背景下，每个人对合作任务的"共同理解"可能是不同的。而且，从每个人的角度看，共同目标也可能有不同意义，在某人看来它不过是可以准时离开去约会，对另一个人可能是有助于升职的潜在资本。不同视野内重叠区域的意义在每个参与者独特的意义视角中以不同方式与不同事情联系在一起。

只要一个人无法在实际上变成另一人，视野焦点就决不可能完全重叠。每个人所能完成的不过是尽可能接近另一个人的观点，但决不可能一模一样。"设身处地为他人着想"的企图只能取得部分的成功，即在具体目标上的成功，承认这一点有助于提高这些企图达到令人满意的后果同时不产生危害性副作用的概率，因为它引入了某种临时性，承认可能会出错，这将使我们对情景的发展保持警惕，或许还需要修改从前的结论。这种尊重他人独特个体性并公开承认出错性非常重要，有助于防止把共同体追求变成排他性和压迫性的狂热。

如果"设身处地为他人着想"是沟通过程的特征的话，那么沟通就是儒家的中心。儒家人文精神的基本价值之一是恕道，即"己所不欲，勿施于人"（《论语》卫灵公第十五第 24 节）。这涉及到通过质疑自己的视角，尝试采取他人的视角来弥合视野冲突，同时清楚地意识到最多能取得部分成功。重要的是避免把任何一种视角置于享有特权的地位，竭力按各自与情景有关的方式理解对方。被翻译成 reciprocity（相互性）或者 deference（尊重）的恕不仅是我们应该如何对待他人的问题而且可以被看作合作过程。作为实现仁的方法，恕是"能够从眼前选择范例做起规范自己的行为"（能近取譬。——《论语》雍也第六第 30 节）。这或许可以被理解为沟通，是在"确立活动中的合作关系，每个合作伙伴的活动都受到伙伴关系的修改和约束"（L1.141）。

在杜威对沟通的描述中，我们已经看到人们如何通过把符号和反应联系起来并赋予意义而灵活地重构情景。沟通指导人的行动。像杜威一样，孔子认为交际质量对共同体非常重要。孔子在教学中常常提到中华文明宝库《诗经》和《礼记》。[8]他建议学生要学习《诗经》以更好地沟通。"不学诗就不会说话"（不学《诗》，无以言。——《论语》季氏第十六第 13 节）。良好的沟通是社会功效的基础。"（学习诗）近可以用它侍奉父母，远可以用它服事君主"（迩之事父，远之事君。——《论语》阳货第十七第 9 节）。在谈论如何创建和维持共同体时，我们将更详细地讨论礼或者礼仪实践。它们可被看作语言符号或非语言符号，这些符号的共同意义有助于协调参与者的行动，并在社会互动中实现和谐与稳定。

在《论语》中，孔子说如果他得到管理国家的机会，做的第一件事就是"正名"，因为"名分不当，言语（沟通）就不能顺理成章；言语不能顺理成章，事情就办不成；事情办不成，国家的礼乐制度就不能蓬勃发展；礼乐制度不发展，刑罚就不会得当；刑罚不得当，百姓就会连手脚都不知道摆在哪里才好"（名不正，则言不顺；言不顺，则事不成；事不成，则礼乐不兴；礼乐不兴，则刑罚不中；刑罚不中，则民无所措手足。——《论语》子路第十三第 3 节）。名赋予意义，在积极的意义上就是批准和认可。正是在此意义上，"君子瞧不起要在生前求当世之名的想法"（君子疾没世而名不称焉。——《论语》卫灵公第十五第 20 节）。[9]我们可以使用杜威的词汇来解释这一点：我们的行动是对意义作出的回应，这些意义是我们为自己所在的每个具体情景赋予的。如果赋予的意义（名）和社会构成的情景格格不入，从伦理上来说，我们的反应就是无效的。正名就是确立社会情景中重要组成部分的适当意义，以便于共享这个意义的每个人都行动得体，行之有效。意义必须可以沟通，而沟通的内容必须指明某个情景中的参加者共同获得视域中目的的适当手段，"君子用什么词表示名分，一定可以说出理由来，说出的话也一定行得通"（故君子名之必可言也，言之必可行也。——《论语》子路第十三第3节）。除非我们沟通适当，赋予适当的意义，对符号作出适当的反应，否则共同体就要失败。

沟通的这种隐蔽性焦点并不稀奇，因为儒家学说是以人伦关系为基础而不是以群体或个体为基础的哲学。通过强调关系，儒家凸显的不是社会实体的边界而是人类相互协作的过程，正如杜威指出的，人类交往从基本上说就是沟通。从概念看，儒家社会群体的边界即便存在也是模糊的、临时性的。两个社会群体之间的界限并非真正重要之事，因为儒家更关心的是具体关系的本质以及如何在不断变化的社会关系网中继续保持联系和交往，而不是确定边界的精确位置。社会网络的边缘隐退到看不见的地方，人们对它们的关注越来越少，很少努力去尝试确定网络的边界到底在哪里。通过合作的努力，使从前不重要的或被忽略的联系变得重要和突出便是网络的增长，网络通常不是无中生有地建立联系，因为人们最初的接触常常是在无标记的情况下出现的。

实际上，只是在边界可来回通行和不断变化的情况下社会团体才能繁荣强大。但是，边界僵化的风险总是存在，结果可能造成社会团体拥有"贫民区心态"。在华人社会，这种批评常常是针对家庭的。在被称为"华人家庭主义"的观念中，家庭一直被视为具有排他性。这种担忧促使伯特兰·罗素怀疑，如果人们对亲密关系如此放纵地投入，那么对社会和陌生人的关怀还能剩下多少呢？梁漱溟和林语堂等中国学者也认为，把注意力限制在个人家庭中不利于中国的团结和国家的富强。[10]

　　一个排他的共同体，无论是家庭还是其他社会团体都会扭曲而不能实现儒家的共同体理想。社会团体只要能相互区分开来，就能在一个持续的互动过程中建立起联系。孟子说"人们经常有一句话：'天下国家'。天下的根本是国，国的根本是家，家的根本则是自身"（人有恒言，皆曰"天下国家"。天下之本在国，国之本在家，家之本在身。——《孟子》离娄章句上第5节）。我们首先在最亲密的关系中（即家中）学会与他人交往。但是你可以"尊敬自己的老人并推广到尊敬别人的老人；爱护自己的幼儿，推广到爱护别人的幼儿"（老吾老，以及人之老；幼吾幼，以及人之幼。——《孟子》梁惠王章句上第7节）[11]。不把别人从个人关心的视野中排除掉，家庭反而使人们开阔视野。"孝顺爹娘，敬爱兄长，这就是做人的根本"（孝悌也者，其为仁之本与。——《论语》学而第一第2节）。[12]个人的伦理成就是通过她如何关心别人，如何扩展其仁行来衡量的。全世界都喜欢仁德之人，而圣人比仁德之人更伟大，因为她"不仅能广泛地施给人家好处而且能救济大众"（子贡曰："如有博施于民而能济众，何如？可谓仁乎？"子曰："何事于仁，必也圣乎！"——《论语》雍也第六第30节）。[13]

　　虽然个人的伦理考虑、仁行和人际关系网的扩展没有事先确定的限制，但儒家并不鼓励人人平等的爱。墨子的这个主张遭到孟子的激烈批判："平等地爱每个人，一个人就是不承认家庭关系的伦理意义，就是目无父母。而目无君上，目无父母，就堕落为禽兽了"（墨氏兼爱，是无父也。无父无君，是禽兽也。——《孟子》滕文公章句下第9节）。但是，仁德之人的"渐变的爱"的行为在"局内人"和"局外人"之间并不存在严格的界限。她的关系网就像一个涟漪，不管它延伸到多远的地方，中心的能量总是最强大，离中心越远，强度就越小。一个涟漪能延伸多远取决于中心的能量有多大。[14]按照这种伦理关系模式，对核心关系的投入而不是排除对更偏远关系的关心使我们能在伦理考虑和影响中把外人包括进来。正确理解的儒家将会谴责对我们亲人之外的人缺乏关怀的行为，因为这将阻碍个人的伦理发展。

任何一个社会团体的成员身份，无论它在我们的身份认同中处于多么核心的地位都不能要求绝对领先于其他所有关系。我们可以通过观察家庭关系在儒家中的地位看出这一点。[15]孔子不赞同叶公说的"直躬"观点，即要求儿子告发父亲偷羊，这常常被作为儒家特别重视血缘关系的证据（叶公语孔子曰："吾党有直躬者，其父攘羊，而子证之。"孔子曰："吾党之直者异于是：父为子隐，子为父隐，直在其中矣。"——《论语》子路第十三第18节）[16]。但是我们发现喜欢孔子教导的学生并没有找到孔子特别偏爱自己孩子的地方（陈亢退而喜曰："问一得三：闻《诗》，闻《礼》，又闻君子之远其子也。"——《论语》季氏第十六第13节）。孔子最喜欢的学生颜回去世，他的悲痛比对儿子去世的悲痛更强烈（颜渊死，子哭之恸。——《论语》先进第十一第10节）。在评价圣人禹、稷担当治理天下之事，"三过其门而不入"时，孟子把他们的行为归功于他们与人民的关系密切（《孟子》离娄章句下第29节）。[17]禹、稷没有听任自己对家人的关心干扰其为民服务的决心，在此案例中，家庭关系并没有占据优先地位。

儒家的人格人并不是一出生就被限制在等级森严的封闭的家庭网络中，在儒家社会，通过互动实践塑造关系一直发挥着非常重要的作用。[18]人际关系中的伦理意义并不是现成的或绝对的，它可能因为互动各方的行为而得到增强或者削弱。在人的一生中，什么关系处于中心地位可能会发生变化。本来在个人社会关系中处于边缘的关系有可能进入中心，反过来处于中心的关系也有可能边缘化。在更加复杂的现代社会，生活不再围绕家庭或任何单一社会团体，判定人际关系相对重要性的灵活性就越发重要了。当不同关系的情景性要求发生冲突时，决定优先选择和指导我们行动的因素是关系的伦理意义而不是团体的成员身份。面对这种困境时，从来就没有简单的或绝对的答案。

当关系的要求出现了冲突，人们试图通过新视角重新审视这个情景并找到平衡两种关系的方法。如果无法两全其美，那么优先选择就取决于哪种行动方案能保存个人关系网中的更多内容，同时为关系网的未来发展提供机会。有时候，为了个人关系网的发展可能需要"断绝"家庭关系。在参与其他关系时，人们不是简单地用其他关系取代遭到破坏的家庭关系而使其处于核心位置。人们在人格人成长中获得的新资源也能够让她用一种新方式修复遭到破坏的家庭关系，若没有早先的破坏，这种方式本来是不可能的。在当今社会，家庭不可能在孤立的情况下繁荣。即使最好的父母在抚养孩子时也会遇到困难，如果社会大环境破坏其培养努力的话。因此，对个人家庭的关心包含着对更大共同体的关心。即使家庭关系处于理想状态，仍然有一些情况让人们觉得应该优先关照不那么居于核心位置的关系。正如孔子所说"人无远虑，必有近忧"（《论语》卫灵公第十五第12节）[19]。

一个团结的社会团体是更大的社会网络的中心。它的凝聚力取决于成员关系的密切程度，成员间的关系通常比成员与局外人之间的关系更紧密。考虑到中国人的"家"的观点存在弹性空间，中国社会中的社会团体不一定是靠清晰统一的标准（或一套标准）来定义的。这意味着认同现有团体成员不是局外人变成局内人的唯一方法。局外人要变成局内人，他需要做的只是结交一个对团体内其他成员有影响力的"局内人"朋友（或巩固已有的关系）。这种新关系可能完全不同于团体内的其他关系，新关系引起的边界转移可能对团体身份的认同进行调整但不至于造成破坏。团体内的关系越紧密，这种增长的潜力就越大。其增长力量靠的不是思想或行为的同质性而是沟通的高效率。

第三章　和谐共同体

儒家的理想共同体在《礼记》的《大学》一章中被描述为"平天下"：平天下者必先治其国，治其国者必先齐其家。作为社会关系网络的中心，家或者任何其他团结的团体可能成为原动力的焦点对周围环境产生影响，同时也可能被其他中心所辐射的力量影响。每个团体都可能构成一个中心但不是唯一的中心，其他团体也是中心，是它们自己的原动力焦点。每个中心都承认其他中心的存在，都对其他中心采取行动同时也对他人的行动作出回应。小社会团体藏身于大社会团体之内。为了更大团体的发展，作为其组成部分的小团体仅仅做好分内之事还不够。它们作为大团体组成部分的地位就意味着一种有机体关系，它们的互动将影响到大团体的幸福。只有在小团体与其他团体互动良好，有助于其他团体的幸福，并与其他团体形成更大团体后才可能出现小团体的繁荣。一个团体只有在与其他团体灵活地、充分地互动并构成更大共同体之后才有可能接近共同体的理想。只要人类物种的某些成员还被排斥在外，这个共同体就不是理想的。我们理解的儒家共同体理想没有排他性。团体间的互动在这种共同体理想和杜威的共同体中同样重要。

笔者对杜威哲学和早期儒家中的理想共同体没有排他性的论证一直集中在否认共同体肯定对陌生人冷漠和敌视的指控。该论证的基础是理想共同体要求的不是本质上的相似性而是互动的差异性，这也暗示这样的共同体不会扼杀共同体成员的个体性。在接下来有关如何创建和维持理想共同体的探索中，我们将看到一个更清晰的画面，个体的多样性将如何有助于共同体的繁荣而不是威胁其统一性。

共同体艺术：实现和谐

在杜威看来，"所有沟通都像艺术"（M9.9）。创建和维持共同体的沟通过程是一门艺术。杜威的美学与社会哲学之间的联系一直被人忽略。虽然有判断力的学者总是指出杜威的艺术和科学不可分割的观点，但是有关杜威共同体观点的研究多集中在科学方法和社会探究的作用上。[20]如果操作适当，科学也将成为一门艺术（L1.284）。如果不把杜威对科学的热忱放在他把人类经验视为艺术的更大背景下，人们很可能会误解杜威对科学在共同体建设任务中发挥作用的热情。科学若不成为艺术，即让世界变成美好生活之所的过程，就依然是消极的工具，纵然有做善事的潜力，但做坏事的潜力同样巨大（L1.272）。

促成共同体实现的沟通具有"独特的工具性和独特的终极性"。其工具性在于"把我们从事件本来可能的巨大压力中解放出来，让我们能够生活在有意义的东西所组成的世界"（L1.159）。其终极性在于分享对共同体非常宝贵的经验，"这种经验分享能增强、加深和巩固共同体意识的重要意义"（L1.159）。沟通是艺术也是科学。艺术推崇经验的圆满实现，科学则提供这种圆满的准备方法（L1.269）。圆满是从直接享乐的角度看到的生活，准备是从解决问题角度看到的生活。作为准备，共同体存在就是要通过合作探索的方法解决群体共同面对的问题。作为圆满，共同体实现于人际关系中和谐的质量。[21]当个体与他人共同参与秩序井然的关系创建时就出现了社会和谐，因为这种关系"本身已经产生了类似于审美感受的圆满体验"（L10.20）。

在儒家中，人们依靠在家庭关系中实现和谐而开始走上君子之路。[22]社会和谐从家庭开始向外一直延伸到在理想的情况下包容全人类的"平天下"。[23]笔者试图证明，西方思想的和谐与中国思想的和表达的意思或许不同，但在我们把两者集中起来的共同体背景下，杜威理解的和谐与儒家理解的和确实有充分的共鸣。

在杜威看来，和谐不是统一性或同质性或特别性作为普遍性的例子，它是通过实际互动和包括物质交换、符号交换在内的能量交换而实现的"多样化中的统一性"（L10.166）。分化变异的复杂性、缜密性拓宽和丰富了审美体验模式，"形成更广泛和更细腻的圆满实现"（L10.29）。"既然人人都差不多，相互之间就不存在交换，但是交换互谅互让其实更好"（M10.288）。从社会角度看，和谐不是统一性或全体一致。早期儒家传统也偏爱多样性而不是统一性。孔子说"君子寻求和谐而不是相同，小人正好相反"（君子和而不同，小人同而不和。——《论语》子路第十三第23节）。《中庸》描述君子"为人和顺却不随波逐流"（和而不流）。[24]《左传》也记录了一篇重要文章，谈到和与同的差别。和是大臣的观点与君主的观点形成互补，同则指君臣的观点完全相同。实现善治的因素是和而不是同。（公曰："和与同异乎？"对曰："异。和如羹焉，水、火、醯、醢、盐、梅，以烹鱼肉，燀之以薪，宰夫和之，齐之以味，济其不及，以泄其过。君子食之，以平其心。君臣亦然。君所谓可而有否焉，臣献其否以成其可；君所谓否而有可焉，臣献其可以去其否。是以政平而不干，民无争心。"）[25]

但是中国经典中同并不总是用来与和对立。儒家传统中也存在"大同"的社会理想，这个词首次出现在《礼记》的《礼运》一章，该书在后代儒家中占有非常重要的地位。虽然有人可能认为儒家的社会理想出现了从和谐到共识的变化，但也有人认为，大同并不是指"同一性"或排除异端的共识，而是指"和谐"。[26]笔者发现后一种观点非常有说服力，和谐是儒家的理想。在《礼记》中与大同对应的是"小康，即不那么繁荣的状态"，而在《左传》中，小康则是和的对立面，孔子用它们评价政府的管理水平。（仲尼曰："善哉！政宽则民慢，慢则纠之以猛。猛则民残，残则施之以宽。宽以济猛，猛以济宽，政是以和。《诗》曰：'民亦劳止，汔可小康。惠此中国，以绥四方。'施之以宽也。'毋从诡随，以谨无良。式遏寇虐,惨不畏明。'纠之以猛也。'柔远能迩,以定我王。'平之以和也。又曰:'不竞不絿,不刚不柔。布政优优,百禄是遒。'和之至也。"——《左传·昭公二十年》)[27]

总体上说,中国早期思想与杜威的观点一致,认为和谐要求组成部分的丰富多样。"只是一个音就没有音乐,只是一样东西就没有文化,只是一个味道就不成为美味。"(声一无听,物一无文,味一无果。——《国语》11679-82)正如《吕氏春秋》提到味觉的和谐时所说:"调和味道,必定要用甜、酸、苦、辣、咸。调料的组合很微妙,各成分发挥其功用。"(调和之事,必以甘、酸、苦、辛、咸,先后多少,其齐甚微,皆有自起。——《吕氏春秋·本味》)[28]构成和谐的各种特殊成分必须继续保持其特殊性,即使相互之间会发生转变。"在这个过程中,各场各节自身的特性却没有消失或失去……正如在一次亲切的谈话中,存在着意见的不断交换和混合,但是每一个谈话者都不仅保持了他自身的特性,而且使这种特性获得了比通常情况下更为清晰的显现"(L10.43)①。任何一方都不应该在牺牲他人的情况下凸显。

和谐是动态的而不是静态的,它是有秩序的变化。能量被引导从而形成不断积累的前进动力,每个后续阶段都是在前一阶段暂时完成之后出现的。在和谐的过程中,每个参与的因素都预测了后续内容,而后者就是对前者作出的反应。"能量的互动构成了对抗,同时伴随着积累、保护、推迟、间断、合作运动从而最后实现有秩序、有节奏的体验"(L10.165)。能量的对抗是实现"动态持续性"的关键,这种持续性"将本来可能千篇一律的辽阔整体切分成个体形式",它促成了和谐而不是混乱的异质性(L10.161)。在节奏性特征上,和谐要求的不仅有多样性和对比而且有张力和对抗。[29]

---

① 本句参阅了《艺术即经验》,高建平译,39页,北京,商务印书馆,2005。——译者注

与杜威思想一致的社会和谐观并不排斥一切冲突，但是在冲突问题上不是一视同仁的。在回答斯蒂芬·佩珀指控他否认实用主义美学必须承认的冲突的重要性时，杜威说，相反，他在讨论"对抗"时强调了它不可缺少的功能，但他区分了"两种冲突，一种导致分散和瓦解，另一种情形则是冲突和张力被转变成增强个体实现重大满足感的手段和认识个体的质性经验材料的意义"[30]。虽然有些冲突或许具有建设性，但是世界上有太多破坏性冲突的例子让我们无法乐观地认为社会冲突值得向往和追求。多数情况下，社会冲突代表着社会必须解决的严重问题。

在和谐中，多样化的组成部分通过从前形成的组织化反应聚集的焦点形成秩序，凸显出一个情形，成为未开展的经验流动中的一个经验。"一个经验具有一个整体，这个整体使它具有一个名称，那餐饭、那场暴风雨、那次友谊的破裂。这一整体的存在是由一个单一的、尽管其中各部分的变化却遍及整个经验的性质构成的。"(L10.44)① 质疑杜威的美学与实用主义的一致性问题并指控他回归黑格尔主义和犯下有机体唯心主义错误的批评家，忽略了笔者在区分杜威的社会概念和黑格尔有机体概念时试图揭示的内容：他使用的词语如"whole"（整体）、"integration"（整合）、"coherence"（连贯）等都是相对的；这些词必须被放在大背景下来解释，也就是他把经验理解为过程，任何边界都不是终极性的，都受上下文的制约。[31]审美焦点是个划定边界的整体，只出现在即刻发生的情景的背景之下。

在把经验作为过程的更广泛背景下，持续性原则在发挥作用。一个经验在我们的意识中突出显现，但它并不完全脱离经验流。"任何经验，哪怕是最普通的经验也具有一个不确定的整体框架。事物与对象不过是可以无限延伸的整体之内的此时此地的焦点而

---

① 本句参阅了《艺术即经验》，高建平译，39页。——译者注

已"(L10.197)。经验的无限整体是取之不尽、用之不竭的意义宝库,这些意义都需要放在具体情景下进行研究。用托马斯·亚历山大的话来说,它也是"感觉的地平线","一个经验的不确定的、无所不在的性质在于它将所有确定的成分,将我们集中注意的对象结合在一道,使它们成为一个整体。为此提供证明的最好例子是我们常常感觉到事物是否合适,是否相关,这种感觉具有直接性"(L10.198)①。这普遍的质性的整体在多数经验中只是被模糊地感觉到,但是在有秩序地引导的能量驱动下形成的不同于未开展的经验流的一个经验中,它会变得强烈和焦点突出。在审美体验中,我们从对一个情景的前认知的、初步的感觉转向在更广泛的持续的共同经验背景下理解其意义和价值的认知的、沟通的过程,我们返回到对整体的欣赏,即这个情景中直接体现的意义和价值的认识,它是感觉和思考融合的产物。

沟通和参与实现的共同意义和价值集中在具有充分强度的交往经验后,社会和谐就成为渗透社会情景的质量。在社会和谐中,每个参与者都为准备阶段做贡献,并享受最能发挥自己能力的圆满体验。共同体意识、社会和谐情景中体现的直接享受和共同意义不是简单的不成熟感觉,也不是纯粹的思想。一个人只有在感受到自己是共同体的一部分后才能充分认识到自己的成员身份;一个人只有明白作为成员意味着什么之后,她的归属感才等同于共同体意识。

如果共同体要作为规范性理想的话,杜威哲学中的社会和谐必须有助于个人—共同体的成长。这呼应了《中庸》里表达的观点:中是天下最重要的根本,和是天下贯通的大路,能达到"中和"的最高境界,天地便能各在其位,万物便能生长化育(中也者,天下之大本也;和也者,天下之达道也。致中和,天地位焉,万物育焉)[32]。而在杜威看来,有成长的地方就有自由。一个理想共同体

---

① 本句参阅了《艺术即经验》,高建平译,215 页。——译者注

的成员是自由的,因为社会和谐提高了他们的能力,"用先见之明和深刻洞察力把自发性行动纳入到持久的实现过程,把自然环境和社会环境变成实现自我的手段"[33]。看似矛盾的是,因为封闭而赋予经验意义和价值的审美焦点打开了世界。受到控制和限制,经验反而能得到成长和发展。在此过程中,每个参与者在与别人的合作中获得了社会和谐,提高和扩展了自己的能力。

在对情景的零碎和混乱因素进行整理的过程中,社会和谐形成了扩展社会性的纽带。社会和谐的经验对参加者的性格产生长久影响,这些影响将指导他们在未来情景中创造和谐。它创造一种互信,这有助于化解未来的冲突。在社会和谐的每个经验中体现的价值和意义为共同经验的宝库贡献力量,这种共同经验对共同体的生活意义的合作探索至关重要。"最终圆满的时刻也是新生的开始"(L10.23)。"伟大艺术"应该具有的永久质量不过就是"为进一步的圆满经验提供不断更新的工具性"(L1.274)。共同体的艺术是人类的合作工程,扩展和探索意义的地平线,开拓经验去实现那些赋予人类行动以意义、方向和满足感的理想,它是共同成长的工程。

共同体的艺术——通过沟通过程实现和谐——在没有最终封闭性的情况下融合多样性、反抗、张力和焦点,它促进成长及与成长随行的自由。这种创建和维持共同体的过程并不压制个体。我们将在儒家礼仪的背景下特别展开这个论证过程,礼一直被视为传统儒家社会的社会统治工具。我们将看到如果运行适当,礼仪有助于融合艺术、美学和社会,从而体现而不是扼杀个体的创造性。下文对礼仪在创建和维持共同体时所发挥的功能的探索表明了杜威寻找大共同体的新的可能性,它将详细阐述杜威哲学中隐含着的艺术与共同体之间的联系。

通过儒家礼仪实现和谐

杜威认为艺术是"通过共同的庆祝活动把人们与人生所有重要事件和场景结合起来的礼仪力量"（L10.275）的延伸。这种礼仪是一直被翻译成 rites、ritual action、ceremony、propriety、decorum、manners、courtesy 和 civility 等的"礼"的一部分。笔者要采用 ritual practice 这个译文来维持其宗教源头，同时承认其社会习惯性的一面。儒家的礼仪比杜威所指的内容广泛得多。礼是儒家要求学生掌握的六种基本才能（六艺）之一，其他五种是音乐（乐）、骑射（射）、驾车（御）、书法（书）、计算（数），这些活动既能创造价值和意义又能带来即刻的享受，同时让世界变得更美好。学者有时候担忧礼的"概念统一性"，但是柯雄文认为，这种担忧建立在对道德和伦理学概念不合时宜的过于狭隘的理解基础之上。[34] 更重要的是，礼的应用范围广泛，包括了伦理学、美学和宗教价值观的特征，这使得儒家的礼仪实践成为接近杜威的"经验即艺术"观的最佳候选对象。儒家礼仪就是中国人的人际交往艺术。

根据有子（据说和孔子类似）的说法，"获得和谐是礼仪的最宝贵功能"[35]。礼仪带来家庭的和谐（见《论语》颜渊第十二第5节，《礼记》礼运第九第1节）。对杜威来说，获得社会和谐的艺术要求人们引导盲目的冲动和利用智慧改造日常习惯。冲动是必须被适当引导的交互性能量，习惯为我们提供了来自过去的意义和手段，正是这些塑造了现在。智慧必须指导两者以便获得圆满的后果。人们会认为礼仪的目的在于培养杜威所说的"社会习惯"、既定的行为方式和"体现出家庭、部落、民族、宗派、教派、阶级等群体活动的行为模式"（L13.75）。

礼的典型解释是传统的或规范性的"行为准则"。倪德卫指出礼仪是"灵活的人道法则"。这种行为法则应该被当作"智的工具"

来对待，礼仪就是依靠人们按照它行动所产生的结果来验证、确认和修改的（L4.221）。柯雄文是另一个把礼仪当作行为法则的人，他解释维特根斯坦的话，"礼仪法则就像所有法则一样站在那里作为路标，作为我们意志和行为的指南"；它是一个人对在旅程的某个阶段如何做才算行为得体的认识，这些认识指导她作出是否遵循某种礼仪路标或如何遵循这些路标的决定。[36]那些其一举一动就像遵循普遍或永恒法则的礼仪实践者忽略了孔子本人的榜样作用，孔子拒绝固执己见或绝对肯定（《论语》子罕第九第4节："子绝四：毋意、毋必、毋固、毋我"）。

作为行为法则，礼仪的目标是灌输社会习惯，确保社会习惯的成功运行。从实践角度看，礼仪本身或许可以被视为社会习惯。如果表现得体，它可以把习惯、冲动和智慧结合起来。笔者将集中讨论习惯和智慧，因为杜威强调艺术是"智慧习惯"（M14.55）。作为社会习惯，礼仪提供了社会生活的"组织原则、持续原则和效率原则"（M6.413）。因为习惯是"把从前的经验结果直接拿来使用的工具，因而是一种经济力量"，礼仪实践是参加者直接利用前辈经验处理生活问题的积极手段（E4.241）。中国古代有些礼仪是重大的合作任务的象征性再现（比如与种庄稼有关或与打仗有关的活动）。[37]这些礼仪最初是与大自然或宇宙力量或祖先沟通的尝试，以便在人类集体活动中取得满意的结果。

礼仪的参加者相互沟通，承认他们的相互依赖性，重申相互的信任和对共同目标的承诺。因为"神秘"因素失去重要性或可靠性，其沟通的一面就变得更重要，从而确保礼仪的持续存在。按照《中庸》的说法，祖先崇拜规范和巩固家族秩序——它象征性地彩排了每个人根据相互关系而应该采取的待人态度。杜维明指出"死者为大，因为对祖先充满爱的记忆带来共同体的身份认同和社会团结"[38]。敬重去世的祖先的礼仪在建立杜维明所说的"以诚信和道义为组织基础的社群/信赖社群"（fiduciary community）中发挥了重要作用。"理解并礼敬天地的永久牺牲的人,对祖先作出若干牺牲的人将发现管理一个国家就像翻转自己的手掌一样简单。(人能知敬天地,礼神明,行孝道,率修性身,安分守己,则治国易如反掌矣!)"[39]当礼仪实现了社会和谐之后,治理国家就非常容易了。

庆祝诞生、成年、婚嫁、丧葬的礼仪是标志度过人生重要阶段的礼仪,是终结和再生的时刻。葬礼体现了死者对在世者的意义。葬礼称赞和尊重死者的工作和成就,表达在世者的哀伤,代表了他们维持死者言行持续性的承诺。[40]对荀子来说,最大的耻辱是除了配偶和孩子之外没有人前来参加你的葬礼,因为这说明了你在伦理上的失败(刑余罪人之丧,不得合族党,独属妻子,棺椁三寸,衣衾三领,不得饰棺,不得昼行,以昏殣,凡缘而往埋之,反无哭泣之节,无衰麻之服,无亲疏月数之等,各反其平,各复其始,已葬埋,若无丧者而止,夫是之谓至辱。——《荀子》礼论第十九)。礼仪从来不是孤立的。正如其他人在人生的每个阶段都发挥作用一样,他们的参与对人生不同阶段的礼仪来说也不可缺少,每个参加者都承认个体与他人关系中以及她在共同体中的地位的重要发展,这意味着人们对她未来行为的期待和要求及她对别人的期待和要求的变化。其他礼仪(如宴会上的服装、打招呼和一举一动)有助于日常的社会交往。后世儒家对个人独处的关心可以追溯到《中庸》中提到的"慎独",这是建立在一种信念之上,即个人独处时的行为不可避免地影响她与其他人共处时的行为;个人在日常生活中对待鸡毛蒜皮之类小事的习惯性行为将影响她在处理生活大事时的行为。[41]

在最广泛的意义上,作为一般的社会行为,礼仪既不过时也非中国人所独有。正如芬格莱特指出的,即使外部形式依据文化和年代的不同而有所变化,但是人类经验中仍然存在礼仪性交往的广大区域:诺言、承诺、借口、乞求、赞美、契约等。[42]作为共同意义的体现,如果和在每个情景下从头开始寻找合适的交往方式相比的话，礼仪具有行动指南的功能，人们可以用更少的努力实现更好的协调。如果礼仪是社会习惯，它们应该是智慧习惯，因为"智慧努力完成的主要任务就是让意义的稳定性超越事件的不稳定性而占上风"（L1.49）。

中国汉字"禮"（礼）作为描述一种祭祀容器（豊），似乎说明礼最初是代表一种宗教祭祀，随后扩展到举行宗教仪式的方式，再进一步延伸到被认为得体的和应该遵守的所有行为方式。赫利·克里尔指出，礼用来表示这个更广泛的意义甚至出现在比孔子还早的时代，孔子的成就在于把礼和其他观念如仁、义联系起来从而构成独特的伦理学愿景。李泽厚宣称孔子的主要使命是恢复周公制定的礼仪，因而恢复以部落为基础的社会组织和管理。[43]虽然孔子把自己描述为传播者而不是创造者（述而不作），但有些学者认为孔子不像其他人如李泽厚所描述的那样保守。[44]孔子明显否认自己的创造性更多的或许是谦虚而不是否定创造性本身。在儒家传统中，圣人是与创造性（作）密切联系在一起的。按照《礼记》的说法，"创造者被称为圣人，传播者被称为聪明人，而聪明的圣人则是既创造又传播的人"（作者之谓圣，述者之谓明。明圣者，述作之谓也。——《礼记》乐记第十九）[45]。考虑到孔子一再否认自己是圣人，孔子也认为自己缺乏创造性就不令人奇怪了。

要理解孔子教导的进步性，我们就必须认识到，在他看来，传播的关键是连续性而不是同一性。考虑到变化是宇宙的首要内容，历史和文化连续性肯定是一个动态过程。因此，在传播周公礼仪时，孔子不是交给子孙后代僵死的过去。遗产只有在过去被重新复兴后才能成功传承下去，所以遗产体现在当前不同的经历中。孔子认为"温故而知新，可以为师矣"（《论语》为政第二第11节），过去的连续性不仅仅是回顾。正如中国人喜欢说的继往开来，人们继续以前的努力是为了开创未来的新机会。与杜威的和谐观一致，作为文化传播核心的儒家礼仪应该是动态的而不是静态的，是创造性的而不是压迫性的。没有了创造性就不会出现与历史吻合的变化,礼仪将堕落为简单的风俗和规范性法则,遵从礼仪也就变成了例行公事。

个人在个体表现上的意义投入为儒家礼仪带来了创造性。社会变革必须是由个体发起的(M9.305;L14.113)。要理解孔子教导中个体与共同体交织在一起的相互联系,我们需要考察三个关键的伦理学观点即仁、义、礼之间的关系。郝大维和安乐哲反对把义翻译成"righteousness"也反对把它理解成某种绝对的标准,这种观点令人信服。在他们看来,义与人格人对行为意义的投入有关,而这种行动建立在人格人的个别性与其具体环境的互动基础之上。[46] 从人格人的角度看,仁是个体的人际关系网的延伸和改善。作为人际关系互动的延伸和改善过程,仁的行为创立和维持了共同体的存在。本书第二章讨论了如何通过礼仪而实现仁。我们接下来考察如何通过遵守礼仪与义联系起来。

义是礼在实现仁的过程中不可缺少的东西。按照孟子的说法,义是实现仁的"人类最正确的道路"(义,人之正路也。——《孟子》离娄章句上第10节)[47]。仁通过礼和义的相互促进把个人修身和社会构建结合起来。礼仪是把前辈祖先创造的意义留给子孙后代作为文化遗产,义是每个人对该遗产的个人修改和根据自己与每个特定场合互动而赋予礼新的含义。《礼记》描述了礼是"以义作为内涵的,用义来考量自己的做法,如果两者一致,那么即使先王从来没有提到过,那也是符合礼的"(故礼也者,义之实也。协诸义而协,则礼虽先王未之有,可以义起也。——《礼记》礼运第九)。孔子描述的君子是"以义理为材料,按礼实行它"(君子义以为质,礼以行之,孙以出之,信以成之。君子哉!——《论语》卫灵公第十五第18节)。

礼和义常常同时出现在《荀子》中。因为人能够区分什么是得体的有意义的而什么不是,所以人比禽兽高贵。人靠这种差别和实

第三章 和谐共同体

行义而获得和谐（水火有气而无生，草木有生而无知，禽兽有知而无义，人有气、有生、有知，亦且有义，故最为天下贵也。力不若牛，走不若马，而牛马为用，何也？曰：人能群，彼不能群也。人何以能群？曰：分。分何以能行？曰：义。故义以分则和，和则一，一则多力，多力则强，强则胜物，故宫室可得而居也。——《荀子》王制第九）。这些差别和含义通过礼仪的形式体现出来并传播下去。"古代的圣王厌恶那祸乱，所以制定了礼义来确定人们的名分，以此来调养人们的欲望、满足人们的要求（先王恶其乱也，故制礼义以分之，以养人之欲，给人之求，使欲必不穷乎物，物必不屈于欲，两者相持而长，是礼之所起也。——《荀子》礼论第十九）"[48]。柯雄文认为，在荀子的哲学中，礼必须和仁、义联系起来解释才能充分理解荀子的伦理观。在荀子看来，君子根据义来处置仁，根据礼来奉行义，制订礼时回头抓住它的根本原则从而再完成细节，只有当"仁、义、礼三者都精通了，然后才是正道"（故曰：仁、义、礼、乐，其致一也。君子处仁以义，然后仁也；行义以礼，然后义也；制礼反本成末，然后礼也。三者皆通，然后道也。——《荀子》大略第二十七）[49]。但是，笔者相信礼和义不是"伦理背景下的功能对等物"，两者在个体和共同体的成长过程中相互补充、相互促进。

在特殊的情况下，通常是在社会大动荡或政治动乱时期，人们可能完全依靠义来实现仁。这是一种和解孔子对仁与礼一些似乎矛盾的言词的方法。孔子称管仲是仁者，这个评价令人困惑，实际上管仲并不理解礼，而认为人们可以在实施礼的时候抛弃义就更没有道理了。[50]正是礼和义的结合造成了广泛共享和代际传承的意义成长，以及组织、表达和维持连续性的成长，正是这种连续性把分散的个体联系起来组成社会共同体。[51]在礼—义联合体中个体和共同体的结合是实现社会和谐的核心，它排除了对个体的压制和社会的停滞僵化。

儒家礼仪是合作性的活动，每个人都知道各自应该做什么，每个人都尽到自己的职责以便整体行动和谐。这种共同意义和经常性实践能够促成合作的亲密无间，无论是美学上还是社会上都呈现和谐的局面。在通过教育和社会化过程获得礼仪中体现的共同意义时，参与者获得特定的感觉和思考方式。他们也养成自我约束和追求和谐的习性，这来自他们对亲身感受到的和谐价值的欣赏。要实现和谐，就需要自我约束，参与者必须行为得体而不是简单地想做什么就做什么或者满足于他们能做的事。如果是第一次参加礼仪活动，很可能是非常不足的（克己复礼为仁。一日克己复礼，天下归仁焉。——《论语》颜渊第十二第1节）。用杜威的话说，自我约束确保人们行为得体，避免任性胡来和墨守成规。[52]

在礼仪中实现和谐而产生的对其他参与者保持敏感和理解的习惯促使人们更喜欢需要合作的其他任务。用来在日常生活的常见情景下实现和谐的礼仪可以创造出有助于生活中其他容易出问题的领域实现和谐的环境。一旦发生冲突，朝向和谐解决办法和避免对抗立场的习性可以对结果产生重要的影响。即使在存在严重利益冲突时，人人都明白礼仪行动促成的彬彬有礼的非对抗性姿态并不总是简单的虚伪。实际上，它们是增加达成人人都能接受的后果的机会的有力手段。当然，和谐的后果从来都不容易实现，因为它要求参与者真正表现出追求和谐后果的诚意，同时具备必要的自我克制、敏感性和对参与者所处情景的清醒认识。

从传统上看，人们的重点一直在礼仪的"外在性"上，正如李泽厚对"礼自外作"的理解——礼体现于外表（乐由中出，礼自外作。乐由中出故静，礼自外作故文。——《礼记》乐记第十九）。[53]但是，其他学者对这种解释提出挑战。杜维明认为有历史和文本证据证明礼是动态过程而非静态结构。[54]笔者将试图表明只有在外部形式和内在实质取得平衡的情况下，礼仪才能起作用。礼仪的形式——在具体行动中表现出的可观察到的清晰细节体现了笼统的意义，个人依靠教育和社会化过程学会阐释这些意义。正如《礼记》效特牲第十一承认的，即使礼仪在失去意义的情况下仍然可以表现所有的外在形式，但真正重要的是礼仪的内涵意义（礼之所尊，尊其义也。失其义，陈其数，祝史之事也）。"礼呀礼呀，仅仅是说玉帛等礼物吗?"（礼云礼云，玉帛云乎哉?——《论语》阳货第十七第11节）单单观察礼的形式，听从别人定下的法则只不过是在例行公事。从儒家标准看，不仅是不充分的表现而且是应该遭受谴责的欺骗，孔子就骂这种人是"媚俗讨好的乡原，是败坏道德的贼子啊"（乡愿，德之贼也。——《论语》阳货第十七第13节）。个人的礼仪行动只有得体才算成功，要靠个人的适当运用，从而为共同体的共同意义做贡献。只有在那时才会出现个体和共同体的共同成长。

除了礼仪形式外，礼仪表现是依靠与特定环境相适应的特殊内容组成的。要想礼仪表现成功，人们就必须把体现在礼仪实践外在的形式意义与情形中的所有其他因素结合起来以获得独特的表现意义（performed meaning）。表现意义依靠参与者的个体性与情景的独特状况的互动，这同时增加礼仪实践背景下共同的经验宝库。礼仪形式、参与者和表现环境的互动是礼仪形式和意义变革的必要因素。比如参加礼仪时戴的亚麻帽子（礼帽用麻料来编织，这是符合古礼的。今天都用丝料，这样节俭些［麻冕，礼也；今也纯，俭。——《论语》子罕第九第3节］）。若出现了新情况，黑色丝绸比亚麻便宜，在自己特殊的情况下与新情况互动（或许他相对贫困一些），有些人会觉得戴黑色礼帽比通常的亚麻帽子更合适。这个试验或许失败，也就是可能被判定为破坏礼仪。但是正如出现的情况，其他人根据自己的环境作出回应，解释有人使用黑礼帽的表现意义，他们会发现戴黑色礼帽也是合适的。那么该试验最终将带来礼仪形式上的改变——原来体现在黑色亚麻礼帽上的意义变成了体现在黑色丝绸礼帽上的意义。

从祖先崇拜这个例子可以看出礼仪意义的变化。以前它或许体现（对有些人来说现在依然如此）来世的观念和鬼怪神灵影响世俗生活的能力等观念。情况发生变化后，这种迷信失去了可靠性，如果仍然要具有意义的话，同样的礼仪形式就必须体现新的意义，如涉及先前提到的连续性的意义，这种意义和迷信观念没有关系。若礼仪没有僵化到特定个体或群体独断地规定什么得体什么不得体的地步，变化就取决于大多数参与者的判断。这并不是说每个人的判断都同等重要，因为有些人由于公认的智慧超群（或其他原因）能够影响其他人的判断。特定变化的好坏取决于带来这个变化的判断质量。在决定礼仪行为能否生存下去时，改变礼仪形式和礼仪意义的能力常常变得非常关键。在礼仪实践因为情景变化而显得不合适的情况下仍然存在时，付出代价的是参与者，他们的成长被窒息，因为受到限制不能与环境进行自由的和有意义的互动。

不幸的是，中国社会的实际情况并不总能兑现儒家礼仪的承诺，即把礼当作实现丰富多彩和创造性和谐的方式。正如中国历史上有时候见证的情况，礼仪实践怎么成为对个体的社会压迫了呢？若对比规范性礼仪与实际的礼仪实践，我们会发现，一旦维持共同体的文化模式变得僵化，个体创造性遭到敌视，无法被用来复兴文化模式时，追求共同体和社会稳定性就成为变态及自我摧残的行为。当礼仪形式在牺牲了具体表现中的创造性内容为代价而僵化后，社会互动就有负个体和共同体成长。不考虑变化了的实际情况，通过恐吓强制（包括非常野蛮的惩罚）坚持遵循形式上的每个具体细节以实现一致性，这种做法有时候把儒家礼仪扭曲为曾遭到鲁迅谴责的"吃人的封建礼教"[55]。

正是表明和解释每项特定表现内容的灵活性确保了个体贡献出创造性的个体性；正是通过每个参与者自由的创造性的感觉和思考才使得礼仪长久保持活力并对不断变化的环境作出反应。忽略灵活性与创造性，单单追求形式并强行维持一致性将掏空礼仪实践的创造性内容和对每个具体表现特有的意义。如果感觉和思考不能对每个具体表现的特殊情况作出反应,将无法恢复共享的意义,更无法创造新的意义。死板僵化削弱人们对礼仪表达的形式意义的感觉和思考,因为人们只是"例行公事",遵循礼仪的形式要求却没有适当的感觉更不会思考它对自己生活的意义。于是,礼仪就变成没有意义的俗套,甚至成为压迫性的重担。

我们可以用一个简单的礼仪例子说明问题:拜访某人时带着礼品。该礼品是感谢女主人邀请和款待的象征。你对具体细节的坚持程度或许让礼仪在一定程度上被形式化,其中一个细节就是客人礼物的价值。如果没有严格规定,我们假定一个名叫万尼萨(Vanessa)的有钱人带一件经过精心挑选的礼物(适合特定的女主人),虽然比较昂贵,但就她的经济能力来说不算什么。女主人哈里特(Harriet)则不得不解释这一行为的细节含义,究竟是体贴周到还是一种"炫耀",即强调她们经济实力上的差异。接着她会根据自己的解释以及感觉和态度作出反应。哈里特拜访万尼萨时,她可能回赠一件同样昂贵的她本来买不起的礼物,或一件她能买得起却适合万尼萨的礼物。反过来,万尼萨也必须解释哈里特的特殊行为,在下次拜访时或许会改变自己的做法。如果礼品的价值被严格规定下来,具体交往中就不会出现每个参与者的独特感受和思考。因此,礼仪的形式要求越严格越详细,其灵活性就越小,参与者个人投入的意义也可能越小。人生每个领域的礼仪形式要求的细节越多越泛滥,人们亲身思考和感受其意义的机会也就越小。

让我们考虑一下违反礼仪的情况。如果一个人只关注形式,客人没有带礼物,不管具体情景如何,她都可能受到谴责,因为其行为意义已经被事先定下来。女主人只有进一步考虑具体情景以便找到这件事赋予的笼统形式意义如鲁莽(或更糟糕)之外的意义时,才需要敏感性和理解力。如果女主人对这种事的反应也受到严格规定,无论感受和想法如何(有人或许更慷慨一些,往往忽略这种违背礼仪的做法),个别化的感觉和思考也会受到更多限制。实践中,完全不考虑具体情况，只要出现与礼仪不一致的行为就决不理解、决不妥协的僵化做法以及严厉惩罚违犯者都将导致胁迫下的礼仪。

多个世纪以来，儒家礼仪不仅在民众中而且在著名的儒家信徒身上已经显示出失去灵活性的倾向。孟子认为，在嫂嫂掉在水里时，男女授受不亲（除了夫妇和父母子女之间外）的礼仪就需要变通，必须用手去救援，如果这是唯一不让她淹死的方法的话（《孟子》离娄章句上第 17 节）。与此相反，程颐（1033—1107）谴责纯粹出于经济需要而再嫁的寡妇，"饿死事极小，失节事极大"。这比《礼记》中的描述更死板，作者只是说信是妻子的最大美德，寡妇不再嫁是"信"的最高表现，但并没有实际禁止或谴责寡妇再嫁。（信，妇德也。壹与之齐，终身不改。故夫死不嫁。男子亲迎，男先于女，刚柔之义也。——《礼记》郊特牲第十一）[56]从历史上看，礼仪本来应该是增加和谐感受和思考的灵活的象征性纽带，但有时候，它却变成了压抑心灵和遏制思考的社会枷锁。

共同体科学：合作探究

儒家礼仪的失败历史显示，死死抓住僵化的信念和价值观，而且使其成员受制于陈腐传统的威逼的伦理学（Sittlichkeit）将无法建立真正的共同体。在变革的世界，最好的习惯迟早也需要修改（M14.41）。连续性必须与发展保持平衡，古老的东西必须结合新东西而得到重新改造。儒家创建和维持共同体的艺术就实现了这一点，因为义和礼相互促进。从杜威的观点来看，在此过程中还存在科学的因素。这个任务涉及到运用智慧进行某种形式的社会性自我批判（L11.37）。正如迈克尔·埃尔德里所说，智慧是经验和文化的自我批判。[57]理想的共同体不断改造自身以便成员能保持与变化的环境的"相互联系"。共同体成员的共同点不是由别人事先确定了的，也不是一成不变的。一个共同体不是人们简单地从先辈那里继承下来的东西，每一代人都必须亲自探索自己的共同体。理想共同体会避免具有压迫性，因为它处于被质疑中，就像杜威式的人格人，"永远未完成"。

从在人际关系中实现和谐的角度看——社会生活的意义和价值的直接享受——共同体是一门艺术，若从蓄意引导事物把有问题的情景改造成为统一整体的角度看，共同体是一种科学。在杜威的哲学中，智慧（intelligence）把艺术和科学联系起来。艺术是智慧的习惯，而科学是智慧的探索。智慧方法的最好体现是现代科学（L13.279）。共同体科学是通过合作探究解决问题的方法。方法被用来解决具体问题，但除非这些问题的解决方法有助于实现和谐，否则它们作为社会行动就无法令人满意，因此不能被我们拿来解决社会问题。社会和谐不是终极的、唯一的、决定性的公共利益，无论杜威哲学还是儒家都拒绝极权主义的终极目标观。社会和谐包含了众多公共利益，具有多样性。当这些公共利益的实现遭遇阻碍，每个公共利益在经过自由和彻底的合作探究之后就变成了特定情景下被采取的"视域中目的"。社会和谐在每个社会视域目的中都发挥作用，因为它是关系中统一性整体的质量，但是其具体表现在每个情景下都各不相同。

理查德·罗蒂在复兴人们对杜威的实用主义的兴趣方面出了不少力，他说，虽然"杜威一直在谈论'科学方法'，但是对科学方法他从来没有提出非常有用的观点"。其他学者认为，杜威对科学方法的理解（不管其弱点和问题是什么）是其哲学的核心。[58]在鼓吹采用科学方法进行社会探究时，杜威并没有确立固定的思考法则或程序。他的"以科学为模式的实验智慧"观点也很笼统，"具体建议来自过去的经验，是在考虑到当前需要和缺陷的情况下发展和成熟的，它被用来作为具体重建的目标和方法，并根据其完成调整任务的程度验证其成功或失败，这就够了"（M12.134）。他肯定没有推荐吴广明所说的西方的"强制逻辑"。吴广明认为，因为推理方式不同，中国的实用人文主义不同于美国的实用人文主义。在吴广明看来，"中国人的论证是通过转移现实范式而改变行为模式的。这种论证是情景本身的移动，赋予我们新的洞察力去创造一个新情景"[59]。这实际上符合杜威在《逻辑：探究的理论》中确立的探究模式。无论如何，在研究了不同文化的人解决问题的不同方式之后，杜威会承认自己确立的探究模式并非不可修改。

吴广明的观点并非无可取之处。杜威自己也会同意"我们的逻辑建立在反映经验的语言结构基础上"，与我们探索和思考问题的方式密不可分。考虑到语言和经验的差异，不同文化的人的思维方式和推理方式肯定存在差异。但是，我们应该特别谨慎，不能夸大中国实用主义和美国实用主义的推理方式的差异，也不应该把推理方式"冻结"。每一种推理方式都能通过学习其他人的方式而改变和改善。[60]而且，正如在不同文化中可能出现推理方式的重叠一样，在每一种文化内部也总是存在不止一种相互重叠的推理方式。否则，用儒家和杜威实用主义共享的合作探究重建共同体概念的尝试也就成为不切实际的幻想了。

杜威承认自然科学和社会科学存在重要差异。但他并没有建议我们简单地使用自然科学的程序和发现来解决社会问题，他相信社会探究"能够形成自己的规范性观点和标准"，正如自然科学让我们获得改造自然环境的力量一样，社会探究也许赋予我们指导社会环境、重建社会的力量（L4.86；L6.55）。他明确反对试图把人文科学同化到自然科学中的"绝对主义逻辑"（L2.358-360）。迟至1949年，他坚持"所需要的不是重复在自然科学中已经得到证实的程序，而是采用新方法研究人类议题和问题"（L16.379）。

杜威认为，虽然存在差异，社会科学仍有可能学习自然科学从而变得更具科学性，即更有智慧，因为两个探究领域的背后存在重叠的模式。探究是"有控制地或有指导地把不确定的事态变换成一个在区别成分及关系成分上十分确定的事态，以至把原事态的各要素转化为一个统一整体"(L12.108)。所有的探究都诞生于既有生物性又有文化性的现有矩阵中,因为人类是自然人与物质环境的互动及文化人通过符号网络互动。探究是以情景为基础、以问题为中心的,它们把理论和实践结合起来并具有评价功能(L12)。我们还可以把探究理解为一个有重叠性的不同阶段的过程(该运动不一定是线性的)。当一个社会情景不确定时,它模糊不清、令人怀疑、令人担忧、令人困惑,充满了冲突的趋势——一切乱七八糟,当事人认识到"这不行"。一旦认识到麻烦的存在,当事人或直接或间接地聚集起来解决问题,这时候就开始了社会探究。

一个旨在解决问题的智慧群体并不急于付诸行动。相反,它先考察所处的情景,试图系统地阐述问题。这不仅要仔细观察正在发生的事,而且要求从现有概念结构的众多规则中挑选出用来解释实际问题的材料。通过良好器官和技术可观察到的情景因素是"事实",但是只有在根据它们与解决问题的相关性判定而作出筛选后才能成为"本案中的事实"。"从问题这个角度看,涉及问题情景的命题除非指向一个可能的解决办法,否则就没有意义"(L12.112)。常见的情况是,系统阐述问题就必须进行概念重构——尤其是指导社会行动的目的、价值、社会主张的概念。这遵循了杜威的目的与手段内在统一的概念。他的"工具主义"、"实验主义"、"工具实验主义"不仅是找到特定目的的手段的问题,探究不仅是确定手段应该是什么的问题而且要确定目的应该是什么,两者密切联系在一起。

实验性的社会方法首先体现于放弃事先认定的不容变更的目标(L2.360)。不管从前的解释在过去情况下是多么具有针对性,除非探究者认识到它们可以修改,否则他们在系统阐述问题时,将受到限制。阐述问题的关键是确定究竟哪个"视域中目的"合适,因为"只有通过摆脱已经固定下来的术语(包括目的)含义,并从另外一个视角看待这些条件,也就是采取新观点,才能找到解决办法"(M2.273)。只有在"视域中目的"和探究中使用的其他观点与可观察到的"本案中的事实"自由地互动,且相互修改从而向更大的连贯性方向迈进时,该问题才能被系统地阐述从而指向可能的解决办法。

解决办法在实际实验之前是需要接受智性检验的"运作中的假设"。智性检验或"推理"是"详尽阐述观点的意义内容及其与其他观点的关系"(L12.115)。所提出的解决办法的各部分都必须接受检验以判断它们是否互相"适应",以及是否与探究者的概念范式的其他部分和感性知识相适应。探究者最终应该得到一个连贯画面,显示如果把解决方案付诸实施将其效果将如何。在推理过程中,以模糊观点的形式呈现的解决办法会变得清晰,而且它与问题的相关性也更加明显。预测间接的后果也很重要。有时候,解决问题的办法可能产生其他问题,所以必须从整体后果上进行评价(需要尽可能多地预测所有后果)。"当一个活动及其后果可以靠象征性术语的代表进行预演时,就没有最终承诺。如果最终后果的代表不受人欢迎,就可能放弃明显的行动或重新计划行动方式以避免不希望看到的后果"(L12.63)。探究者以推理为根据选择最佳方案并付诸实施来检验。如果起作用,问题得到解决;如果不起作用,依靠从所选择的解决办法试验中获得的新信息再次开始探究的过程。即使解决办法起作用,也可能存在无法预测的后果等情况,一旦出现问题就需要新的探究或需要新的参加者。

探究的方法具有内在社会性。在科学上,"任何发现都属于工作者的共同体","任何新观点和新理论都必须提交到这个共同体进行确认和检验"(L5.115)。集体参与在社会探究中更重要。在上文的简要叙述中,探究者被描述为直接或间接参与社会问题的人,实际上,理想的探究应该更加开放,参与程度应该更广泛,涉及形形色色的人。可能的解决方法或许涉及到不受最初问题影响的人。如果探究从一开始就是开放的,任何人都可以判断自己是否受到影响,是否应该参与,而不是在探究中出现问题了才涉及这些人(如果在那个阶段别人能辨认出他们），就会更好些。当然，这不排除在可能的情况下告知将受到影响的人的必要性。

探究的智慧都具有社会性，如系统性阐述问题、提出和挑选备选方案等等。它取决于观察的广泛性和细致入微，也取决于对事物之间具体联系的调查有多完整或具有想象力。个体在这方面的任何缺陷都可以在合作探究中得到别人的弥补，因为合作探究可分享观点、建设性的批评、富有启发性的话语，所有这些都会产生比独立思考更有智慧的后果（M9.153）。而且，就杜威来说，"有效的智慧不是原始的天赋"，它具有社会性（L2.366）。我们能够用自己的"天赋"做什么取决于它如何在社会文化环境下培养出的"体验的智慧"（embodied intelligence）（L11.38-39，48）。这种"营养"不仅来自共同的历史文化遗产，而且来自仍在进行中的与其他人自由、开放地沟通的互动过程。

如果我们把理想的共同体生活看作合作探究的过程，那么避免社会压迫和政治压迫危险的两个相关特征就突显出来：它的探索性的假设立场和开放性、广泛性、多样性的参与。第一个特征打破了个体或群体对真理或智慧的垄断特权。在探究中需要采取探索性的假设立场意味着我们必须预测到甚至必须主动寻求不同意见。对假说的智慧检验部分就在于接受严格的质疑和批评，这就要求广泛和多样化的参与和思想自由，因而也需要言论自由，这样才能确保个人参与到可能影响自己的事件中，从而有机会为社会重建做贡献。

缺乏参与导致"在争取公共利益的努力中内在的道德悲剧，即造成既没有公共性也没有利益的结果，没有利益是因为它牺牲了那些需要得到帮助的人的积极成长，没有公共性是因为这些人没有参与到促成这个结果的过程中"（L7.347）。参与不仅对个人成长而且对共同体的成长甚至共同体的生存都是必要的。"每个新观点，每个不被时代观念公认的事物概念肯定都来源于个体"（M9.305）。因为没有人事先知道谁将拥有解决问题所需的新观点或新概念，对参与的限制就等于限制了成功机会。对于一个共同体来说，开放的、广泛的参与非常关键，因为个体的合作行动能改造社会机构和重建社会生活以迎接新的挑战。"变化的方向和质量是个体性的问题"（L14.113）。如果没有能力经过深思熟虑而变革，共同体就无法成长，有时候甚至难以生存。

杜威向我们显示通过合作探究建立的共同体是如何避免压迫其成员的。在多大程度上我们可以把合作探究纳入到儒家共同体呢？虽然早期儒家缺乏可以与杜威对比的成熟的探究理论，但是在重建的儒家传统中存在着足够把合作探究同化进来的共同基础。孔子对所有问题采取绝不死板教条的灵活态度的例子使得儒家信徒在面对具体社会问题时很容易采取探索性的假设立场（子绝四：毋意、毋必、毋固、毋我。——《论语》子罕第九第4节；我则异于是，无可无不可。——《论语》微子第十八第8节）。没有什么神圣到不能质疑的地步，社会规范和习俗当然也不例外。孔子入太庙，"每事问"。因此，他对礼仪的知识遭到人们的怀疑。孔子回应说"这样做本身就是遵循礼的要求啊"（子入太庙，每事问。或曰："孰谓鄹人之子知礼乎？入太庙，每事问。"子闻之，曰："是礼也。"——《论语》八佾第三第15节）。认为理想的儒家共同体要求针对自身保持探索性假设立场并非牵强附会的想法。

杜威的实用主义正是因为其假设立场而有了面向未来的定位。"实验智慧把人们从历史束缚中解放出来，这些历史束缚因为无知和偶然性逐步僵化成习俗。它预示了一个更美好的未来并帮助人们去实现它"（M12.135）。虽然杜威的社会向善论强调了未来，但他并没有彻底抛弃过去。他反对的是"僵化成习俗"的过去。在他看来，"人与低等动物的区别就在于人能保留过去的经验"（M12.80）。"我们的责任是保留、传播、修改和扩展从前辈继承下来的价值观遗产，并且在传给子孙后代时要将它们改造得比我们继承时更扎实、更安全、更容易理解、更广泛地分享"（L9.57）。实验并不意味着"什么都行",那样的话就是纯粹的胡思乱想。杜威的实验方法扎根于情景的具体情况,过去与未来构成一个连续体。位于实验方法核心的智慧就是"使用过去经验影响和改造未来经验的能力"(M11.346)。

虽然儒家更加珍视传统,其思想与杜威的实用主义之间与其说是整体对立倒不如说是着重点不同。在儒家看来,传统的价值不仅仅是因循守旧而且连带影响未来的关注。孔子的"传统主义"关注更多的是连续性而不是想不加任何改变地保留过去的保守主义(保持不变是不可能的,若不改变,它将衰落下去)。孔子并没有把某物的价值与其年龄等同起来。他推崇周朝文化是因为这种文化借鉴了夏商两个朝代的礼仪制度(子曰:"周监于二代,郁郁乎文哉!吾从周。"——《论语》八佾第三第14节)。以孔子谦虚的作风,他不大可能认为自己超越了周朝的成就,但他绝没有排除其他人超越它的可能性。"年轻人是可敬畏的,怎能断定后代赶不上现在的人呢?"(子曰:"后生可畏,焉知来者之不如今也?"——《论语》子罕第九第23节)虽然杜威和孔子在处理过去、现在及未来的连续性上重点有所不同,但这个差别并没有某些人设想的那么大。把两者结合起来,我们应该学会强调过去或现在应与具体情景相适应。

在对比儒家和实用主义对待传统的态度时,郝大维和安乐哲借用切斯特顿的"死者/先人的民主"(democracy of the dead)来突出两种哲学中过去对现在和未来的重要性。[61]那些关心个体自由的人会觉得,该观点不仅令人困惑而且非常危险。死者对谁说话,通过谁说话?"给予祖先或最模糊的社会阶层投票权"可成为那些天生继承了最多特权以便维护其利益的人用来压迫人的工具。它也可能成为独裁者权力的垫脚石,因为这些人确立了"灵媒"(spiritual medium)的地位,垄断了接收和解释死者信息的权力。把"死者的民主"纳入杜威民主的唯一方法是人人(直接或间接受到该议题影响的人)都能解释死者的信息。"人类找到的把保护现有价值和朝向新善的进步结合起来的最好办法就是在开放的交往探究中实行言论自由"（L7.361）。

这让我们回到合作探究中参与的重要性问题，在这里，我们谈论的是活着的人，至于死者和未出生者只有通过活着的人才能"参与"。在杜威哲学中，参与把民主与共同体结合起来。民主的观点"从个体立场看就是根据自己的能力大小在构成和指导所在团体的活动中尽到自己的一份责任，并根据需要参与团体所维持的价值。若被当作一种观念，民主不是其他交际生活原则的替代品，它就是共同体生活的观点本身"（L2.327）。

在儒家共同体中，探究的参与度如何呢？人们在杜威的帮助下可能建构一个同样具有社会性的儒家社会探究概念。在与思考有关的系列概念中，知通常被翻译成"to know"（知道）或者"to understand"（理解），但更好的译文或许是"to realize"（认识/实现），无论是在"逐渐认识"的意义上还是在"成真"的意义上，它在儒家学说中都是关键的伦理学理念之一。甲骨文或者青铜器铭文上没有出现这个字，但表示智慧的那个字"智"被认为是其前身。人们可能认为知/智是探究的结果，目的在于解决问题，但如果考虑到中国人思想中的概念灵活特征，有时候，知被扩展到用来指代认知活动本身。正是因为知解决问题使得"有睿智的人不疑惑"（知者不惑，仁者不忧，勇者不惧。——《论语》子罕第九第28节）。问题情景令人困惑，人们陷入困惑中是因为遭遇冲突的选择。孔子四十"不惑"并不意味着他不再遇到任何问题了。他在行动上摆脱不确定性的束缚而获得的自由来自他解决问题的娴熟，这使他能在遭遇困惑时找到解决办法。

知和智两个字的构成都包含一个表示箭的字"矢"和表示嘴的字"口"。口字很容易和沟通联系起来。孔子说睿智的人（知者）知道应该与谁说话，因此既不浪费话语也不因为失去通过沟通改善自己的机会而浪费人才（可以深谈却不深谈，这是错过人才；不可以深谈却深谈，这是言语失误。聪明人既不错过人才，也不言语失误［子曰："可与言而不与之言，失人；不可与言而与之言，失言。知者不失人，亦不失言。"——《论语》卫灵公第十五第8节］）。郝大维和安乐哲提议这两个字中的"矢"或许意味着"投射"或"方向性"。[62]在中国古代有一种用箭作为命令象征的做法。在《尔雅》（大约公元前3世纪）中，"矢"被解释为"陈"，即显示、展出（矢、雉、引、延、顺、荐、刘、绎、尸、旅，陈也。——《尔雅一·释诂》）。知的含义既有沟通亦有表现。知是知道和理解的意思，也是展现、实现的意思。智慧、知识、睿智都有积极因素。郝大维和安乐哲令人信服地指出，知是"表达和决定世界的过程而不是消极地认识早已确定的现实"[63]。它不仅仅是改变世界的先决条件，而且是改变世界的活动。中国人思想中隐含的知识理论具有实用主义特征。作为探究的结果或探究本身，知回答了"应该做什么"的问题。在有问题的时候了解应该做什么就是知道，而知道就是要到达目的地，实现目标，把它变成事实。

当我们认识到知的这个积极意义后，《论语》中的几篇就更容易懂了。评论者感到难以理解的一篇是《论语》卫灵公第十五第34节"子曰：君子不可小知，而可大受也；小人不可大受，而可小知也"。威利将它翻译成"It is wrong for a gentleman to have knowledge of menial matters and proper that he should be entrusted with great responsibilities. It is wrong for a small man to be entrusted with great responsibilities, but proper that he should have a knowledge of menial matters（君子拥有小事的知识是错误的，被赋予重大责任是适当的；小人被赋予重大责任是错误的，但应当拥有小事的知识）"[64]。其他译者往往把君子解释成为知的对象，因此把这一段落理解为君子在小事上不能被认识或被欣赏。为了排比明显，刘殿爵把"大受"翻译成"acceptable in great matters"（大事可以接受），但理雅各等人把它翻译成"being entrusted with great concerns"（被委托大事）。[65]如果我们考虑到知的积极一面，而不是把它简化为纯粹的思想活动，我们就可以保持这个排比同时保留对"大受"的传统理解，如翻译为："Exemplary person should not be given trivial assignments but can be relied upon for important responsibilities."（君子不应该被安排小差事，却可以承担重大责任。)[66]

探究的社会性特征即沟通性特征也是"圣"这个字的构成所暗示的。《说文解字》对"圣"的解释是"通（沟通）"。[67]陈宁认为字中的 cheng（呈），在《说文解字》中被认为是声音部分，有些学者认为是语义因素所致，这是后来添加上去的，最早出现在战国时期。甚至在马王堆汉墓黄绢本《老子》中，类似于商朝时期的甲骨文，"圣"也基本上被写成耳和口的结合，这暗示沟通的意思。在陈宁看来，商朝甲骨文中的"圣"被用来表达"听见"的意思，延伸一步就是"聆听国家事务"。[68]

繁体字"圣"中的"耳"字通过听的繁体字"聽"和听觉敏锐的繁体字"聰"与圣人联系起来。孔子在描述自己的成长过程时说"六十而耳顺"（《论语》为政第二第4节）。表达笼统敏感性的听觉敏锐与智慧（intelligence）联系在一起，所以在现代汉语中被翻译成聪明。聪明就是要善于聆听、眼光敏锐、头脑灵活。把"圣"和表示声音的同音字"聲"联系起来的是敏感性和活动。[69]《论语》提到与孔子对话的一位边防官员告诉孔子的学生"天下无道久了，上天大概要把他老人家当作号召人民的木铎吧"（天下之无道也久矣，天将以夫子为木铎。——《论语》八佾第三第24节）。圣人之言，加上天命或大人之言都应该洗耳恭听，因为他传递的信息能够改变世界（君子有三畏：畏天命，畏大人，畏圣人之言。——《论语》季氏第十六第8节）。

探究的社会性在于它是一个群体合作进行的活动而不是孤立的个体行为。在孔子看来，知识和睿智最好通过共同体来获得，从仁德之人中学习（里仁为美。择不处仁，焉得知？——《论语》里仁第四第1节）。探究的社会性还在于它的后果。儒家探究的目标是共同体成员的修身养性，如果有成效，它就能通过改造成员以及成员间的关系来改造这个共同体。就像杜威的探究一样，儒家的探究也创造和维持共同体的存在。有睿智的人投身于对人们合适的事情上，他们通过举荐那些行为正直的人作为他人的榜样，从而为人们的个人修养提高作出贡献（齐一变，至于鲁；鲁一变，至于道。——《论语》雍也第六第22节）。"把正直人士提拔上来，放在不正派的人上面，就能够使不正派的人变得正直。"（举直错诸枉，能使枉者直。——《论语》颜渊第十二第22节）"圣人只有具有了高尚的品德，只有自己行为端正，才能统治好天下，惟有此圣道才能完备。"（唐虞之道，禅而不传。尧舜之王，利天下而弗利也。禅而不传，圣之盛也。利天下而弗利也，仁之至也。故昔贤仁圣者如此。身穷不贪，没而弗利，穷仁矣。必正其身，然后正世，圣道备矣。故唐虞之道，禅也。）[70]

孔子常常把知与仁联系起来，仁既有修身又有创建共同体的内容。"有睿智的喜好水，仁人喜好山。有睿智的人活跃，仁人沉静。有睿智的人快乐，仁人长寿"（知者乐水，仁者乐山。知者动，仁者静。知者乐，仁者寿。——《论语》雍也第六第23节）。在中国山水画中，山水交相辉映，增加了各自的美，并共同构成画面的整体之美。知与仁的关系也类似。有睿智的人活跃是因为他们是社会交互过程中变革的力量，仁人沉静是因为他们扩展和强化了个人间的关系，不会让冲突打破生活的平静。有睿智的人快乐是因为问题得到解决，不确定的情景重新组成和谐统一体。仁人长寿是因为共同体关系有助于个体生活幸福，并确保个体死后还被人怀念。

探究的社会性也体现在儒家的教学法之中。在孟子看来，正是孔子在教学中对沟通的承诺使他有资格作为"自有人类以来，没有人比孔子更伟大"的圣人（自生民以来，未有盛于孔子也。——《孟子》

公孙丑章句上第2节)。《论语》是孔子与弟子和其他人对话、问答的文集。里面是每个人根据自己的能力参与其中的社会探究的记录而不是单向的知识传播,这也体现在教学过程的相互性上。虽然实施的效率不一定完全相同,但这种获得知识的方法作为一种理想延续了下来,贯穿于儒家主导下的中国教育的悠久历史。它也提供了一种公共话语的模式。难怪学校往往成为公共议题讨论的论坛,包括从孔子到现在的对统治者的批评。

狄百瑞认为宋明时期私立书院是儒家试图创立公民社会的领域。[71]西方的"公民社会"概念往往意味着国家与社会的必然对立关系,这与儒家学说格格不入。李弘祺在讨论官方对私立书院的资助和压制时,就国家与社会的关系的哲学假设提出了这个差别。[72]值得注意的是这种教育机构在创建教育和有关社会及政治议题的公共讨论之间的密切联系方面发挥的作用,从而支持了下面这个论证,即儒家教学法内在的社会性本质意味着儒家在教育领域之外的探索也具有社会性。

中国的过去并不缺乏社会探究,因为中国统治者曾召集民众讨论重大问题(正如《尚书》和《左传》中记录的),定期与大臣讨论国家事务。儒家虽然未曾质疑君主政治体制,但从哲学角度看,儒家从来没有支持根据个人随心所欲进行统治的那种威权。政治和社会决策的模式体现在圣王的行为上,其伟大智慧就在于专心听取和询问他人观点,决策的合法性就在于把别人的相关观点纳入其考虑的范围之内。[73]

社会探究的历史例子常常缺乏杜威设想的理想中的那种开放性和广泛参与度(当今西方自由民主社会也无法达到此理想)。儒家批评家将指出,除了统治者缺乏理想的决策程序之外,那些提供观点的人也仅限于严格等级体系下具有某种地位的人,也就是说存有内在的而不仅仅是历史的参与限制。毕竟,孔子说"不处在那个职位,便不考虑它的政务"(不在其位,不谋其政。——

《论语》泰伯第八第 14 节)。他的学生曾子进一步阐释"君子所思考的范围不超出自己的职位"(君子思不出其位。——《论语》宪问第十四第 26 节)。

平等与分异秩序

学者认为等级体系不仅仅是儒家社会的偶然性特征,它还被认为是实现和谐的必要条件,是儒家的重要价值观。在史华慈看来,儒家学说"毫不犹豫地接受了等级差异、地位和权威在普遍的世界秩序中的必要性"。孔子、孟子和荀子都承认权威和等级体系的必要性。因此,儒家常常被指责具有精英主义倾向。人们普遍认为等级差别是民主的对立面,因为民主是"自由和平等的个人的宪政管理"。[74]在那些怀疑儒家民主可能性的人看来,等级体系不公平地限制了政治参与,因为它否认了平等的民主价值观。

人们可能从过去的儒家社会中辨认出与西方人关心的平等价值观类似的规范性的行为,但是那些社会缺乏对这个处于西方自由民主社会核心的价值的明确承认。对儒家话语来说,平等言论在 19 世纪后期之前还是陌生的东西。与此相反,自启蒙运动以来,平等已经处于西方哲学和政治话语的突出地位。平等的价值观是美国民主的核心。在社会和政治行动中,平等意味着什么一直是公共辩论的主要话题。平等本身到底意味着什么至今仍然众说纷纭,用一个作家的话说就是"针对平等含义的争吵实际上成为美国灵魂的战场"[75]。平等到底意味着什么的持续争论为我们提供了更多的空间以便构建适合儒家民主的平等概念。

即使对那些相信上帝平等造人的人来说,平等的意思也远非显而易见。中世纪的许多思想家接受不平等的观念,他们认为不平等是上帝创造的世界的根本特征,存在与价值来自于自上而下的"伟大的存在之链"(great Chain of Being)。英文单词"hierarchy"(等级体系）的词源与宗教有关：它是由负责神圣仪式的高级牧师（hierarch）管理的。论述权威的某些等级体系理论把合法性和统治权归因于某个神圣来源。人们用宇宙中存在一个上帝授权的天然等级秩序的信仰为神授的王权和分层森严的社会辩护。[76]那些把儒家社会描述成"等级社会"的人常常有意无意地接受这种思想联系。吉德炜把儒家政治文化中的等级差异追溯到商朝时期的祖先崇拜祭祀。商朝祖先祭祀的基本准则中所规定的人际关系的性质和功能影响了周朝和后来的政治文化发展。吉德炜认为"人们天然地接受辈分之间有等级但却发挥滋养作用的关系，有助于证明，像死去的先辈一样，活着的人之间存在尊卑关系的合理性"[77]。其他许多学者赞同宗教等级体系论证了儒家社会等级体系的合理性的观点。

中国人的宗教性祖先等级体系不同于中世纪的犹太教和基督教的宇宙等级体系。在后者，造物主与被造之物等级体系严格分开，划分等级的原则是外部强加上去的，因此不受变化的束缚，除非造物主自己改变它。商朝的最高统治者（帝）虽然权力很大（我们还不清楚是否万能），却不是神圣的造物主。[78]被祭祀的祖先的等级排序是连续的实际社会分层而不仅仅是它的投影。在世的实际分级被认为是理所当然的，并不依靠神圣的创造为其辩护。等级排序的原则不是固定的也不是外部强加上去的，它具有偶然性，而且随着世界的变化而变化。这甚至适用于祖先或神灵的排序，各自的地位部分取决于其"表现"，显示于他们活着的后代的成就。

除祖先崇拜以外，学者也有说服力地指出，西方宇宙学的超绝（transcendence）特征不仅与中国思想的相关性（correlative）思维模式不同，而且与古代汉语中体现的"divides down"（向下划分）而不是"includes up"（向上包括）的逻辑形成对比。个体物品并不"存在"；相反是世界"拥有"了它们，许多名词是集体名词，必须从语法或者上下文角度才能辨别出特殊的东西。[79]人类话语作出的区分如理想与现实、人与非人共存于一个领域而不是完全分开的两个领域。这些区分是为了特定目的作出的,并没有隐含着形而上学或本体论主张。郝大维和安乐哲、徐复观、唐君毅、熊十力、劳思光等认为,天并不是与人类世界分开存在或先于人类世界而存在的,这个通常被翻译为英文"heaven"的词具有重要的宗教意义,但它并没有创造人类世界也不能单方面决定人类世界。[80]

把宇宙作为分层秩序的传统观点包括了自发性变化的原则:宇宙不是超绝原则控制下的秩序,而是自我发生和自我维持的(自然)。宗教观和宇宙观的区别是造成人们在讨论中国思想中的社会分层或不平等时应避开"等级体系"这个词的主要原因。因为与超绝没有必然联系,社会分层的僵化和不平等的持续存在只是偶然性的,决没有神学或者形而上的必然性。

提供一种理解儒家共同体的主张对儒家民主的论证非常重要。这种共同体既要容纳和谐运行所需要的差异性又不必然反对民主。这样的替代品确实存在,它包括了也可以在杜威哲学中发现的平等概念。虽然有人认为平等在自由民主中只具有条件性价值或工具性价值,但杜威认为平等是民主的意义之一(L7.148)。不过,民主并不排除功能性差异的不平等,承认在任何特定的领域都存在卓越和谦让。理想的儒家共同体不应该被等同于历史上的中国社会,它不是等级差异秩序而是区别对待或分异秩序(differentiated order)。理想的儒家共同体并不否认排序是社会所需要的分异的一部分,也就是区分尊卑或者区分好坏或者权力不平等。它否认的是这种排序的整体性,即如果一个人尊贵,她就在任何事情上或在任何时候都尊贵;也否认其固执性,即如果一个人出身于等级森严的社会秩序中的某个等级,她就必须一辈子受困于它,不能有任何变化。儒家共同体中分异秩序包含的平等与不平等都是相对的不是绝对的。这种共同体根据每个个体达到与所分配的东西有关的伦理标准来分配尊重、权力、商品和服务等。

在欧洲,自然/神学等级体系理论与平等理论同时存在,前者从古代到中世纪都一直占上风。最初，平等常常是失去的黄金时代或者伊甸园神话的组成部分或者被当作不可能实现的理想来对待。从14世纪开始，平等开始被用作评价制度好坏的标准，逐渐用来为权威的合法性建立在同意基础之上的主张辩护。正如15世纪德国库萨的枢机主教尼古拉在《论公教的和谐》（1433）中所说，"如果在本质上人人权力平等，享有同样的自由，权力平等者井然有序的权威只能在他人选择和认可的情况下建立起来，法律也是靠认可而被起草和通过的"。最初的人人平等后来成为经典自由主义政府理论的核心。在约翰·洛克看来，"如上所述，人人在本质上自由、平等、独立，任何人都不应该在没有经过自己同意的情况下被驱逐出这个领地或受到其他政治权力的约束"。[81]

洛克在很罕见的情况下承认孩子"并非天生就处于平等的完整状态，虽然他们生来就有平等权利"，从而留下了平等的发展空间，但他的思想的总体影响是强调平等是原有的、普遍的、本质的人性的重要内容，是最原始的财产。洛克的遗产仍然存在于不断尝试把争取平等为道德规范的论证建立在某种意义上人人平等的主张上。比如，约翰·罗尔斯政治自由主义的基础之一就是人人自由和平等的概念，他们都拥有最基本的两种益德能力。[82]对杜威来说，这样的途径是受到误导的，因为人并非生来就有现成的自我。个人的天生品质在伦理上并没有意义，除非通过与环境的互动而成为其人格的组成部分。杜威的人性作为经验产物的观点促使他反对把平等作为原始财产的观点。平等是"道德概念，是通过社会获得的正义问题，而不是生理或心理天赋"（M13.299）。在杜威看来，平等"不是天然所有物而是共同体的产物，出现在共同体本性指导行动之时"（L2.330）。

考虑到其把人格人理解为创造过程而非现成品的相似性，儒家民主尊重的平等与杜威的平等都是经验的产物而非天然所有物的观点类似也就并不令人吃惊了。人们在孔子的教导中发现类似观点，即强调经验发展出非天赋的本领。孔子既没有确认能支持人人平等的合理性的原始人性,也没有确认用来支持把人严格分为主仆、优劣或能干与否的合理性的天生差异。通常被翻译成"human nature"的性是孔子很少与学生讨论的话题之一(子贡曰:"夫子之文章,可得而闻也;夫子之言性与天道,不可得而闻也。"——《论语》公冶长第五第13节)。《论语》中唯一谈论该话题并常常被引用作为孔子支持平等的证据的一篇是"人性本相近,习染使彼此相距悬殊"(性相近也,习相远也。——《论语》阳货第十七第2节),但是这句只是暗示人性相似并没有说人性相同,"近"不是相等。更重要的是,重点并不在于天赋。性并不指某些不变的人类本质,与其说是"天性"倒不如说是"天然倾向或习性",里面包含着变化的意思。只有在天然倾向与通过实践获得发展联系起来后才具有伦理意义。孔子更感兴趣的是人们实践过后会变成什么样的人,因此,他才终生致力于自我修养的提高。他更关心一个人是否在任何时候都尽最大努力改善自我而不是她出生时的状态。

在孔子之后,人性成为儒学中持续不断的争议话题。孔子对人性善恶不置一词,孟子坚持性善论,荀子则坚持性恶论。孟子的理论常常被认为是宣称人人平等地拥有道德潜力。[83]为了说服统治者德治并不太困难,孟子坚持认为人皆有仁义礼智等德行的开端(见《孟子》公孙丑章句上第6节)。拥有这四端能实现人人平等吗?或许能,但平等对他的目的来说是不必要的,孟子需要论证的只是人人都有作出伦理德行的潜力,而不是说他们的潜力相等,也不是说这个能力使人们在伦理上平等。

甚至"人皆可以为尧、舜"(《孟子》告子章句下第2节)的说法也不意味着平等,除了纯粹形式上的说法。正如荀子在区分"可"和"能"时指出的那样,情态可能性和事实能力之间存在着差别,只有在指前者时,孟子的说法才是可靠的。[84]当孟子说圣人和凡人同属一类时,他想说的是家族相似性而不是同一性意义上的平等。[85]除了所有这些令我们谨慎地避免认定孟子主张天生平等的理由外，该主张即使可靠也有误导性，因为天生的平等并没有它在西方平等话语中发挥的作用：为平等待遇辩护。孟旦认为早期儒家相信天生平等，但这并不意味着评价上的平等。[86]个人得到的评价是根据其自身修养的结果及其改善的可能性而定的，所有这些都因人而异，并不平等。很难说服儒家相信行为卑劣的人与行为高尚的人平等。（子曰："法语之言，能无从乎？改之为贵。巽与之言，能无说乎？绎之为贵。说而不绎，从而不改，吾末如之何也已矣。"——《论语》子罕第九第23节）

杜威认为平等是宝贵经验的产物，在论述平等作为儒家民主中的一种价值观时，该论点似乎提供了更好的策略。平等必须通过个体有意识地培养，依靠共同行动改变社会环境的方式产生。那么，应该创造什么样的平等呢？激进的平等论者认为所有的社会不平等都既不公平也不必要，理应完全废除。柏林指出，这种极端的主张要求"任何人和任何事都要尽一切可能与其他人和其他事相似"；即便有这种可能，真有人渴望这样的社会吗？这是令人怀疑的。[87]正如杜威式民主中存在不平等一样，儒家民主中肯定也存在着不平等。

杜威哲学中的平等与其他传统理论中的平等在含义上的关键差别在于平等到底在多大程度上意味着相同性。洛克发现"对于同种和同等的生物来说，他们天生就享有相同的自然界的有利条件，而且能够运用相同的身心能力，所以在同种生物内部之间就应是平等的，不存在从属或受制关系。这是最明显不过的了"①。相同性在洛克的平等概念中非常突出，只要普遍的本质人性观仍然被广泛接受，它在随后的概念中也继续存在。当代有些自由主义者更愿意其

---

① 本句参考了网上译文，请参阅 http://www.tianya.cn/publicforum/Content/books/1/71496.html。

要求弱化成相似性或拥有"达到必要程度的"基本特征。其他人或许仍然同意雨果·比多的观点，即若不承认平等（虽然不同于要求在任何方面完全一样）意味着某些方面的相同性会产生混淆两种不平等（可辩护的和不可辩护的）的界限的风险，那么平等的概念将变得非常模糊和产生歧义，从而失去了任何意义。[88]

比多单独列出杜威用产生歧义的模糊方式使用"平等"的例子。在杜威看来，"平等显示共同体的每个成员在交往行动的后果中拥有不受限制的份额"（L2.329）。比多反对这样理解平等，因为"不受限制的份额"并不意味着平等份额。如果平等份额意味着给饥饿的人和吃饱的人同等数量的食物，或不管工作好坏给予同样的工资，那么杜威肯定不是在鼓吹这种平等。比多区分了平等是什么和平等是否值得追求或是否公平的问题。杜威则是从平等的价值角度谈论这个问题，认为平等在意义上具有规范性。从这个角度看，比多对平等的理解是杜威明确反对的"机械同一性"（L2.329）。

但是，两者的差别并不如初看起来那么大。比多区分了平等分配和平等待遇，他指出不平等分配仍然可能是平等待遇。比多错误地相信杜威是在讨论平等分配，而实际上杜威的理想共同体中的平等价值不在于平等分配而在于比多所谓的平等待遇：每个人的需要和使用潜力都得到平等对待，所以既然需要和潜力不平等，用来满足这些需要和潜力的物品分配自然也就不平等了。

在杜威看来，平等不是意味着相同性而是独特性（L7.346）。作为民主的意义的平等应该建立在独特性基础上，因为民主"表现出对个体性的信仰，相信每个正常人都有独特的区别性特征，相信与之对应的能创造新目标的独特行动模式，并愿意接受因个人潜力释放而建立的秩序"（M13.297）。杜威反对把个体贬低为"掩盖了真正的个性化特征的可量化类别的生物"的平等和不平等（M13.295）。民主平等是"普遍化的差别"（M13.300）。"它表现出对每个人独特个性的有效关注，根本不考虑其生理或心理上的不平等"（L2.329-330）。有效的关注意味着每个人的独特个体性得到平等对待。

建立在独特个体性基础上的平等否认存在"共同的和可量化标准"。因此，平等不能单独建立在只关心同质性和统计学平均值而把人分为不同类别后进行的法律、政治和经济等安排基础上（M13.299）。照顾到极端程度的独特性似乎非常不切实际，但作为具有规范意义的理想可提醒我们现有社会各种安排的不完美、缺乏灵活性和不断改善的必要性。法律就是这样的社会安排。杜威批评对平等的传统的、个人主义的解释，在他看来"法律面前人人平等"对实现真正的民主来说是不充分的（L7.335）。但是，解决办法不是完全取消法律，而是应该设计和使用法律及其他社会安排以便获得实质性的"机会平等"，在杜威看来，机会平等才是美国民主传统的基石（L11.168）。

杜威说的"机会平等"与当代哲学和政治学话语中使用该词所指的内容并不相同。它指的并不是有平等机会接受同样的工作、同样的教育、同样的医疗保健、同样的法律保护等，而是每个人都有机会找到适合其独特需要和潜能的东西。因为人各有志，每个人需要的机会也各有不同，决不可能千篇一律。一个社会创造机会平等是通过"创建一些基本条件，通过它们，也因为它们，每个人都能充分发挥自己的潜能"（L11.168）。也就是说，民主平等是成长机会的平等（L11.219）。用分配的术语来说，平等意味着资源和财富分配应该建立在有助于成长的需要和潜力的基础之上。

有证据显示早期儒家存在具有可比性的分配观。用孔子的话说，"无论是有国的诸侯还是有家（封地）的大夫，不必担心财富不多，只需担心财富不均"（有国有家者，不患寡而患不均。——《论语》季氏第十六第1节）。西蒙·莱斯把"不均"翻译成"inequality"（不平等），其他的译文还有"ill-apportioned"（不成比例的，阿瑟·威利）和"uneven distribution"（不均衡分配，刘殿爵)。[89]孔子主张平等份额（数量相等）的可能性非常小，主张这个份额与伦理上可以接受的某些标准呈正比关系的可能性会更大些。可以接受的标准之一就是需要，因为政府的首要责任就是满足民众的需要（子贡问政。子曰："足食，足兵，民信之矣。"——《论语》颜渊第十二第7节）；"君子只救济有困难的人，不必赠东西给富人"（君子周急不继富。——《论语》雍也第六第4节）。孔子不赞同有权势者在牺牲别人的情况下奢侈（百姓足，君孰与不足？百姓不足，君孰与足？——《论语》颜渊第十二第9节）。他甚至要与学生冉求解除师生关系，因为冉求为季氏家族增加更多财富，而季家本身就比周公更有钱了（季氏富于周公，而求也为之聚敛而附益之。子曰："非吾徒也。小子鸣鼓而攻之可也。"）。[90]说到教育的需要，孔子并没有嫌贫爱富（子曰："自行束修以上，吾未尝无诲焉。"——《论语》述而第七第7节），他的学生中既有贵族也有平民。"有施教对象，就不要分类别"（有教无类。——《论语》卫灵公第十五第39节）。他招收学生的唯一标准是求学者喜欢学习，但这并不意味着学生都得到同样的教育。我们从《论语》中可以很清楚地看出孔子根据学生的需要和能力采取了不同的教育方式。

除了需要之外，分配还通过能力大小来证明其合理性。对于"该谁执政"的问题，人们看到孔子用依据伦理成就的贤能政治代替依靠出身决定地位的贵族制。只有那个有能力履行职务责任的贤者才应该被允许占据这个职位。孔子和孟子都一再重申任命合格政治官员的重要性。[91]虽然多个世纪以来，儒家信徒从来没有明确地质疑世袭君主制，但孟子讨论的圣王尧、舜的故事确实很有启发意义，他们把王位传给比自己儿子更能干的人（见《孟子》万章章句上第6节）。儒家学说中的贤能政治倾向的最明显体现就是它对中国科举制的影响。虽然不是没有缺陷，但皇权时代的科举制的确开辟了根据德才入仕的道路，极大地促进了社会流动性，同时确保皇权时代的科举制成为前现代世界令人羡慕的对象。[92]

选贤任能和不相信原本人性决定贤能的观念意味着理想的儒家共同体必须确保人人都有机会爬上最高位（圣王舜本人就是一个平民）。科举考试在选拔最适合职位的人才时或许有用，但它不能替代作出影响社会的决策时的参与。人人都根据自己的能力通过积极参与为社会探究作贡献，并根据自己的需要从探究中获得利益。因此，理想的儒家共同体必须为每个人提供参与机会，虽然参与的类别和程度可能不同。

杜威的参与式平等观并非完全与此不同。他相信个人通过参与社会活动在构建共同利益的合作探究中成长。他有关学校教育和启蒙的言论或许可以普及个人成长，"每个个体成为受过教育（成长）的人，只有在他有机会从他自身经验中贡献出某种东西，无论在特定时期这种经验的背景是多么贫瘠和稀薄；启蒙（成长）来自给予和索取，来自交换经验和观点"（L13.296）。民主作为教育和成长过程要求开放性的广泛参与，"如果没有参与，个体就不能拥有完整的自我，也无法为他人的社会幸福作贡献，即使他们有此能力"（L13.296）。民主作为对个体性的信仰认识到无论是个体还是社会成长在每个特定个体身上都有独特性。因此，用参与性的术语描述的机会平等意味着每个人根据自身能力和需要参与推动个体和共同体成长，而并不意味着有机会获得同样类别和同样程度的参与。

虽然存在哲学上的相似性，但是儒家的贤能政治参与观和杜威的民主政治参与观在不同的实际背景下存在着显著差别。在一个历史悠久、等级森严的社会里，贤能政治的语言促成一种精英主义的倾向，往往低估社会下层人的需要和能力。而在公众明确反对历史上的社会分层的社会里，民主语言决不想当然地接受不平等，而是要求任何不平等都需要能证明其合理性，这更有利于社会下层的参与。为了消除历史上的恶劣形象，儒家民主必须更加清醒地批判现有的不平等以便确保只允许达到其哲学伦理标准的不平等，同时还必须避免走向另外一个极端，即对任何不平等或敬重卓越的言行也都采取敌视的态度。

如果平等意味着建立在需要和能力基础上的分配和参与，那么，需要和能力在不断变化，分配和参与也应该随之变化。但是，这只是社会应该是分异秩序而不是等级秩序所需的灵活性的一方面。杜威的民主承认需要功能性分异和分异性成长的不平等。它反对采用一套固定的随意性的标准决定分配和参与的任何内容的森严的等级体系。等级社会中，一个人的所得取决于她在以"抽象的普遍的尊卑观"为基础的等级体系中所处的地位。在杜威看来，这实在荒谬绝伦（M13.296）。

任何有关尊卑的判断必须取决于特定环境。如果不具体指出在什么方面优劣，判定一个人的优劣就毫无意义。"任何人都可能在某方面比别人优秀，但在其他方面比别人低劣"（L7.346；M12.297）。优秀的企业高管或许是个糟糕的父亲，网球比你打得好的人后来或许不如你了，如果你的进步更快的话。从实际经验来看，在某方面优越有时候与她在其他方面优越有某种联系，但这需要通过实证调查和研究才能确定，不能想当然地认为这是先验的真理。而且，这种联系总有其偶然性，可能发生变化。一个人在某个具体领域优秀使她有理由获得更多的资源或物品，但前提是这种分配有助于成长（如数学天才被大学录取去攻读数学博士学位）。根本不存在任何一种优越性能证明其获得所有资源和利益的合理性。

儒家的贤能政治是建立在伦理标准基础上的分异秩序。它不是分配问题根据单一标准——伦理成就——来解决的极权主义的等级体系。伦理成就的评价不是单一的标准，而是应该根据每个具体情况灵活地理解。而且虽然儒家认为伦理视角适用于生活的任何方面，但这并不应该被理解为还原论者或极权主义者的观点。对公司老总的表现不能完全不考虑伦理因素，但这并不意味着在评价她的表现时这些是唯一相关的因素。孔子特别关心把治国当成伦理尝试，一直在寻求解决"个人该如何生活"和"人们如何生活在一起"等相关问题的办法。和谐的共同生活要求区别对待的分异秩序，根据每个情形的具体需要和能力分配资源与利益。一个人在某种情形下应该得到更多东西并不意味着她在任何情况下都应该得到更多。儒家分异秩序的伦理标准非常类似杜威的成长标准：判定什么样的需要和能力与分配和参与问题有关的标准就是它对个体和共同体成长的贡献大小。

在儒家贤能政治中，政治权力和社会地位的分配虽然建立在贤能基础上却不是对能力的奖励。正如荀子指出的，制定社会界限是为了防止对任何人都不利的混乱状况。分异秩序的目的是让尽可能多的人满意，而不是让能干者更满意（夫两贵之不能相事，两贱之不能相使，是天数也。势位齐，而欲恶同，物不能澹，则必争；争则必乱，乱则穷矣。先王恶其乱也，故制礼义以分之，使有贫、富、贵、贱之等，足以相兼临者，是养天下之本也。——《荀子》王制第九）。因此，能干者并不应该得到更多。个人因职位所应得的只限于履行她的责任所需。比如在礼仪中对占据高位者的尊重不仅仅是为了他们个人的满足而是具有沟通功能，即承认这些职位的权威，在位者因而被置于比他人更显眼的位置从而被别人评头论足。如果一个人不被要求尊重上司，她就不怎么在乎上司到底有多好。对一个人表现出的尊重越多，期待她要达到的标准也越高。就物质财富来说，占据高位者并不因为高位就自动获得更多财富。对民众来说足够的东西，对君主来说也足够了（百姓足，君孰与不足？百姓不足，君孰与足？——《论语》颜渊第十二第9节）。有些儒家更进一步，宋朝儒家范仲淹就说，君子应该"先天下之忧而忧，后天下之乐而乐"。[93]

人际关系中的平等

我们一直在社会和共同体的背景下考察平等问题。我们应该把探索的范围扩展到人际关系的微观领域。在人际关系中，平等并不意味着每个人从他人那里得到同样多的同样东西。人际关系各方从差异性中比从共同性中收益更多（L7.346）。孩子的需要和从父母那里得到的东西不同于父母的需要和从孩子那里得到的东西。杜威称这种平等是与"数量平等"不同的"质量平等"。数量对比只适用于涉及同等质量的东西时。因为人际关系各方交换的东西在质量上不同，所以不存在数量对比问题。质量平等涉及到的是相互性（reciprocity）问题，"在孩子积极活动时，他们有给予也有索取，父母的生活因而变得更充实、更丰富，这不仅因为从孩子身上得到了回报也因为对孩子的付出"（L7.346）。这种相互性不应该被理解为对所获得的东西的"报答"。付出的东西不能被当作报答，因为它是根据现有接受者的需要和能力以及什么对她最有利而决定的，并不是根据所付出内容的本质或期待未来的回报来评价的。而且，交换应该是自发性的（不一定是不加思考）而非精心算计的结果。

这种相互性在儒家的人伦关系观点中具有重要地位。在谈论儒家人伦关系时，郝大维和安乐哲更喜欢谈论"对等性"（parity）而不是相互性：个人多种人伦关系的重叠让她能够付出和索取可对比程度的尊敬和利益，因为在某些关系中，个人的付出比收获更多，但在其他关系中，却正好相反。他们甚至认为儒家的友谊也是"单向的关系，一个人通过与另外一个自我实现程度更高的人交往而提升自己"[94]。我们当然应该警惕把它与将平等理解为相同性的某些西方友谊观相提并论。不过，在儒家人伦关系中可能存在质量平等，任何一方都能在某方面从对方获得适合各自需要和能力的利益（也就是杜威所说的相互性）。孔子说他教给学生一方面，期待学生由此推出其他三个方面（举一隅不以三隅反，则不复也。——《论语》述而第七第8节）。果真如此，学生在学习过程中还可能教给老师一些东西，此所谓教学相长也。伦理成就不平等者间的友谊也存在相互性，人们在教育他人的同时也在学习。

儒家关系的批评家常常单独攻击"三纲"的观点，在最严厉的批评家看来，三纲把中国社会变成了由君主、父亲和丈夫"三位暴君"统治的社会。这个观点常常被解释成把君臣、父子、夫妻的权力不平等关系绝对化，给中国社会造成了可怕的影响。这个源自汉朝的观点是从更早的儒家思想演化而来的。[95]按照余英时的说法，至少有一个汉朝思想家认为，汉武帝如此积极采用的儒家学说包含了更多法家的思想而不是早期儒家思想。后世实践中一直成为批评靶子的内容肯定与韩非子的"三顺"和"三事"等观点更接近。这种观点认为不平等是永久性、固定不变的，人伦关系等级森严是因为权力和地位的绝对不平等。"臣子服事君主，儿子服事父亲，妻子服事丈夫，这三种秩序理顺以后，天下就能得到治理；如果违背了这三种秩序，天下就会混乱。这是天下的正常法则，就是明君、贤臣也不能变更。如果这样，那么即使君主不够贤明，臣子也不敢侵犯。"（臣之所闻曰："臣事君，子事父，妻事夫，三者顺则天下治，三者逆则天下乱，此天下之常道也，明王贤臣而弗易也。"则人主虽不肖，臣不敢侵也。——《韩非子》忠孝第五十一）[96]

韩非子的观点不同于他的儒家老师荀子，因为荀子相信在有些时候君臣"易位"并不一定带来混乱（君臣易位而非不顺也），那些进谏和违背昏君意志的大臣应该得到珍视（见《荀子》儒效第八，臣道第十三）。荀子认为人伦关系具有相互性，孟子也这样认为。"君主把臣下看得像自己的手足，臣下就会把君主看得像自己的腹心；君主把臣下看得像狗马，臣下就会把君主看得像一般人；君主把臣下看得像泥土草芥，臣下就会把君主看得像仇敌。"（君之视臣如手足，则臣视君如腹心；君之视臣如犬马，则臣视君如国人；君之视臣如土芥，则臣视君如寇仇。——《孟子》离娄章句下第4节）对孔子来说，社会政治秩序要求君主要像君主的样子，臣要像臣的样子，父亲要像父亲的样子，儿子要像儿子的样子（君君、臣臣、父父、子子。——《论语》颜渊第十二第11节；《荀子》

王制第九)。对任何关系中的任何一方都存在伦理要求,虽然每种要求都有一套不同的内容。汉朝儒家对阴阳思想的吸收倾向于把阳(君主、父亲、丈夫)定为尊,把阴(大臣、儿子、妻子)定为卑,但强调的重点仍然是和谐统一中的互补性。正如狄百瑞的观点,汉代儒家的"三纲"象征着纽带而不是枷锁,每一种关系的双方都相互支持。[97]这与法家的理解不同,法家认为下属必须永远服从上司,上司有绝对权力,而下属对上司没有伦理要求。

《礼记》认为夫妇关系是根本性的(如果关系出现冲突的话,并不总是最有分量的),因为它是家庭的基础,而家庭是国家的基础。[98]夫妇关系的管理原则就是孟子提到的性别差异:"男女有别"。这常常被解释为男尊女卑,多个世纪以来的礼仪模式进一步强化了女人从出生到死亡的卑贱地位。秦家懿指出,中国在道教和佛教而不是儒家占上风的时代,女性的生活通常更好些。[99]性别不平等是五四运动中抛弃儒家的最关键原因之一,也是当今任何儒家重建都必须面对的重要挑战之一。

无法回避的事实是中国社会曾经普及了对女性的最糟糕的一些歧视,但我们不应该因此认为中国历史上所有女性都一直是无助的受害者。虽然有男主外女主内的观念,但女性并没有被彻底从经济生产和公共生活中排除出去。李又宁的一项研究显示,女性对经济、艺术、军事甚至政治的贡献决不是可以忽略不计的。[100]在中国社会各个阶层,都有女性拥有相当大的权力。但持续存在的性别歧视的部分内容就是许多儒者和其他人忽略这些女性的贡献,排斥她们的智慧和力量,认为女性会破坏社会和政治秩序。

没有证据证明孔子质疑了他那个时代盛行的父权制秩序。传统上认为《论语》中提到女性的几个地方都包含不利于性别平等的内容。后来的有些儒者更是赤裸裸的性别歧视论者,甚至那些撰写著作教育其他女性的受过良好教育的女性也常常表现出支持父权制的思想。这种文章的最著名例子是汉朝班昭的《女诫》。虽然脱胎于该原始作品，但后来的教育文本确实表露出女性角色和渴望上的变化。《女诫》鼓吹女性在夫家中明显的顺从角色，但唐朝的《女论语》则专门有一章论述如何持家，口气上也更少驯服色彩。[101]

唐朝的另外一本著作《女孝经》（郑氏）进一步论述妻子并不应该听从愚蠢或人品坏的丈夫的指令。正如儒家尊重反抗和进谏的大臣和儿子一样，它也尊重反抗的妻子。人们甚至可以看到《礼记》承认丈夫的领导地位是建立在其智慧基础之上的。明朝的徐皇后认为女人也可以成为圣人。[102]考虑到儒家的智慧和其他伦理成就更多依靠实践而不是天赋的事实，儒家的核心中没有哲学上的理由来继续拒绝女性的这种终极渴望。

性别歧视做法并非作为哲学的儒家学说的内在特征。相反，儒家在历史上的性别歧视反映了儒家对社会环境的实用修正态度。在不同的社会里，把女性的活动限制在"家庭内部"的性别分工对儒家来说既不必要也不合适。罗思文指出，虽然性别歧视做法不可能在没有思想支持的情况下持续存在，儒家文本中显示的性别歧视只是具有性别结构（组织模式）的特征而不是性别象征或性别身份。这就开辟了能赢得当今众多女权主义思想家认可的重构儒家的可能性。[103]

现在有越来越多的著作重新评价妇女在中国历史上所扮演的角色，重新阅读中国文本以便发掘当今看来更少性别歧视内容的信息。有些学者集中研究班昭在《女诫》中提出的教育男女两性同等重要的观点，有人把该书当作帮助已婚妇女在贵族大家庭的政治中进行博弈的"生存手册"而不是父权制的辩护状。[104]21世纪初，李晨阳主编的《圣人和第二性：儒家、伦理学和性别》的作者们试图找到概念灵活性来拥抱男女平等的思想，用以复兴儒家。郝大维和安乐哲在本书的一篇文章中说，在尊重女性和男性特征时，女性在某些情况下占上风。儒家在教导我们如何实现真正的男女平等方面有独特的贡献。[105]笔者现在还没有需要补充的实质性内容，虽然在这一领域确实有很多需要研究的内容。笔者在本书中试图排除儒家中性别歧视内容的努力仅仅限于使用女性代词指代儒家文本中提到的君子、仁者、圣人,这可以检测我们在重构儒家时能够朝着性别平等的方向走多远。

儒家民主能融合什么样的性别平等呢？前文的讨论显示,建立在相同性基础上的平等在儒家民主中没有任何地位。我们不应该机械地理解孟子所注意到的性别差异,它们是功能性差异,随着背景的变化而变化。在任何情况下,总有一些工作或角色更适合某个性别。但是根据性别分配任务和角色应该通过男女两性都参与的合作探究来决定而不是教条性地规定。这就是儒家民主不同于先前根据性别差异为性别歧视辩护的尝试：在任何情况下对女性最合适的内容不是被女性的某些本质特征所决定,也不是被其他人完全决定。对于结果,女性应该有发言权。另外,不应该有任何先入之见,不能仅仅因为过去的经验显示某些工作适合某种性别的人就认为这结论可用在任何情况或该性别的任何人。虽然人们可能概括地说女性更善于做饭,更适合照料孩子和老人,但确实存在一些女性不如男性更会做饭。性别差异应该被灵活地理解为个体性的组成部分,而个体性是儒家平等和杜威平等的先决条件。

西方有些女权主义者对早期试图为女性争取像男人那样的权利和机会的策略持怀疑态度。许多女性需要和渴望的并不是像男人那样行动或生活,而是按照自己的方式过一种充实的生活,并影响共同体决策,使其反映男性和女性的人性满足感。在试图防止把性别差异作为压迫女性的借口时,不应该否认性别差异的存在。除此之外亚洲社会越来越多的女性还有一个越来越清醒的认识,即文化差异在持续争取自由和平等的过程中也应该发挥作用。伊丽莎白·克罗尔注意到,中国的女性研究已经开始强调当代中国女权主义的独特社会政治背景,划清它与西方女权主义的界限。[106]儒家民主将不得不包括儒家女权主义,它不是建立在相同性而是建立在个体性基础上的平等。

第四章　伦理—政治秩序

前面两章探讨的个体和共同体的独特观点对杜威和孔子的伦理—政治关系概念具有重要的隐含意义。个体和社会/共同体的不可分割意味着伦理和政治的不可分割。伦理回答"个人该如何生活"的问题，政治则回答"我们该如何共同生活"的问题。问题或许不同，但答案涉及到同一个伦理—政治秩序以及在其中共同生活的个体的和谐与满足。本章探索这种伦理—政治观与迈克尔·桑德尔所说的体现当今自由民主社会特征的"程序共和国"有什么不同。儒家共同体与杜威的共同体相似，偏离了自由主义理想中所要求的政治对善的概念的中立。儒家共同体虽然与现有的自由民主不同，但在杜威式意义上，它也可以实现民主。

程序共和国的政治领域

在杜威和孔子的思想中，伦理在政治中发挥了关键的作用，反过来也一样。这个信念体现在他们的生活方式之中。[1]相反，程序共和国的政治不需要也不应该关心"个人该如何生活"的问题，而是应该确保人人都有平等的机会过自己选择的生活，只要这种特殊的生活方式并不干涉他人的类似自由。挑选的生活方式不一定好，因为正如约翰·斯图亚特·穆勒指出的"对于文明群体中的任一成员，所以能够施用一种权力以反其意志而不失为正当，唯一的目的只是要防止对他人的危害"①[2]。在自由民主中，政府从来不应该向公民强加以幸福生活的概念。

程序共和国认为公平的程序优先于特殊目的，其核心观点是政府应该对公民拥有的道德和宗教观点保持中立。在桑德尔批评的义务论自由主义中，这种中立性以正义的首要性为先决条件（即权利优先于善）。有些人或许基于自由主义已经预设了特别的道德理由挑战中立性主张，有些生活方式要求自由派的正义框架所排斥的社会条件。但是，这误解了自由派宽容的性质。没有一个社会能够包括所有生活方式。柏林指出，"有些大善不能共生，这是概念真理（conceptual truth）。我们注定要选择，每个选择都意味着一种无法弥补的损失"。[3] 人们能够渴望的最好结果就是将这种损失最小化，如支持者所说，自由主义提供了这样做的最好机会，因为它接受了存在众多可靠的善而不是只坚持一种善的概念的可靠性。

罗尔斯通过鼓吹集中在政治性正义概念上的政治自由主义而强化了自由主义的中立性主张。无论是道德的还是宗教的善的概念都不属于政治主张而是属于"综合性学说"（comprehensive doctrine）。政治概念不预先假设任何综合性学说，因为它包括了"人类生活中有价值的东西的概念，以及个人美德和品格的理想，这些指导我们的很多非政治行为（在我们整体的生活范围内）。从定义上说，一个概念要部分具有综合性就必须超越政治学范围而扩展到包括非政治的价值和美德"[4]。作为公平的正义在政治概念上成为多样的、理性的、综合性学说的重叠性共识的焦点。笔者认为，区分政治性与非政治性很难站得住脚，更何况罗尔斯要求一重叠共识而非一暂时妥协（a modus vivendi）也破坏此区分。

罗尔斯依据两个专门特征划定政治领域的边界：它既不像各种协会那样具有自愿性也不像私人关系和家庭关系那样具有"情感

---

① 译文借自《论自由》，程崇华译，9~10页，北京，商务印书馆，1959。——译者注

性"。[5]它属于康德描述的人类"反社会的社交能力"领域,把他和"他无法忍受却无法离开"的人们联系在一起。[6]作为政治哲学中的抽象概念,把政治性和非政治性区分开来毫无疑问是可能的,但问题不在于抽象区分的可能性而是经验在多大程度上能够逃脱政治性正义概念的限制。在排除了幸福生活是什么这个问题之后,我们怎么还能有效解决政治生活中的问题?

在罗尔斯的政治自由主义中,政治不仅涉及政府机构和程序,它还关心政治机构之外的社会和经济机构,即基本的社会结构,这结构"被理解为把主要社会机构合起来组成一个体系的方式,以及如何分配基本权利和义务,影响社会合作中产生的优势分工。因此,政治机构、法律承认的财产形式、经济组织和家庭性质都属于基本结构"。如果基本结构的组成部分成为正义的首要主体是因为它随着时间的推移"影响了社会体制生产和再生产拥有某种幸福概念的人共享的某形式的文化",也因为它是"公民之间因为最初的社会地位、天然优势和历史偶然性而产生的生活前景不平等的来源",那么,在这个领域之外还剩下什么内容呢?[7]

站在罗尔斯的立场上,人们可能认为,正是因为像家庭这样的机构是基本结构的一部分,它并不排除共同利益、目标和关爱的纽带为基本结构运行所做的贡献;让它成为基本结构组成部分的原因是在共同利益、目标和关爱无法提供解决问题的办法时,需要公共正义概念来确立边界。但是,确立这样的边界难道不会破坏共同体纽带的重要性吗?当家庭问题不能在共同利益、目标和关爱纽带的基础上解决时,政治性正义概念就成为解决问题的最明显的工具,但它的解决办法无法修复那些已经遭到破坏的纽带。相反,它们让当事人看不到其他选择,这些选择本来可以重构家庭关系使之成为比公平合作的体系和表达反社会的社交性的单位更好的东西。即使没有造成共同体纽带的破裂,关注正义也可能破坏把人们团结起来的纽带。因为罗尔斯主张政治价值优先于非政治价值,出现这种情况的可能性越来越大。考虑到正义的重要政治价值，即使存在共同利益、目标和关爱的纽带，一旦两者发生冲突，遵循正义的要求似乎也是正确的。"合理有效的政治概念可能使综合性学说屈服于自己的要求。"[8]

罗尔斯没有鼓吹多元主义本身而是鼓吹合理主张的多元主义。综合性学说要在民主社会中获得合理性，其政治价值必须是自由，因为只有认可"一套合理自由的正义概念"，其中之一（或者混合体）有效支配着基本结构，该综合性学说才能分享重叠的共识。支撑重叠共识的合理的自由政治主义价值预设了作为自由平等的人格人政治概念和社会作为一个公平交往体系的政治概念。这些概念只是在范围上不同于综合性自由主义的概念，因为它排除了非政治性内容。[9]

把这些概念限制在政治领域，同时维持在非政治领域中的不同的（如社群主义的）人格人和社会概念可能吗？在罗尔斯看来，社会作为公平合作体系，公民作为自由、平等的人的自由主义政治概念是现有自由民主社会的政治文化中隐含的内容。如果更广泛的背景文化不是自由的，自由主义政治文化到底能维持多久就令人怀疑。罗尔斯声称"政治民主的持久生命力依靠为其提供营养的自由背景文化"[10]。但是，在一些场合，他也把"背景文化"和综合性学说而不是政治联系起来。若不是罗尔斯对重叠共识的发展的描述也破坏了政治和非政治之间的区分，我们本来可以忽略文本上的这些微小冲突的。

罗尔斯在他的重叠共识模式中使用了三个综合性学说：伴随着自由信仰描述而导致宽容原则的宗教学说、康德或穆勒的综合性道德学说和部分综合性学说，该学说并不系统地把不同生活领域的价值统一起来而是在特殊情况下在个人或群体之间保持平衡。罗尔斯区分了重叠共识与暂时妥协。后者缺乏前者的道德力量和深度，因为在重叠共识中"那些认可该政治概念的人的观点即使在社会上的相对力量增加并最终成为主导思想之后,他们也不会收回对此概念的支持"。[11]相反于罗尔斯之见,如果非自由的、非政治的价值观要想长久生存的话,第一个和最后一个学说的政治概念只可能是暂时妥协。而且,如果政治拥有罗尔斯宣称的那种道德宽度和深度的话,更容易出现的场景是自由派的政治价值和预测将破坏非自由的非政治的价值和预测,并按照自己的形象重新塑造后者。

宗教支持自由派的政治性正义观,因为这让信徒有最大的空间在宗教信仰冲突的条件下自由地信仰其宗教。从宗教角度看,这些政治概念并无任何内在价值或正当性,如果能够在不使用暴力或流血的情况下通过接受某种其他政治概念而令一个人改变信仰,宗教信徒就会接受那些政治概念。奥登曾说"新教徒和天主教徒放弃世界主宰观点的唯一理由是因为他们认识到无法成功"[12]。因此,对自由主义政治概念的支持也是一种妥协,因为无法在不使用暴力的情况下改变其他任何人的宗教信仰以及担心被别人强行改变信仰。有人或许认为宗教宽容更进一步,它扎根于承认真正的宗教信仰改变是无法通过武力实现的(因此,自由信仰与宽容之间就有了联系)。把个体意志和良心放在宗教信仰核心的观点本身就是自由主义观点,因为它把理性、思想与个体自主性联系起来,认定只有自主性的行动才有价值。

在缺乏这种自由思想基础的宗教里,人们对自由政治安排的支持是由于认识到在现有情况下违背这种政治安排没有好处,但是如果条件发生变化,他们将不顾其他宗教而追求自己的目标,并觉得这么做在道德上是对的。因此,支持政治概念的协议只是暂时妥协。罗尔斯不同意这一点只是因为他隐含性地赞同康德的观点,从正当性角度看,道德必须优先于宗教①,不过大部分宗教甚至在讲

---

① 服从道德、实现责任、完成义务就是在真正地信仰上帝。引自张政文:《康德:启蒙的宗教批判与宗教认同》,载《光明日报》,2005-10-25。——译者注

第四章 伦理—政治秩序

究宽容的宗教中，道德都处于派生性和附属性的地位。因此，对自由政治概念的支持程度达到重叠共识的宗教只能是那些把个体自主性的自由派观点作为最基本信仰的宗教。

在罗尔斯对暂时妥协如何通过宪法共识的中介阶段演变成重叠共识的过程描述中，部分综合性学说（即一种多元主义观点）发挥了重要作用，因为在此过程中，"综合性观点中的某种松散性以及综合的不充分性就显得特别重要"[13]。不同种类的价值观结合方式的松散性允许自由的政治价值观和非自由的非政治价值观结合起来，但是与罗尔斯的信念相反，这种"松散性"不仅刚开始需要，而且是维持这种"结合"的必要条件，强迫我们的经验变得越来越碎片化。我们可以把生活碎片化到多远而不至于破坏心理健康是有限度的，更不要说它可能破坏我们的道德视角了。如果自由主义政治价值观也是道德价值观（罗尔斯就是这样讲的），那么，政治价值就必须与非政治的道德价值连贯起来。

罗尔斯承认多元主义观点中的价值需要"在特定情况下保持平衡"。谈论平衡给人的印象是，哪些价值分量更重取决于具体情况。但是，如果考虑到罗尔斯的观点，即一旦发生冲突，政治价值战胜其他价值，情况似乎就不同了。可能性更大的结果或许是自由主义政治价值观成为确定其他价值秩序的主宰。道德冲突的反思性决议往往是包括"整个人生"的更广泛伦理思考的组成部分。询问自己在特定情况下在涉及政治和非政治价值观时应该做什么，笔者并不是简单地选择我是何种公民的角度，即使我赋予政治价值压倒性的重要地位，赋予政治和非政治价值不同的相对道德权重的分配本身就提出了一个作为公民的我如何与作为人格人的我协调一致的问题。

如果这种冲突频频发生并有足够强度，非政治价值无可避免地在与政治价值发生冲突后的检验中发生转变。因为伦理反思为整个人生寻找连贯视角的倾向，在越过了某个点后，赋予政治压倒性道德重量将影响非政治价值，即使在两者没有任何直接冲突时。赋予某些价值事先给定的主导地位就限制了伦理反思，只有在政治价值和非政治价值之间存在相互修正的可能性时，伦理反思才充分。

对社群主义者来说，政治自由主义与综合性自由主义一样存在问题。我们已经谈论了社群主义者对自由主义的个人和社会概念的不满，若考虑到政治和非政治的区分的脆弱性，这些概念就不能被局限在政治领域。尝试进行这种区分导致人们把生活碎片化，经验因而陷入分崩离析的状态。此外，如果考虑到政治对个人生活和地方群体生活造成的广泛后果，它还产生一种无助感，甚至最终令人陷入绝望。为了避免共同体和个体经验的道德结构分崩离析，同时无须国家自上而下地强制人人接受统一的道德规范，我们需要一个把政治和伦理结合起来的更完整的途径。在孔子和杜威思想中，我们就找到了这种途径。

伦理—政治目标

杜威对政治的理解主要不在于"分配基本权利和义务，并影响社会合作中产生的优势分工"的结构。[14]这些结构只有在影响人类交往生活的过程时才具有相关性，交往是杜威的起点和焦点。在交往生活（associated living）中，人类行为产生后果，其中有些后果可以被认识到。这种认识导致人们随后努力控制行动以便获得某些后果同时回避其他后果。每当两人或多人互动而出现沟通和反思的可能性后，我们就有了社交情景。政治是社会领域的从属类别。它关心的是对某种特定后果——广泛、持久和间接的后果——的控制。当一个后果影响到那些没有直接卷入交易或者没有被交易者所考虑的人，该后果就是间接后果。

有时候间接后果可能变成直接后果，比如协商参与最初交往的人考虑这些后果，因而扩展交往范围把受影响者包括进来。在后果变得更宽泛之后，用这种方式解决非直接后果的问题会变得更困难，有时候甚至根本不可能。当非直接后果不能直接处理，需要其他手段管理时，它们就变成政治问题。管理这些非直接后果的共同利益促使公众的出现，有组织的公众形成国家。杜威用"state"（国家）这个词并不是指有主权的民族国家而是拥有权威地位的社会安排，其中有些人发出的命令被他人视为合法，而得到服从。那些发出合法指令者是组成政府的代表官员。"通过代表官员发表意见、进行管理的公众机构就是国家，没有政府就没有国家，但是若没有公众，政府和国家就都没有了"（L2.277）。政治是由公众组织、组织起来的公众的活动和国家的活动所组成的。[①]

罗尔斯所说的"基本结构"与杜威的政治领域观并非毫不相干，但是杜威对政治的理解避免了过分强调结构，因为在他看来，这种途径过于热衷于形式而牺牲了内容，错误地把历史偶然产物当作必要本质形式。这是杜威对政治民主的批判之一。"从政治上说，民主意味着一种执政形式，它并不认为某个人或某个阶级的幸福就比其他更重要，它是一套法律和管理体系，把所有人的幸福和利益放在同一水平上，在这些法律和管理面前，人人平等。但是政治民主不是民主的全部，只有在民主是社会性的和道德性的（如果你愿意的话）情况下，它才能够维持下去"（M10.137；L7.348）。赋予政治形式实质内容的是人类生活于交往的方式。交往生活只有在具有反思性的时候才具有人类特征，也就是说它受到智慧探索和规范性理想的指导。若要民主不仅有形式而且有内容，它就必须具有社会性和伦理性。

对杜威来说，民主是政治中的理想，同时也是伦理理想。从政治上说，它指导我们得出解决问题的答案，即如何关照公众在控制交易的广泛、持久、非直接的后果时的共同利益。这个问题必须通

[①] 孙中山曾说："政就是众人之事，治就是管理，管理众人之事，就是政治。"见《孙中山选集》（下），661页，北京，人民出版社，1956。——译者注

过实验来解决，评价各种实验是否成功的形式标准是公众实现的组织程度和官员在履行维护公共利益职责时的表现（L2.256）。但是，这些形式标准本身用来评价政治实验是不够的。公共利益如何界定？如何确定哪些非直接后果需要通过公共行动控制？哪些其他后果是值得追求的？这里所需要的是能为公众实验性地组织它本身的过程提供视域中目的的实践理想。要找到这样的理想，我们要考察无形式、无组织的公众。

在任何政治组织之前，只存在生活在交往中的人。人们要组织起来，要组成公众和国家，就需要交往生活的共同理想。"从个体的角度看，它包括尽到自己那一份责任，责任的大小取决于自己组织和领导所属共同体的活动的能力以及按需要参与共同体所维持的价值。从群体的角度看，它要求解放群体成员的潜力和维护共同体的公共利益和财富，在两者间取得和谐统一"（L2.327）。这种作为共同体理想的民主理想不仅回答了如何把公众组织起来的政治问题而且回答了个人该如何生活的伦理问题，而这个问题与"我们该如何共同生活"的问题密不可分。伦理和政治不可分割，因为它为政治形式赋予了实质内容（L7.348）。

成长是伦理和政治的目标，它成为评价一个行为的伦理品质高低的标准。在任何一个伦理情景中最终起关键作用的问题是：该行动者会变成什么样的人？（M5.194）反思性的道德拓宽了伦理的范围从而把所有行为（至少有这个潜力）包括进来。"道德规范本身不是孤立的题材，因为它不是一件事或一个部门，它标明了生活所有聚合性力量的议题"（L5.275）。一个人的成长不可能出现在社会真空中，她与别人的关系以及社会条件多多少少都会影响她的成长。"只有在社会条件打破特权和财富垄断的高墙之后，个体才能自由地发展、奉献与分享"（L7.348）。政治在一定程度上决定了社会条件的本质。决定社会条件的所有政治机构和政治行动都应该把促进社会每个成员的全面成长作为自身目标（M12.186）。政治关心的内容即普遍的幸福或所有人的幸福"要求个体根据自己的个体性而全面发展。只有在个体拥有主动性、灵活性、独立的判断、经验的圆满之后,其行为才能丰富他人的生活,只有这样才能创建真正的共同利益"(L7.348)。

运行良好的政治和伦理生活(即智慧和道德成长的生活)同时进行。杜威的语言可能误导我们认为他在宣称形成恶性循环的相互需要:如果政治运行不好,那么人就无法过上伦理生活;如果人在伦理上有瑕疵,就不能很好地从事政治。如果这真是杜威的意思,他就陷入自我矛盾之中了,因为他坚持认为即使政治一塌糊涂地"陷入冲突、斗争和失败"的时候,成长还是可能的(M14.226)。个体从其现状开始,能够通过改造自己而改造社会。"我们并没有陷入循环中不能自拔,我们在螺旋中来回移动,其中社会习俗产生一些相互依赖性的意识,而这种意识体现在一些行动中,这些行动在改善环境的当儿又产生对社会纽带的新认识"(M14.225)。

杜威有时候指某物是另外一物的"必要条件",当"它们是同一事实的两个名称时"(L7.185)。最明显的解释是把这作为逻辑蕴涵的例子:政治运行良好和伦理不是两个现象而是一个现象,所以人们说任何一方都是另一方的必要条件(即在逻辑上,一方隐含着另一方,反过来也如此)。但是,这里牵涉的不仅仅是逻辑蕴涵问题。反对恶性循环的意见建立在把因果性作为外在关系的理解基础之上,这与杜威对经验持续性的理解格格不入。政治运行良好和伦理是有关系的,正如目标与手段在实践中的关系一样。手段有时候是目标的组成部分,若从不同的视角看,手段或许成为目标,目标或许成为手段。正是在这个实际意义上,政治运行良好和伦理就像目标与手段一样"是同一现实的两个名称"[15]。

政治参与是个人成长的一部分。当一个人更善于发现和使用智慧的手段引导行动后果,批判性地思考她视域中目的的本质及其理想的含义,并使这些理想更有包容性和持久性,她就是在成长。视域中目的包括治理非直接后果,而实现这些目标的手段常常是政治手段。获得更好控制环境的能力,与环境进行更好的互动,有利于个人的功能(成长),而政治参与是这种努力的重要方面。伦理目标统一和扩展了个人的力量和利益,杜威认为这种目标是社会目标(其中包括政治目标)。"只有当人性的因素参与到指导共同事物,也就是男男女女组成的如家庭、行业、公司、政府、宗教、科学协会等群体的事物中时,人性才得到发展"(M12.199)。一个仅仅关注自身需要和利益的人在伦理上是不完善的,因为她没有认识到人的社会性,没有思考这种社会性的价值和要求。

通过采取忠诚于和他人的关系的行动形成的自我比在孤立中形成的自我或反对考虑他人目的和需要的自我更充实、更广泛(L7.302)。个人的伦理成长意味着让自己视域中目的和理想变得更加包容他人的幸福。在这方面,个体行动在私下交易中能得到的东西在范围上非常有限,在有些情况下完全没有任何效果。杜威引用了简·亚当斯的话"在要求社会道德的时代获得个人道德,在要求社会调整的时代为自己的个人努力感到自豪是完全无法理解情况的"[16]。这种失败是因为"道德探索的对象被越来越多地推到经济和政治探索的具体问题范围之外"的事实(L15.232)。把善的概念问题从政治领域排除出去使得伦理和政治都不完整,让所有人的交往生活都没有成就感。

杜威论古代中国的政治

考虑到杜威的成长观和儒家的个人修身观的共鸣,人们可能期待这些观点在有关政治和伦理关系方面发挥的类似作用。在我们探索儒家的伦理—政治目标及其与杜威观点的相似性之前,我们需要考虑两者对比的潜在障碍。杜威在《公众及其问题》中探讨国家界限时,描述了中国古代的人际交往过于"狭隘、封闭和亲密",因而没有政治性（L2.262）。他怀疑中国是没有国家的社会，这源于他相信中国在"亲密的、熟悉的近亲群体"、家庭和"遥远的神权国家"之间没有其他组织。从传统上说，西方社会沿着把家庭和家庭之外的内容区分开来的那条线在私生活和公共生活之间划出清晰的界限（沿着个体/社会边界确定私人/公共分界是最近的新发展）。那些被认为属于"家庭"的内容随着时间和社会的不同而有所差异，现在有一种更狭隘定义的倾向。虽然有些理论认为家庭关系是其他关系的模范，如兄弟博爱，但是在日常的交往中家庭/社会区分仍然非常清晰。

在中国人的思维中，虽然"家"包括了西方的"家庭"，但在我们之前讨论这个观点的灵活性时所看到的情况，它从来没有被仅仅局限在这个意义上。正如西方实践和"兄弟博爱"相差很远一样，中国的实践或许与理想相差很远，但中国的"天下一家"观点的力量依然更为强大，因为家作为群体可由成员出入，其字面意义和隐喻意义之间以及理想和现实之间的界限也不是那么突出。从哲学上说，儒家的伦理愿景将各种儒家关系紧密地联系起来，但是认为"所有美德都可以简化为一个孝字"的说法过于夸张。如果考虑到从汉朝以来给予孝道这个特殊价值压倒一切的权重，这种说法当然可以理解。儒家的五伦观念非常清楚地指出，虽然可以在家庭关系和非家庭关系之间进行对比，但在每一种关系中各方对相互的要求是不同的。有趣的是，杜威只提到了儒家五伦中的四伦，偏偏漏掉了有明显政治关系的君臣关系（L2.262）。中国皇权时代的政治服从建立在个人忠诚和尊重老者（尤其是父亲）的基础之上，而不是被这些关系所替代。为了论证帝皇式威权的合理性，国家正统思想确立了父权威权（paternal authoritarianism），但这并非儒家教义的组成部分。徐复观非常有说服力地论述了儒家家庭主义并不支持威权主义的观点，儒家家庭观的焦点是对别人的爱和关心，这在实践中反而减缓了中国威权主义的某些极端做法。这些做法是后世对儒家思想的歪曲，主要归咎于法家《孝经》的影响，该书把家庭主义当作独裁者的工具。[17]

如果我们把政治看作是对行动的广泛、持久和间接后果的治理，那么古代中国并不缺乏政治。这样的后果能够出现在家的层次上，它常常是比现代西方所理解的家更大的族群，也能够出现在村镇的层次甚至整个国家的层次上。虽然求助于法律是丢人之事，因为它表明了伦理关系的崩溃，无法通过伦理手段修复人际关系，但是从历史上看，中国的确不缺乏争执诉讼。孔子承认利用刑法、行政命令和法院解决冲突的必要性，不管他是多么渴望不需要这些东西的共同体。这些是特意采取的控制那些促成公众产生的间接后果的手段。[18]

孔子时期的"国家"更小些，因此还没有杜威谈论的帝国那么遥远。即使秦统一以后，中国人的国家也未必像杜威暗示的那么遥远。对中国许多地方社群来说，"山高皇帝远"。帝国首都发生的事对皇权时代中国边疆的偏僻村庄没有多少影响，但帝国官僚对民众的影响比杜威认识到的程度更大。帝国政府任命的官员被派往遥远的地方，虽然他们在日常管理活动中有相当程度的自主权，但他们最终必须向首都的最高当局负责。官员不仅仅是执法者。地方官至少也收税、启动和管理公共工程、在某些社群礼仪上担任领袖角色以及参与或主持众多其他群体活动。一旦发生自然灾害，他们要向中央政府汇报、申请赈灾、发放救济粮款。如果"民众认识官员却对他们敬而远之"，那是因为官员在维护杜威所说的"公众利益"方面做得太糟。

国家的"价值在于它不做之事"（L2.262），这个观点或许可以在无为观念中找到，孔子认为无为就是圣王舜治理国家的方式（无为而治者，其舜也与？夫何为哉？恭己正南面而已矣。——《论语》卫灵公第十五第4节），这种成就即使在孔子时期也再没有重复过，此后当然更没有出现过。有些人甚至更进一步说舜本人就是个神话，是用来阐述儒家伦理—政治规范的重要神话。无为的国家仍然是国家，虽然其政治形式很罕见。杜威本人有时候似乎没有充分认识到他重建的政治概念的潜力，过于专注他自己熟悉的政治形式了。

在彼得·马尼卡看来，杜威对"国家"的理解受到如下定义的隐含意义的限制，即国家是"拥有主权和合法使用暴力的垄断地位的法律实体。每个国家都划定出扩大的领土边界和非常庞大的人口"[19]。在对比统治者和被统治者时，政府通常就隐含着支配，统治者对被统治者的合法支配。但杜威认为"政府"意味着"代表官员"，一个人只要代表了公众，公众通过她来行动时就是担任了公职。在这个意义上，公民选民就是公共官员，就是政府的组成部分（L2.282）。杜威的政府概念打破了统治者和被统治者的界限。公共官员的功能并不认可合法支配权。强制性不是杜威的"国家"概念的必需特征。马尼卡认为杜威的自由主义和民主哲学比"共产主义或自由主义更多无政府主义色彩"，这里无政府主义的意思是无支配治理（anocracy）。[20]①

要充分认识杜威的概念重构，社会—伦理民主的政治形式不应该被等同于我们已知的特定政府模式。即使假设民主政府形式必须是"法律和管理体系"，这或许允许现实对可能性造成过多的限制。这不仅仅是乌托邦要求，对这种可能性的认识是对信口开河的假设的一种保护，即认为每个政治问题的解决办法都必须是某种法律或政府机构或行动。杜威坚持政治形式的多样性，他一再告诫读者不要仓促判断哪种政治形式最好。我们所知道的政府形式，即法律和管理体系现在或许是必要的，但这并不意味着它们永远是必要的。"就政治安排来说，政府机构不过是获得高效运作的思想渠道的一

---

① 请注意：民主国家（democracy）、独裁国家（autocracy）与无支配国家（anocracy）。——译者注

种机制"（L2.325）。

在杜威看来，莱因霍尔德·尼布尔和沃尔特·李普曼等民主批评家常犯的错误是把民主国家的现有政治形式当作"必要特征"，其实，它不过是规范性理想指导下的实验过程中等待转变的东西。要恢复我们对民主的承诺和危险的认识，我们就需要放弃对现有和已知政府形式的任何固定观念，这正是杜威哲学试图要做的事。"如果一个人在杜威的著作中进行用'无政府主义'替换'民主'的实验，她可能更好地获得（为此复原）所需要的努力。"[21]

儒家的无为国家向我们展示了一个能够实现杜威的无支配治理的政治理想的替代性政治形式。从多数西方观点来看，政治力量具有强制性，法律是控制间接后果的最常见手段。在杜威看来，法律的作用就像"把行为限制在规定界限内的堤坝和渠道，以便得到相对可预测的后果"（L2.268）。在孔子看来，礼仪实践（社会习惯）是实现同样目标的更好方式。政治力量不一定在制订和执行法律的人手中，这个力量若在另外一些人手中可能好得多，他们因为优秀卓越而引导人们如何"设身处地替他人着想"。杜威认为，除了与我们最亲近的人，要有相当把握地确定自己行动对他人的影响需要借助"客观规则"。孔子认为，仁德君子就扮演了这个角色。她"设身处地替他人着想"的成就不纯粹出于情感而且也是认知能力。[22]无为的国家是组织起来的公众，它获得了使用具体手段（礼）实现控制广泛、持久、非直接后果等具体目标的力量（德），从而实现一种伦理—政治秩序。对儒家来说，政治不仅远非"被道德淹没"，理想的社会即儒家共同体并非不涉政治的伦理成就而是伦理—政治成就。

圣王：一个引起疑问的理想

担心其政治概念之间的差别过于巨大以至于根本无法对比杜威

第四章　伦理—政治秩序

和早期儒家有关伦理—政治关系的观点是无根据的。我们将会看到杜威哲学和早期儒家存在相当多的共鸣。儒家学说中政治和伦理密不可分的讨论常常围绕在内圣外王的概念上。这个术语并非来自孔子而是来自庄子（圣有所生，王有所成，皆原于一……是故内圣外王之道。——《庄子·天下》）儒家对这个说法的挪用在宋朝时已得到广泛接受。按照《宋史》和《宋元学案》的说法，宋朝著名儒家学者程颢（1032—1085）称赞另外一个儒家学者邵雍（1011—1077）示范了"内圣外王之道"。但是，把圣境和王权联系起来是更古老的做法。我们在《孟子》（滕文公章句下第9节）中就发现"圣王"的说法。秦家懿把结合了神的睿智和人（尤其是政治）的功效的圣王范式追溯到商朝和周朝之前的远古萨满教国王时代（公元前三千年甚至四千年）。[23]

对圣境和王权在儒家中联系起来的方式有很多不同的解释。一个普遍的观点是治人是修己的"外在表现"。只有不断修养内心，才能成为"仁人君子"，才能达到内圣，也只有在内圣的基础上，才能够安邦治国，达到外王的目的。陈熙远在分析《大学》中有关伦理修养过程带来社会政治秩序的段落时令人信服地指出，这种解释把修身努力限制在过程的第一阶段即穷究事物或事件的道理（格物），剩下的部分就像骨牌效应一样自动产生。因此过程变得过于简单化和非常不可信。更充分的解释是把个人伦理修养看作需要"实现"于社会政治秩序，在不同的阶段，家庭、国家和世界等，要求政治参与。[24]

内圣是外王的充分条件、必要条件还是充分必要条件呢？要求最低的解释是宣称内圣是外王的必要条件但不是充分条件。这化解了圣人不一定是国王的反对意见，但仍然需要面对国王不一定是圣人的明显反对意见。对付这个问题的方法之一是把实际国王和"真王"区分开来。虽然这种区分在我们把"王"翻译成"true kings"（真王）时变得很明显，显示出规范性意义，但原汉语中仍然存在描述性使用和规范性使用的模糊性，这毫无疑问促成了事实上的统治权用圣王范式为他们拥有的政治支配地位赋予规范性的特权，虽然这种支配地位是通过强制手段而不是伦理高尚获得的。宣称达到圣人境界是外王的必要条件但不是充分条件，而且这里的王权不是指实际的政治统治而是符合统治的规范性要求，这就在保持了理想的同时承认其真正实现过程会遭遇巨大困难。至于内圣或外王的充分条件到底是什么，没有人给出能经受历史检验的令人满意的答案，但错误或许就在于试图找到圣王的必要条件和充分条件。

圣王范式的意义在于它宣称只有圣人才适合担任国王。该范式发挥了一个重要的功能：它提供了一种用以评价和批判当权者的规范，在中国历史发展过程中，它也有积极的影响。[25]但是，李泽厚认为内圣外王的理想已经过时，只适用于家族政府的部落社会。在周朝封建制度崩溃到拥有"道德形而上学"的宋朝之间有许多取得令人钦佩的政治成就的人（儒者？），但是他们不配称为圣人。李泽厚把宋朝以来儒家在政治上的失败归咎于他们试图把政治从属于"泛道德主义"。秦家懿虽然没有把圣王范式当作不切实际的理想而抛弃，但仍然同意内圣外王中存在越来越多的分歧和差异，宋明期间，内圣凌驾于外王之上。她还指出了圣王理想的危害：正是对圣王的痴迷应该为中国人的政治冷漠承担部分责任，以至多个世纪以来，他们"从来没有期待开明君主或者该说是开明专制主义之外的东西"。[26]

如果一个人说内圣和外王不仅仅有关联而且是统一的整体，那么一方的存在意味着另一方的存在就不仅是逻辑意义上的推论而且出现在杜威的"实践"意义上。如果中国历史上没有真王，那也没有真圣人，反过来也一样。实现的问题，即儒家的实用性问题，不仅可以通过重新定义"王"的含义，而且可以通过把话语焦点转移到整个共同体的伦理—政治发展的整个过程上而不是个体的最终成就上来处理。在此过程中的每个阶段，伦理修养和政治参与相互促进，伦理成就和政治成就相互隐含，但从一个阶段到下一个阶段的进步具有偶然性。太常见的是，有关政治和伦理分歧的反对意见混淆了该过程的不同阶段或把过程的部分当作整体，如被尊为圣人的人，无论其成就多么令人钦佩，仍然没有实现圣王理想。

若从圣王出现的角度看，谁也无法保证最终的成功，但这并不能作为判断儒家学说是否切实可行或是否成功的标准。在评价儒家把政治和伦理结合起来的任何一个尝试时，人们需要记住成功并非要么全有要么全无，每一种生活、每一种事业，无论是政治还是其他，每一个人无论是国王还是农民都是成功和失败的混合体。正如杜威的规范性理想，儒家的圣王理想或许无法实现，但这并不说明任何人都不可能用一个有意义的方式把政治和伦理结合起来，也不能说明至少在某个时期在适合她自己的伦理—政治发展的阶段不可能取得成功。这个途径就以《论语》这本书为基础。

君子：伦理—政治视域中目的

如果中国政治中的圣王范式促成了"强人的诱人召唤"——某些儒者偏爱威权政府，这当然不是孔子的错。《论语》中并没有出现圣王的概念。"圣人"只出现在六篇中，其中四篇是孔子本人之言。他对圣人的唯一描述是"能广泛地施给人家好处，又能救济大众的人"（"如有博施于民而能济众，何如？可谓仁乎？"子曰："何事于仁，必也圣乎！"——《论语》雍也第六第 30 节），很难说这是在鼓吹威权政府。后世的儒者，从孟子开始在谈到圣人时就不如孔子寡言，不仅尧舜被视为圣王，而且孔子和其他人也被提升到圣人的地位。但孔子否认自己是圣人，而且说连尧、舜也难以达到这个标准（若圣与仁，则吾岂敢？抑为之不厌，诲人不倦，则可谓云尔已矣。——《论语》述而第七第 34 节；见雍也第六第 30 节）。《论语》不仅支持把政治—伦理统一性的讨论焦点从圣王范式转移开来而且表明了转移的方式。

在《论语》中，伦理生活是特别复杂的议题，根本不能用单一模式解释。但作为开端，人们或许可以看看孔子对自己生活的描述（见《论语》为政第二第 4 节）。伦理生活开始于学习，对孔子来说，首先和最重要的学习就是成为君子。孔子哀叹他从未遇到圣人，但是如能见到君子他也满足了（见《论语》述而第七第 26 节）。圣人或许是最高理想，但非常难以实现，讲究现实的孔子并没有把圣人作为学生追求的目标。虽然圣境总是作为背景中的规范性理想，孔子讲述的更多内容是所谓视域中目的，因人而异。这解释了为什么对不同学生提出的同一个问题他会给以不同的答案（君子、仁、政是什么）。每个特殊答案都旨在说明该提问者应该怎么做以便实现其视域中目的。

伦理生活有不同的模式：士、善人、贤人、大人、成人。这些词在《论语》中被提到的频率不像君子或仁者那么多，其重要性也不相同。[27] 在周朝早期文献中，君子指的是"君主的儿子"。卜弼德指出，君子可能指那些出身于贵族，但因为某种原因永远不能成为真正君主的人，因而永远是"君主的儿子"。[28] 如果这个术语真的指失去阶级特权者（declassé），它就强化了把政治—伦理统一性的焦点扩展到当权者之外的人身上的做法。大部分评论家更多关注君子这个词所指的贵族出身或地位，而不是它"失去阶级特权"的含义。君子也可以是君的简称，指确实拥有政治权力的人。

郝大维和安乐哲阐述了君子的字义与通过政治参与而不断扩展的个人秩序有连带关系。[29] 不管君子的实际权力在孔子时代及之前情况如何，孔子教导中的君子模式仍然是使政治参与和个人伦理成长的追求同时进行。在把用来指代社会/政治地位的称号转变成伦理楷模的过程中，孔子并没有剥夺该词的政治内涵。《论语》中提到的君子的许多方面都涉及社会政治性内容（见公冶长第五第 16 节，宪问第十四第 42 节，子张第十九第 10 节，尧曰第二十第

2节)。政治参与是学习伦理生活的过程的一部分(见《论语》学而第一第 7 节)。

孔子和孟子都花费人生的大部分时间试图找到愿意接受其治国建议的君王。从政的伦理要求一直是儒家主题。无论《论语》还是《孟子》都热衷于有效的和伦理的政治参与艺术。参与必须出现在适当的情况,不能随便地接受一个政治职务。孔子暗示他在"待价而沽",等待有人对他的才干作出合适的评价(见《论语》子罕第九第 13 节)。鲁国大夫季桓子沉溺于自己的享乐,不理国政,孔子就离职而去(齐人归女乐,季桓子受之,三日不朝。孔子行。——《论语》微子第十八第 4 节)。孟子倾向于采取更实用的态度。他把得到尊重作为继续从政的理由,即使自己的言论被忽略,在迫不得已的情况下,如为了"免于饿死",甚至可以接受不听从自己言论的君主的施舍(见《孟子》告子章句下第 14 节)。

笼统地说,不从政的唯一合适理由是能力不足或时代的政治环境让从政成为社会政治秩序无效的方法。[30]"好一个君子蘧伯玉啊。政治清明就出来做官,政治黑暗就把志向本领收藏起来"(君子哉蘧伯玉!邦有道,则仕;邦无道,则可卷而怀之。——《论语》卫灵公第十五第 7 节)。退出公共职务不仅仅是为了保全性命,重点在于只有在能带来改变的情况下才从政。儒家传统充满了对那些为了民众利益试图影响昏君不惜冒险牺牲性命者的赞美(微子去之,箕子为之奴,比干谏而死。——《论语》微子第十八第 1 节)。

在《论语》中,我们看到参政的压力在不断增加。最初,孔子似乎满足于孝顺父母、友爱兄弟等就算是参政(见《论语》为政第二第 21 节)。后来,他愿意为叛乱者提供建议以及为那些人品可疑的人提供指导(见《论语》阳货第十七第 5 节、第 7 节)。在评论那些退出官场以保持理想和正直品德的古人时,孔子认为自己与他们不同,因为没有"什么可以,也没有什么不可以"(无可无不可。——《论语》微子第十八第 8 节)。虽然孔子建议天下有道就出来从政,无道就隐居（天下有道则见，无道则隐。——《论语》泰伯第八第 13 节），但是我们发现，子路认定即使在政治黑暗时，一个人必须尽自己的努力改造现实而不仅仅退隐了事，这很可能得到孔子的支持。"不做官是不合义理的，如果长幼间的关系是不可能废弃的，人们又怎么能考虑放弃君臣关系呢？"（不仕无义。长幼之节，不可废也；君臣之义，如之何其废之？——《论语》微子第十八第 7 节）

前面的章节考察了伦理过程如何促成人格人的成长和共同体的构建。人格人和共同体的成长或许可以被理解为仁。梁启超认为孔子的伦理和政治观点根源于他的仁。萧公权也认为孔子思想中的仁把政治和伦理结合起来，把个人和他人结合起来，把家庭和国家结合起来。陈荣捷等人认为仁是笼统的美德，所有具体美德都可以归纳到它的名下。[31]陈荣捷或许走得太远了，但像智和勇常常与仁联系在一起。很少令人怀疑的是，无论一个君子拥有什么样其他的品质，仁是君子行为的核心。"君子抛弃了仁，怎能成就他的声名呢？君子从来没有在吃完一顿饭的时间内离开仁，即使在仓促匆忙的时候也一定与仁同在，即使在颠沛流离中也一定与仁同在。"[32]（君子去仁，恶乎成名？君子无终食之间违仁，造次必于是，颠沛必于是。——《论语》里仁第四第 5 节）《论语》常常互换性地使用"仁者"和"君子"，用相似的词语描述他们。[33]

仁行就是设身处地替他人着想。"仁人嘛，自己要有建树，同时也使别人有建树；要提升自己，同时也提升别人。"（夫仁者，己欲立而立人，已欲达而达人。——《论语》雍也第六第 30 节）立己和立人的关键就是依靠礼仪："不学'礼'，便没有立足社会的依据"（不学《礼》，无以立。——《论语》季氏第十六第 13 节）。孔子突显了他采取立场确立自身地位的能力，这要求熟练掌握礼仪规范，他在三十岁的时候能略有建树（三十而立），这是生活的关键阶段。一个人依靠礼仪实践成为仁者。如果有一天，能通过修身和礼仪践行仁德，那么"境内的人高兴，远方的人来投奔"（近者说，远者来。——《论语》子路第十三第 16 节),随着时间的推移,天下的人都会归向仁(天下归仁焉。——《论语》颜渊第十二第 1 节)。仁者有效地参与政治。"抑制自己,履行礼,就是仁"(克己复礼为仁。——《论语》颜渊第十二第 1 节)。《左传》明确给出了仁的政治含义,里面记述了孔子把楚灵王的政治麻烦归咎于他没有能做到仁。[34]遵循《论语》的说法,孟子反复讨论"仁政"从而进一步强化了仁和政的联系,荀子则强化善政与礼仪的关系。

依靠礼仪的仁行是构成个人的人际关系的伦理建设。"伦理"这个词常常被用来指"ethics"。伦理是"重要关系的适当模式"。按郝大维和安乐哲的观点,笔者把"理"翻译成英文时选择了"pattern"(模式)而不是更多哲学意味的"reason"(理智)、"rationality"(理性)或"principle"(原则)(这些术语与先秦中国思维的契合性令人怀疑)。用"适当的"修饰"模式"确认了礼的规范性一面,虽然笔者需赶紧补充说我们不能不加分别地使用事实—价值二分法。虽然如此,并非所有安排都有资格成为礼。礼是适当模式或体现秩序的规范。儒家的五种最重要的关系——君臣、父子、夫妇、兄弟、朋友被称为五伦。"ethics"作为伦理,即重要关系的适当模式,便是如何相处以至产生和维持共同体和谐的问题。

从这些术语来理解的话,伦理和政治就无法分割了。这种不可分割性也体现在用来指"ethics"的另一个词语:道德。表示道路的道有带领的意思(导)。王道长期以来一直是儒家话语的主要话题。包含在天命(通常被翻译成 heaven's mandate)概念中的政治合法性与周朝时期以来的德联系在一起。孔子说"用德来治理国政,便会像北极星一样,静静地处在它应处的位置上,众多星辰都环绕着它"(为政以德,譬如北辰,居其所而众星共之。——《论语》为政第二第 1 节)。在早期儒家中,道德目标就是政治目标,政治目标也是道德目标。

现代汉语中用来翻译"politics"的"政治"一词也出现在古代中国典籍中。政通常指管理的政治活动,治通常指获得的秩序。按照孔子的说法,"政就是端正,你自己带头端庄,谁敢不端正呢?"(政者,正也。子帅以正,孰敢不正?——《论语》颜渊第十二第17节)[35]判断是否正的标准是它对伦理品质和共同体和谐的发展所做贡献的大小。被郝大维和安乐哲翻译成"attuning hearts-and-minds",被刘殿爵翻译成"rectifying the hearts"的"正心"一词是个人道德修养(修身)和最终带来世界和平的重要组成部分。[36]孟子认为,义是人类最正确的道路(义,人之正路也。——《孟子》离娄章句上第10节)。在荀子看来,通过礼仪让人们行为适当是个人修养的核心(礼者,所以正身也。——《荀子》修身第二)。

君子是"接近有道的人以匡正自己的人"(君子食无求饱,居无求安,敏于事而慎于言,就有道而正焉,可谓好学也已。——《论语》学而第一第14节)。在孔子看来,如果君主带头端正,没有人敢不端正(见《论语》颜渊第十二第17节、第19节)。最理想的政治就是以身作则。"如果你自身端正了,天下的人自然会归向你。"(其身正而天下归之。——《孟子》离娄章句上第4节)孔子也描述了善治的情形,"君要像君,臣要像臣,父亲要像父亲,儿子要像儿子"(君君、臣臣、父父、子子。——《论语》颜渊第十二第11节)。运行良好的政治通过确立适当的人伦关系而带来秩序。要生活美好就必须适当参与政治,而适当参与政治,在修身的同时必须有助于他人的伦理成长。政治成就和伦理成就成为同一枚硬币的两面。

民本

杜威和孔子从不同的途径得出了同样的结论,即伦理和政治密不可分。途径虽然不同,但标示出来的重要路标非常相似:以个体的社会性为前提的个人伦理发展的概念、强调政治中的伦理问题、由每个成员的自身发展构成的伦理—政治秩序和共同体的观点、

第四章 伦理—政治秩序

"自下而上"产生伦理政治秩序的认识。在探索它们的相似性时，笔者重构了儒家以便把政治的边界拓宽到统治者的活动之外。早期儒家用政治参与的术语谈论的政治和伦理观点就已经超越了政府管理的传统理解，但这种参与的本质是什么？其宽泛程度如何？在杜威看来，理想的伦理—政治秩序是"民治、民有、民享的政府"[37]。对于儒家的伦理—政治秩序来说，我们也能这样说吗？

1919年，五四运动的领袖之一陈独秀宣称，"为了推动民主，我们就必须反对儒家学说"。因为坚信"儒家与君主制不可分割地连在一起"，五四运动激进分子并没有区分建立在孔子教导基础上的哲学传统的儒家和作为国家正统思想的儒家。[38]儒家或许接受君主制政治结构为当然，但君主制不一定是儒家的必要组成部分。在1930年代，陈独秀承认五四运动的口号"打倒孔家店"虽然在政治斗争中发挥了重要作用，但对孔子和孟子等思想家是不公平的。儒家哲学和帝国正统思想之间的区分得到温和派如胡适（虽然他在传播和普及反对儒家的口号中发挥了重要作用）等人的认可。胡适认为儒家观点和机构也可以用来作为中国建立民主的基础。[39]

虽然保守的儒家抗拒变革，反对民主，但20世纪初中国知识分子精英中有些人曾经游历过英国、美国，他们对那里的民主体制印象深刻，把这些与"古代中国的黄金时代"进行对比。康有为通过重新解释儒家经典得出孔子是民主的最热情鼓吹者的结论。这种新范式支配着古典儒家研究一直到五四运动时期，连康有为的政治对手也接受这个观点。主张共和的儒家人物如刘师培和章炳麟试图把中国的民主观点的根源追溯到古代的儒家文献。中华民国的缔造者孙中山也引用经典文献中的段落强调民生是政府的目的，民众有权反抗那些不关心民众福利的君主，以此为中国古代民主思想的证据。[40]（"孔子说：'大道之行也，天下为公'。便是主张民权的大同世界。又'言必称尧舜'，就是因为尧舜不是家天下。尧舜的政治，名义上虽然是用君权，实际上是行民权，所以孔子总是宗仰他们。

孟子说：'民为贵，社稷次之，君为轻。'又说：'天视自我民视，天听自我民听。'又说：'闻诛一夫纣矣，未闻弑君也。'他在那个时代，已经知道君主不必一定要的，已经知道君主一定是不能长久的，所以便判定那些为民造福的就称为'圣君'，那些暴虐无道的就称为'独夫'，大家应该去反抗他。由此可见，中国人对于民权的见解，二千多年以前已经早想到了。")①

试图把孔子和孟子变成民主理论家是徒劳的错置时代错误。值得考虑的内容是儒家文献中拥有对民主有利的文化资源。正如金耀基注意到的，儒家伦理和价值观仍然是东亚社会充满活力的文化力量，如果要发展全面的民主，民主观就必须与儒家学说协同一致。[41]对相信民主的儒家来说，找到一种符合民主要求的儒家诠释至关重要。新儒家学者论证儒家社会中的民主发展不是外部强加在自己身上的东西而是文化发展的自然方向。

在1958年发表的《为中国文化敬告世界人士宣言》中，五位新儒家认为儒家的伦理—政治理想要求人人参与政治，"政治上之民主制度之建立对中国历史文化之发展成为必需"。他们确信"马列主义思想本身，总是归于被否定，而中国文化之客观的精神生命必然是向民主建国之方向前进"[42]。

马列主义或许已经被抛弃，如果不是口头上至少在实质内容上如此，但对中国文化的民主方向我们没有多少理由感到满足或感到任何的确定性。民主的道路将是不平坦的，人们渴望的目标也绝非必然实现。在儒家和民主之间建立相容性不一定保证中国或任何儒家社会的民主的历史必然性，但是相信儒家民主的可能性和愿意付出最大努力去实现它的信念将促成我们为实现儒家民主而努力奋斗。

鼓吹民主的儒家广泛使用了"民本"的思想。金耀基说，民本

---

① 《孙中山全集》第9卷，民权主义第一讲，262～263页，北京，中华书局，1986。——译者注

传统抓住了中国历代政治思想的重要主题，但黎安友认为，用民本的语言来推动民主涉嫌过分夸大原来的思想，因为那时人民对政府的唯一合理要求是福利——"从来没有意味着民权或民主"。黎安友批判中国民主的背景是他把民主理解成美国政治体制，即"强调个体权利，宽容政治上表达对抗和冲突的言论，承认个体和群体合法地使用政治过程迫使国家服务于自私的利益，以及司法审查体系"[43]。这是杜威认为最缺乏启发性的政治民主。虽然他的途径强调个体权利和对民主的现实主义概念，与我们当前的尝试格格不入，但是黎安友突显了中国传统中的一些严重缺陷，虽然这些不是儒家理想的组成部分，但如果儒家民主要在中国出现的话，确实需要得到有效的处理。

民本作为"民治"的民主基础是远远不够的，黎安友不是唯一持此观点的人。梁启超认为民本抓住了"民享和民有"的概念但没有包括"民治"。萧公权在评价孟子解释"民重"概念时把它和现代民主做了区分，"民本概念只是从'民享'的观点开始，逐步走向'民有'，'民治'的原则以及民治所需的制度则是孟子闻所未闻的东西"。刘述先认为儒家的民本概念与德政密不可分，与非民主的君主政治可共存。[44]

对那些想把民主的根扎于儒家土壤的人来说，能否把民本概念扩展到"民治"是必须严肃对待的话题。按照《劳特里奇哲学百科全书》的说法，"民主意味着人民做主，这与特别的人或群体做主形成对比"[45]。杜威也借用林肯的民主定义强调"民治"。杜威高度怀疑任何政府如非民治可否长久维护人民利益而不是管理集团或官僚体制利益（L17.474）。就中国历史而言，政府常常是为了统治集团利益而不是为全体民众利益的。可以说正是因为中国没有民治政府，儒家的"民享"承诺才造成如此可怜的结果。

但是，我们必须以适当视角理解这个判断，不妨问一句历史上有多少国家可以宣称在把人民利益放在统治集团利益之上方面做得更好些。可能有人说美国的政治制度被利益集团挟持支配的程度高得令人怀疑是否还存在"民治"政府。自由民主的某些亚洲批评家认为,亚洲政府在没有自由民主制度的情况下能够为民众带来更多的利益。像莱布尼茨和伏尔泰等17世纪和18世纪初的欧洲思想家相信,如果和欧洲当时的专制政府相比,中国的威权主义相当开明,为中国人民带来了更多的利益。[46] 当法国国王路易十四宣称"朕即国家"(L'état, c'est moi)时,他是在宣称神圣特权可以随心所欲支配国家及其臣民,但当时的中国皇帝宣称"家天下",从儒家视角看,这是一种责任而不是权利,这种判断是有道理的。当然,这并不否认在现实中有太多统治者背叛了这个责任,使其专制程度与法国国王无异。

儒家对君民规范性关系的认识很多归功于民本观。民本这个词可以追溯到《尚书》:

> 民惟邦本,本固邦宁。[47]

虽然这个段落出现在被认为是后世伪作的一章中,但它表达的思想也可以在《诗经》(公元前1000—前600)中找到,其中描述了统治贵族是"民之父母"。武王的父亲和周朝创始人文王是《诗经》中众多诗篇称赞的对象,他们为民众造福是他们得到推崇的核心内容。[48] 不管它是否先于孔子,民惟邦本的思想在《论语》中非常明显,而且非常清晰地体现在孟子的民贵君轻主张上:"百姓最为贵重,其次是象征国家的土神和谷神祭坛,君主最轻"(民为贵,社稷次之,君为轻。——《孟子》尽心章句下第14节)。在荀子看来,人民的存在不是为了君主,但君主的存在是为了人民(天之生民,非为君也;天之立君,以为民也。——《荀子》大略第二十七)。

人民的重要性给予君主重大责任,因为君主的存在理由(raison d'être)就是关照民众。孟子和荀子都详细阐述了孔子的善政观,真王应该实行仁政,把民众的需要和利益放在首位。孟子认为

第四章 伦理—政治秩序

实行仁政的政府"是凭着怜悯心来实施怜悯人的政治"（以不忍人之心，行不忍人之政。——《孟子》公孙丑章句上第6节）。荀子说，君主"就是能够把人组成社会群体的人。所谓能够把人组织成社会群体是指善于养活抚育人，善于照顾人，善于促成伦理—政治秩序，善于根据人们不同的特性领导他们，限制他们的缺点，改善他们的品德"（君者，何也？曰：能群也。能群也者，何也？曰：善生养人者也，善班治人者也，善显设人者也，善藩饰人者也。——《荀子》君道第十二）。孟子的善治或仁政概念是孔子为民众提供物质福利和教育的建议的延伸。[49]虽然荀子不同意孟子把孔子的伦理政治理想变成现实的某些方法，但他对君民关系的规范性的解释并没有偏离孔孟的主轴。荀子比孔孟更加重视法律，但他推崇的法律是真王的法律，即"用来养育民众的手段"（王者等赋、政事、财万物，所以养万民也。——《荀子》王制第九），这也是他强调君主建立礼仪规范的原因之一，因为礼仪是"养民的手段"（故礼者，养也。——《荀子》礼论第十九）。荀子的"养民"观也是围绕着孔子"富民和教育"观展开的。[50]

只有民享的政府能够获得伦理—政治秩序，也是唯一稳定和持久的政府。关心民众福利的人才能获得民众的信任，而"获得民众的欢心便可做天子"（是故得乎丘民而为天子。——《孟子》尽心章句下第14节）[51]。如果不是民享的政府，它就得不到人民的支持，最终将垮台。"如果民众不信任领袖，这个群体难以立足"（民无信不立。——《论语》颜渊第十二第7节）。荀子为此提出了一个非常生动的比喻，"君者，舟也，庶人者，水也。水则载舟，水则覆舟"（《荀子》王制第九，哀公第三十一）。在孟子看来，就像"掌管刑罚的士师不能管理他的下属"要被撤职，或者与不能兑现诺言的朋友绝交一样，一个不能确立伦理—政治秩序的君主应该被赶下台（见《孟子》梁惠王章句下第6节）。把人民作为国家的基础是儒家政治合法性的关键。

儒家民主

天命中民众的作用

儒家的政治合法性在于确保人民的物质生活和伦理生活的幸福。这种联系已经出现在天命概念中，该词通常被翻译成"heaven's mandate"。周朝国王用这个词来证明其推翻商朝君主的合法性。《尚书》一再引用商朝最后一位国王商纣王的失败，讲述民众在其统治下的苦难和社会动荡，以此作为"天命变化"的起因，证明周武王废黜他的合理性。[52]被理解为"民享"的"民本"概念告诉我们，从儒家角度可以确定谁适合管理国家，但它没有告诉我们谁该决定和如何执行这个决策。对后两个问题的答案将显示"民有和民治的政府"是否存在。天命观意指把天下交给君主的是天而不是民，但是天与民的关系非常复杂。按照孟子的说法，天下并不因此成为君主的个人财产，他并没有权利把它"交给"他挑选的任何人。君主能够做的就是把他选择的继任者推荐给天和民，他们根据其表现决定接受还是反对被推荐者。如果被推荐的继任者的奉献被各方所接受，那么天就认可这个选择，如果继任者对国事的处理行之有效，人民生活幸福，因而也就得到人民的认可（使之主祭，而百神享之，是天受之。使之主事而事治，百姓安之，是民受之也。——《孟子》万章章句上第 5 节）。

世界既不属于君主也不属于人民而是属于天吗？即一个根据民众的福利评价君主的表现从而赋予合法性的独立实体。人们或许从孟子和万章的对话中得出结论，如果可以确立两者独立存在的话，天和民共同决定了"谁来治理"的问题（见《孟子》万章章句上第6 节）。这种独立存在的假设经不起严格的考察。单独提到天或许出于孟子碍于现有的宗教实践，为赢得儒家学说新信徒作出的让步，但他对现有词汇的挪用也涉及到重新解释该词以便服务于儒家目标。

罗伯特·伊诺认为，《孟子》中对天的"描述性"和"规定性"

使用是清醒的自我意识的政治话语的组成部分，试图把天化为民。[53]我们怎么知道"神明'享受/接受'已经作出的奉献呢"？一个肯定的答案似乎在于做奉献的人得到"保佑"，即此人在世界上的行动取得成功——天接受被推荐的王位继任者说到底和民众的接受标准一样，即他的伦理—政治功效。在进一步讨论人民赋予政府政治合法性的作用之前，我们或许应该简要描述天这个概念的争议性背景以及它对政治合法性的隐含意义。

用民替代天的一个障碍是天是超绝的。安乐哲和罗思文在对《论语》的哲学翻译中故意选择不翻译天这个词，因为他们相信传统上用来翻译天的英文单词"heaven"包含了犹太教-基督教神学和哲学的太多内涵，不仅不能说明天的含义反而可能混淆视听。从历史上看，把天翻译成"heaven"可以追溯到首次把儒家经典（如《论语》、《中庸》、《大学》）翻译成拉丁文的耶稣会牧师。1687年的拉丁文译本《中国贤哲孔子》就把中国人理解中的天等同于真神。把古代儒家呈现为自然宗教——把人们对天的信仰和崇拜作为一神论传统是利玛窦融合策略的重要组成部分。这个主张不仅在中国而且在欧洲逐渐被许多人所接受。从那以后，儒家话语有关天的内容就一直纠缠两个问题：它代表了像基督教上帝一样的人格神（通常被翻译成"personal deity"）吗？是否超绝？[54]

侯外庐和任继愈认为孔子的天是具有意志的神。[55]很难决定围绕天的人格化语言中有多少不过是以人类观点描述自然，有多少体现了早期儒家的天仍然保留着归功于神的个人特征。有文本证据显示，周朝君主征服了商朝之后，把他们对天的本土概念等同于商朝的人格神——上帝，这两者在《史记》和《诗经》中经常互换使用，很有可能周朝君主的称号"天子"显示周朝君主把天当作其祖先。虽然周朝统治者声称天是王室祖先，但天作为非人格神的认识在儒家中持续存在而且日益重要。

罗伯特·伊诺注意到"一个已逐渐形成的共识强调荀子认为天

不是人格神而是代表自然的非人格神或自然法或宇宙法"。伊诺和爱德华·马赫尔都挑战了那种认为荀子所理解的天没有伦理内涵的观点。马赫尔更进一步认为,《荀子》中的天不仅有伦理特征而且有宗教性特征,不过没有人格神特征。[56] 在讨论孔子"五十而知天命"时,徐复观认为天命不是宗教含义而是伦理含义。一般来说,儒家在天的概念中意识到伦理维度,这体现在把伦理生活方式描述为天道,区分天爵人爵,认识到天和为天服务的伦理重要性,这些是人心及其伦理禀性的源泉。[57]

作为伦理理想的领域,天向我们提出了能够感受到的来自身外的要求;作为存在的整体,天包括了不在人类控制之内的条件和可能性。[58] 有人把天与自然或社会秩序和人类欲望、努力之间的相对距离视为天具有超绝意义。法兰克福的汉学家海纳尔·罗茨认为,孟子的伦理学是"天神宗教"的继承者,认为天作为"道德规范的体现"是超绝的存在。它与世俗权威领域的距离允许孟子批判统治精英,并提供了"推动世界进步的阿基米德支点",按照马克斯·韦伯的说法,该支点在中国的内在秩序中完全缺失。史华慈也相信,儒家"在对理想的社会秩序和现实的状况之间难以弥合的巨大鸿沟的认识中不可否认地出现超越因素"。有些中国学者如牟宗三同意史华慈的看法,虽然他们可能受到康德的道德描述的影响。[59] 但是理想不一定与现实有根本性的区分,杜威就认为理想是"某些现有内容被推向最后的极端之后的趋势和运动,被视为终结和完美无缺的东西"(L2.328)。

刘述先认为,"在宇宙中永不停歇地运作的包括一切创造力量的意义上,天是超绝的存在。天不是一物而是万物之源。在它能够深入自然秩序每一细节及人的道德秩序的意义上,天也是内在的"[60]。虽然刘认为儒家哲学家视超绝与内在为相互依赖而不是矛盾的概念,其他人则质疑同时宣称超绝与内在的联贯性。陈汉生把超绝理解为涉及二元论,使两个元素或领域间的互动产生问题。罗茨批评他建立在实用主义途径基础上的自然主义解释因否认道德规范的自主性而"贬损中国思想",对此批评,陈汉生回应说中国思想中没有宗教的或形而上的超绝,却有道德上的超越,即实际的社会实践和自然都不决定道德。[61]或许最强烈反对把超绝概念引入中国思想的是郝大维和安乐哲,他们认为无论是天的伦理特征还是宗教特征都不要求超绝。他们使用严格的基础性二元论术语定义超绝:"原则甲超绝于乙,并为其原则,等于乙的意义或内涵如果不求助于原则甲时就不能被充分分析或解释,但是,反过来,在分析或解释原则甲的意义或内涵时无须求助于乙。"[62]因此,甲与乙有关系,但这种关系往往有内在问题。

对于超绝的辩论对政治合法性的重要性是什么呢?超绝的天隐含着一种严格的外在三重关系,而非超绝的天将允许统治授权中内在和双重的关系。天—民—君三者关系的不同方式对天命的政治合法性是否支持民治政府的问题具有重要意义。在三重关系中,天根据在某个君主管治下民众的生活如何决定谁来统治。人民或许表达天命,充当天的代表或作为符号和标志,由智慧之人(或许是君主,但当然可以是圣人)从中辨别出天命的含义。第一种好像是孟子的观点"上天凭百姓的眼睛看,上天凭百姓的耳朵听"来说明天意到底是什么(《泰誓》曰:"天视自我民视,天听自我民听。"此之谓也。——《孟子》万章章句上第5节)。天命只有作为民众的命令才能被人所知吗?

或许可以表达"民众的命令"的词"民命"出现在《尚书》的《盘庚》篇中,但它常常被合理地翻译成"the people's lives"(人民的生活)。这样翻译的原因是该词出现在商朝国王盘庚统治时期,告诫那些反对他提出的把首都迁往殷的民众,这似乎指向典型的家长制情形而不是君主遵从"民命"。但是如果民是不定的集体名词,可以用来指称为民的所有人或民中的某些人,那就有可能把该提议看作遵循"民命"的做法,虽然有些人反对迁都。这似乎得到了支持，因为盘庚训斥那些反对迁都的人压制了更贫困者的观点，传播了不满。包含孟子论述天的引语"天视自我民视，天听自我民听"的出处《泰誓》篇很可能是汉朝伪作，更可能的情况是该篇借用了《孟子》而不是《孟子》借用了它，《皋陶谟》篇采取了类似立场，只不过用词不同："上天明察一切，来自于臣民的意见。上天赏罚分明，来自于臣民的赏罚意愿。"（天聪明，自我民聪明。天明畏，自我民明畏。——《尚书·皋陶谟》）[63]

有些学者试图从孟子为武王伐纣的辩护中找到民众问责政府的原则，甚至民众的许可权。冯友兰在新版《中国哲学史》中称这是儒家的"革命权"。秦家懿称之为"大骗局"。在她看来，在朝代体制中，人民从来没有任何真正的权力，中国的"革命"从来没有把权力转移给人民。因此，"在现代社会之前，中国只知道造反不知道革命，因为迎来的新政府与推翻的旧政府太相似了"。[64]即使革命或造反可以被看作民众在履行选择政府的权力，暴君放伐论仍然不能被看作"民主的种子"。如果民众作为天的代表只是在革命时才有效，它肯定不等于"民治"。革命是极端措施，不能作为正常政治实践的组成部分。民主的优势之一就是提供一种方式，在没有暴力或不造成民众太多痛苦的情况下换政府。革命即使是成功也显然并非如此，而革命失败的代价往往是参与者的性命。

把天命解释为只有在人民表达出来后才被知晓是有问题的，因为在中国历史的大部分时间，人民在政治上没有属于自己的声音，但没人因此觉得天命不被知晓或不可知。这种共识不应该太过想当然。因为正如《盘庚》篇似乎显示的，如果与后世的常见情况相比，普通民众有时候有更直接影响君主决策的机会，因此他们能够代表天及表达自己的看法。不过狄百瑞的观点反映了多数人的看法："促使儒家一再失败的因素不在于他们缺乏先知的声音而在于缺乏善于表达的听众，缺乏能够让民众有发表言论机会的政治和社会基础设施建设。"许多学者相信，中国虽然不缺乏民主观念如平

第四章 伦理—政治秩序

等和民众支持的政府，但因为缺乏能实现这些观点以及允许民众自由表达言论的制度而无法成为民主国家。[65]

我们可以把中国民众的问题与杜威看到的大社会问题相比较：公众的遮隐。这么一来，人们对假设中国采用西方民主制度能实现古代传统中的民主的观点就不那么乐观了。即使对自己的祖国，杜威也照样怀疑美国人从建国先驱继承下来的政治机构和法律伴随物在他那个时代是否真的民主（L13.151）。如果政治民主要经得起源源不绝的挑战，它肯定要"体现在人们的日常生活行为中，成为人们骨头和血液的一部分"（L11.225）。念及不同的生活方式，儒家社会中实现民主的政治形式很可能不同于西方民主。礼仪实践在儒家民主中可能发挥比法律更大的作用。这可能是个优势。像杜威推崇的那样把民主作为一种"生活方式"的困难部分就在于人们对文化和人际交往方式的理解过于狭隘。儒家对礼仪的强调引起人们关注西方社会某些领域特别需要的东西，如西方学者所说的"文明"、"礼貌"、"信任"等。在此领域，儒家或许提供了追求杜威式民主的新可能性。

不管适合儒家民主的政治形式是什么，杜威对公众的讨论突显了一个要实现民主就必须解决的问题。公众必须被组织起来探索其公共利益并向人沟通它的观点。用儒家术语的话说，除非民众组织起来发出自己的声音表达自己的观点，否则就不能传达天命。民众最多是通过自己的生活条件和质量为人提供用以解读天命的符号标志。人民或许代表天观察或聆听，但并不能代表天说话。民众生活幸福只是标榜上天高兴并赋予执政的君王合法性。这是天命被授予民享的政府。民治政府是否值得追求取决于它是不是产生民享政府的最佳方法。陈大齐认为"谁治理"不是孔子关心的主要议题，他更感兴趣的是治理结果如何。[66]对"谁治理"以及采取何种政治形式的答案将取决于谁和什么能最好地服务于民众的物质幸福和伦理成长。现在还不完全清楚给予人们发表言论的机会是否是实现民享政府的唯一或者最好方式。即使人们拥有发表言论的机会，他们也未必处于最佳的位置可以解读天命并决定应该做什么。

即使"民众的情感在很多情形下可以被辨别出来"，在确定民众生活是否幸福时仍然存在一些困难，尽管承认这一点，《尚书》的《康诰》却不是求助于民众的声音而是求助于君主的真诚——据说得到"天的帮助"以此辅佐王者居顺天命，以为自新之民，以及他的"良心使用"要努力学习机敏之德，以此安定你的心，省察你的德，远大你的治国之道（亦惟助王宅天命，做新民……丕则敏德，用康乃心，顾乃德，远乃猷）。[67]只有圣人才适合统治的观点倾向于相信少数被选拔出来的精英才最清楚民众的利益是什么，才最能维护他们的利益。了解天意是圣人般的成就，虽然孟子相信"人皆可以为尧舜"，但即使他的最坚定捍卫者也不得不承认，在现实中圣人哪怕是接近圣人的人都十分罕见。在民众被贬低为一种符号的三重关系中，政治合法性的关键联系在天和君之间，这是通过古代萨满教国王确立下来并得到圣王范式强化的联系。在这种民本传统的观点中基本没有民主的内涵。如果天是超绝的，那么无论是在历史现实中还是在思想中，中国拥有的是更接近"君主的神权（或责任）"而不是"民有、民治的政府"。

政治合法性的双重关系只有在天不是超绝的情况下才有可能存在，即天要么等同于民要么等同于君。上文提到伊诺的论证即孟子把天简化为民。伊诺区分了这种天观和周朝初期天被认为是君主的观点。[68]但后一种观点是有问题的，因为天命从一个具体君主转移走的可能性是周朝政治合法性的核心，当商朝君主失掉天命之后，他（被等同于天的人）为了民众的缘故而剥夺了自己的天命吗？不管周朝初期的实际信仰是什么，不可否认的是把天命建立在民众幸福基础上是儒家政治哲学的核心主题。儒家对民本思想的发展使得把天等同于民的观点比等同于君主的观点更可靠些。如果天被简化为民，而天有较高地位，认为君主或圣人比民众（整体而不是个体）更了解天意的说法就比较没有说服力了。[69]圣人对天意的了解最多与民众整体一样，因为他的仁德扩展到了包括他与民众整体的关系，他的视角包括了所有人的视角。这强化了建立在天命基础上的政治合法性，正如孟子的解释，就是一种民众的认可，因此，即使上文提到的如何表达这种认可以及如何在政治实践中运用这种认可的问题依然存在，它仍不失为一种民主思想。

在笔者看来，在理解儒家传统中政治合法性这个问题上还有一种比把重点放在"民本"上和天命依靠民众的简化论更好的非简化论方法，这种方法容许我们提出这样的观点，即儒家的伦理—政治秩序及其实现方式包含了实现民主的文化前提。天即便不是超绝的也不一定可简化为民，相反，非超绝的天包括了民，天的领域与人类经验密不可分。在此情况下，关系的内在性比我们把它们视为双重关系还是三重关系更加重要。本来的内在关系被错误当作外在关系时就出现了问题，对抗就取代了合作。虽然把天简化为民与把天简化为君有说服力，但我们有很好的理由避免采用简化论途径处理天、民、君三者的关系。

无论从描述性还是规范性的角度看，天都好像不仅仅是民。民这个词被用来描述君主治下的民众，它没有伦理内涵。这种群体在空间和时间上有限制，而天没有这方面的限制。从描述性的角度看，天是存在的整个领域，没有固定的空间边界，既没有开始也没有终结，包括了过去、现在和未来。它既是自然又是文化，人类历史上的贡献是其中非常重要的组成部分。天是某特定个体生活的背景。一个民族构成了这个场域的焦点（可能质量不同）。跟着一个民族也构成一个场域，每个个体成员就成为这个场域的焦点，君子和圣人是这些焦点中最好的。从规范性的角度看，天是这个场域出现的秩序，它的实现意味着改善不同焦点的质量从而实现整体的和谐。

从任何单一个体的角度看，天命从来不是一对一的关系，许多其他人也参与其中。对天命的了解是通过民众实现的。"一个人不应该以水作为镜子，他应该以人作为镜子"（人无于水监，当于民监。——《尚书·酒诰》）。[70]人们可能使用《论语》中智者乐水的联系来扩展荀子把民众比作水的隐喻：君主不仅依靠民众保全王位而且获得治国的智慧。不是人人都有睿智，但民众和睿智尤其是了解天命的睿智之间存在重要的联系。古代中国文献中的水和镜子的比喻与西方的镜子比喻在功能上有所不同，在西方，主体和客体是严格区分开来的。[71]中国的镜子比喻，如果镜子是水的话，其体现于它的反射性和透明性同时出现，用来说明一种知识和睿智观，其主体与客体不是截然分开而是通过沟通结合在一起的。这种知识具有改造功能。一方是否认识另一方因而影响对方，或者反过来，这些都取决于一方与另一方的互动方式。因为天作为一个场域，其焦点在于民众，一个人的睿智的质量以及她对天命的了解都取决于她与民众互动的质量及其仁德，互动的质量是看她作为民众变革力量的焦点如何行动，仁德则要求她站在民众的立场之上。

非超绝的天是存在的不断展开，它依靠人类的诠释而逐渐为人知晓，而这种诠释不仅影响世界的现状而且会影响它的未来。认识描述性的天与实现规范性的天密不可分。在了解存在背景和创建新秩序的意义上，任何人都能够和应该实现天，虽然这种实现的质量可能因人而异。君子，甚至最终圣人的出现是出类拔萃，但却从来没有与民众完全分开。一个还没有认识到天命的人只能是小人，绝不可能成为君子。君子知天命，敬畏天命，因为实现天命很重要，它是仁的实现，是伦理—政治秩序的实现，也是圣人的实现（见《论语》季氏第十六第8节）。无论是在《论语》还是在《孟子》中，与天的关系都不仅限于君主。孔子声称他在50岁时知天命，相信他不是想坐上"天子"的位子吧（见《论语》为政第二第4节，季氏第十六第8节）。知天命是在一个人认识到世界的现状和应该如何改进后，知道个人该如何行动。对每个人来说，她有能力在改善自我和改造世界的欲望指导下行动，天命就是通过参与社会活动而实现自我的召唤。

要认识和理解民众，君子需要考虑民众的自我诠释和他们对世界的看法。更重要的是，若要带来秩序，她需要把改造这些自我诠释和看法作为改造民众的构成性手段。君子（当然包括圣人在内）应该比普通人更有睿智，但在政治行动上，不能不顾人们的信念、感受和想法，不管这些有多么愚蠢或多么轻信。对民众实行仁政就需要帮助他们增加睿智，因而，教育作为政府的责任对实行仁政十分重要。民众的改造要求民众的参与，他们不可能在完全没有参与的情况下得到改造。

民众既是儒家伦理—政治秩序的问题也是其解决办法。只要民众的自我诠释和他们对世界的观点决定了政治问题的内容，持久的解决办法要求民众的改造，民众就必须积极参与政治活动，否则任何政治活动都不会有效率。除非受到影响的每个人在确定问题是什么、是否能解决和应该如何解决时都有发言权，也就是说除非有民治政府存在，否则就不可能有充分的解决办法，就不可能有民享的政府。用杜威的话说，"如果人类经验明确无误地指出了一个结论的话，那就是实现民主的目标必须采取民主的方法"（L14.367）。

至少有一个诠释儒家及其政治合法性观点的方法可把民治政府作为民享政府的组成部分和手段。这不应该被错误地当成黎安友所批判的那种把民主当作工具来辩护的观点。黎指责20世纪中国政治思想家和政治领袖往往把民主仅仅当作实现目标的手段，他认为这种态度的形成受到了"民本"观念中"民享政府"占最重要地位的观点的刺激。[72]他的批评前提是手段比目标低劣，手段可以轻易地被抛弃，而且不需要任何坚持。如果手段外在于目标的话，一旦目标实现或者找到了更好手段的话，这个手段就可以被抛弃。这种批评是合理的，但是如果手段是目标的内在组成部分，这种批评就没有效力了，因为手段与目标密不可分。"民主手段和民主目标是同一的，不可分割的"（L11.299）。杜威相信民治政府是民享政府的内在组成手段。民主不是目标本身（end-in-itself），没有这回事。如果相信拥有民主或者黎安友更关心的自由主义政治权利的后果对民众不利的话，还仍然坚持实行民主就是愚蠢的行为。

民众有自治素质吗？

笔者一直在为儒家辩护，驳斥那些认为即使儒家鼓吹民享政府也未必相信民治政府的批评，指出鼓吹民享政府就意味着鼓吹民治政府。不论这个观念是不是早期儒家的一部分，儒家要成为当今历史背景下切实可行的哲学，可以和必须被重建以便支持民治政府。不过要捍卫这个立场我们也必须驳斥西方政治思想中的参与性民主的批评家，他们挑战民治政府的可能性，更不要说民享政府的效率了。否则，即使容纳民治政府的儒家重建把儒家民主从自相矛盾中解救出来，也可能仍然徒劳无功。

批判民主的一种意见认为，多数人对自治根本不感兴趣。非常低的选举投票率一直是人们最喜欢拿来作为说明民众政治冷漠的证据。杜威分析出政治冷漠的一些主要原因：民众被系统地教坏，被宣传洗脑，在工作生活中被异化，在经济关系中被剥削，因而倾向于相信无论做什么都不会带来多大政治变化，宁愿在家庭生活中或无意义的娱乐中寻找安慰。杜威承认这种政治冷漠成为民主的严重问题，但他相信如果民众的"不满和困惑"被引导和组织起来的话，这个问题是可以克服的（L6.189）。杜威建议，美国可以采取的办法之一就是根据议题组织政党替代以权力为核心的两党制，为民众提供发表观点的机会。另一个方法是为民众提供更多机会去参加直接解决社会问题的自愿性协会，这样他们就可以从亲身经历中发现政治参与的本质，每个个体都能够通过参加群体活动改变那些不仅会影响自己而且影响他人问题是否解决和解决的方式。

第四章 伦理—政治秩序

对于那些试图自治的人来说，相信自己有成功的机会是重要的。沃尔特·李普曼攻击的就是这种信念（李普曼的著作《虚幻的公众》是杜威《公众及其问题》的写作背景）。不仅"引导事态发展的公众"在民主政治中"不过是个幻影"，而且若考虑到现代国家的庞大规模及其复杂性，民众就根本没有自治能力。民主理论患上了"神秘幻觉综合征"，即以为国家的每个人都"无所不能"的幻觉，其实，民众根本没有足够的智慧来自治。在李普曼看来，政府"强制推行了某些社会运行法则，它诠释这些法则，辨别和惩罚侵犯它的行为，并主导新法则的制订"。所有这些事都是由政府具体和详细地完成的，公众除了"粗糙地、整体地、间歇性地行动外"没有任何办法。民主的公众概念"是虚假的，因为它没有注意到局内人和局外人经验的巨大差异，这个概念受到根本性的扭曲，因为它要求局外人像局内人一样处理问题的实质。任何一种教育模式都不能提前培训他应对人类的所有问题，任何一种公开性或者启蒙机制都不能赋予他在危机中采取行政行动所需要的现成的、详细的技术知识"[73]。

在李普曼看来，政府并不表达民众的意志，它们不会、不能也不应该根据公众舆论不断作出相应的行动。"公众舆论是危机期间在公共事务中发挥作用的储备力量。"民众不能管理，但是"民众通过偶尔的多数动员支持或反对实际在管理的个体"。民主社会中民众的角色应该是"在情况进展良好时，支持执政党；在情况变得糟糕时，支持在野党"。而且，民众无法根据对政策实质内容的彻底理解来评价政府的表现。他们的"判断肯定是在行为样本、情景的某个方面以及粗糙的外部证据等基础上作出的。对于问题的实质，民众什么也做不了，往往只能无知地霸道地搅局"。民治政府不仅在当前状态下是不可能的，将来也永远是不可能的，教育、信息媒体、公共辩论等都无法让它变为可能，而且这种尝试也是不值得追求的。"这种虚假的民主理想只能导致幻灭和爱管闲事者的独裁。"如果我们认识到政府掌握在受教育的精英即"局内人"手中是最安全和最好的策略,就更好了,因为这样一来"每个人都可以生活在不受盲目乱闯的群氓疯狂和怒吼的干扰之中"[74]。

杜威同意李普曼对当今政治民主机构的大部分批判,但没有把这些机构看作民主理想的必要条件。他相信李普曼所说的以事实、幻觉、梦想、偏见和随意性观点组成的"虚拟环境"能依靠合作探究而得到大幅度的改善。民众自治的现状并非他们现有能力的良好反映,这恰恰是因为他们的环境遭到有缺陷的实践的扭曲。"只有在秘密交易、偏见、成见、错误呈现、虚假宣传以及纯粹的无知被探究和公开性替换之后,我们才有办法判断民众现有的智慧在多大程度上适合对社会政策作出评价"(L2.366)。民众的现有能力也不足以显示他们是否适合民主参与,他们现在的素质或许不够好,但他们可以在实践中不断提高。即使当代人在有限的时间内永远也达不到那个理想的水平,子孙后代实现民主的希望至少总是存在的。而子孙后代实现这个希望的机会部分就取决于当代人的作为。

杜威的民主理想并非像李普曼暗示的那样"扭曲了主体的真正可能性,就好像胖子要成为芭蕾舞演员的理想"[75]。一方面,我们应该永远避免教条主义地断定什么可能、什么不可能;在一定程度上,个体的可能性不是固定不变的而是可以增加的。最重要的是,民主不是一个人的私事,也不是一代人的事;作为共同体的理想,民主更是人类物种而非人类个体之事。这并不是说当代人不可能从实现民主的尝试中获益,相反,这些尝试即使没有充分实现理想也是有好处的。

杜威同意李普曼对公众遮隐的说法,但是不同意李普曼的精英主义结论。他的建议是更努力更智慧地工作,以便提供把公众从遮隐中挽救出来所需要的条件,其中就包括激进的教育改革和地方共同体的复兴。人们一直批评杜威没有清楚说明实现理想民主需要什么样的政治形式,因此无法有效反驳李普曼等人的批判。[76]在杜威看来，任何政治形式的理论都必须扎根于实践。或许他对自己积极政治活动的结果从来都不满意，因而没有提出具体的政治策略或政治机构，或许他觉得这个问题最好由在具体情形下积极参与改造政治机构的人来回答。如果我们有这样的意向，当然可以重建一些杜威可能认为有助于"民治"的政治实践和机构，如杜威亲自参与的"思想新闻"工程、独立政治行动联盟、反战运动以及莫斯科审判中针对托洛茨基的指控的调查委员会等等，这些不过是他参加的众多活动中的例子。但是，人们应该记住的是，在任何行动中，杜威哲学中的历史偶然性都让任何理论确定性变成幻想。

李普曼认为如果民众能够有效地管理，他们将必须是"拥有百科全书式的好奇心和无限的时间"的同样合格的超级管理者群体。这是对民治政府的误解。民众中的每个成员并不需要"对所有公共事务都有自己的观点"，而是只关心对她造成影响的议题。在一个并不理想的世界中，影响个人的议题之多可能远远超过了她的能力范围，她需优先选择和积极参加最关心的议题。因为不同的个体几乎肯定会拥有不同的优先课题，所以将出现"劳动分工"，理想的情况应该是个体并不积极参与的议题由拥有共同利益的其他人（因为某种行动而遭到类似的间接影响的人）充分地代表。民治政府意味着人人都应该在力所能及的情况下积极参与一些议题，而不是"所有人都做所有事的理论"。[77]

同样地，民主也不需要每个人都成为她积极参与的任何议题或每个议题的专家。合作探究的整个要点是探究共同体能够尝试单一成员个体难以解决的共同问题，而且解决问题的机会更大。杜威也没有将智慧的可能性浪漫化。即使集中了所有的资源，我们解决问题的能力并不能使我们变成万能。"所有行动都是对未来和不确定性的入侵"，"［我们］总是可能比［我们］所知的做得更好或更坏"（M14.10，143）。我们总会面临一些现阶段没有办法解决的问题，我们顶多只能尽量适应，希望子孙后代有更好机会解决问题，并在我们力所能及的范围内增加他们成功的机会。即使我们解决了某些问题，也不一定减少世界上问题的数量，因为"将来仍然会出现问题，以新的形式出现或在不同地方出现"（M14.197）。对杜威来说，"在做完和说完一切之后，世界上的根本危害性并没有被实质性地减少，更不要说被消除了"，我们的世界仍然"动荡不定、充满危险"（L1.45）。虽然杜威相信在这个动荡不定和充满危险的世界里，民主将给我们可能的最好生活，但他并没有保证如果实现了民主，我们所有的麻烦就都消失了，他也没有承诺保证走向最终目标的平坦道路。

民主的辩护者不仅需要面对那些认为民众不够聪明、无法自治的观点，而且需要面对那些认为民众在道德上不够优秀、无法自治的观点。杜威常常被批评忽略了人性中"赤裸裸的丑恶现实"和"人类有能力整体犯下残杀同类的可怕罪行"。[78]这样的批判在头脑里有奥斯维辛集中营形象的一代人中能轻易地赢得同情，罪恶的画面还可以加上新近的大屠杀，如分崩离析的前南斯拉夫、非洲部落间的相互残杀、东帝汶无辜者惨遭杀戮、国际恐怖主义日趋猖獗，这个清单每天都在加长。采取这个途径批判杜威的人之中，莱因霍尔德·尼布尔或许是影响力最大的一位。

对尼布尔来说，政治与其说是人际关系问题倒不如说是群体关系问题，他对社会的理解建立在马克思主义阶级分析之上。政府是社会上占支配地位的群体对无权者实施权力的机构。统治者和被统治者之间的鸿沟是无法跨越的，政治总具有强制性。在政治中，冲突不可避免，权力只能通过权力来抗衡，合作探究作为一种方法在政治上根本行不通，因为它建立在人类集体行为的虚假概念基础之上。对尼布尔来说，"人类想象力的局限性，尤其是群体行为中的理性轻易服从偏见和激情，以及由此产生的非理性自我中心主义的持续使得社会冲突成为人类历史上不可避免的现象，很可能直到人类的终结"[79]。按照这个观点，杜威的民主不仅不可能实现，而且他的方法为伦理社会改善提供甚少希望，在这里，尼布尔意在指出削弱权力和特权的不平等。

因为尼布尔没有宣称人天生只有邪恶的一面，所以他的观点变得较有说服力。"人性并不缺乏解决人类社会问题所需要的某些天赋。人被大自然赋予了与同胞建立有机关系的能力；天生的冲动促使她即使在为自身利益与他人争夺时也考虑他人的需要。"但是"普通凡人的能力确实存在着明确的局限性，这使得他们无法把自己所要的给予别人"。对尼布尔来说，虽然他承认人类的社会冲动，但自我主义仍然是人类无法把集体生活与个体理想吻合起来的根本原因。"自我主义冲动的力量远远大于大部分人所能意识到的程度，除了最深刻的心理分析家和内省的最严格奉行者外。"自我主义是群体行为的驱动力。"特权阶级的群体自我主义是……个体自我主义的合成和总结"，"渴望权力和特权的普通人受到个体局限性和社会生活所需的限制，便把他的自我投射到国家上，并肆无忌惮地放纵其狂热渴望"[80]。

有时候，尼布尔认为即使明显无私的行为或许也是一种伪装起来的自私。比如在家庭这样最亲密的人际关系中表达出来的社会性"也是他个体自我的投射。每个即刻的忠诚都是对更高、更包容的忠诚的潜在危险，也是表达升华的自我主义的机会"。在其他场合，无私让个体能投身于群体活动，结果产生反理性的忠诚和热忱，破坏了个体成员对群体及其事业应该具有的批判性态度。最明显地体现在爱国主义中的对群体的无节制忠诚是群体力量的基础，也是其不受道德限制地使用权力的自由的基础。因此，个体的无私造就了群体的自私。"个体的无私和转载的自私的结合赋予民族性自我主义强大的力量，宗教性或理性的理想主义都不能彻底抗衡这种力量。"[81]

尼布尔蔑视那种认为教育能够解决政治问题的想法。"认为教育或榜样的力量能够彻底改造人们为了寻求特殊优势不惜漠视甚至牺牲他人的需要和利益的本性只不过是多愁善感的浪漫幻想。"他既怀疑马克思主义无产阶级的革命热情也怀疑渐进的社会主义者的议会策略。"因此，社会的未来和平与正义不是取决于一个而是许多社会策略，是道德和强制性因素的不同程度的结合。避免陷入前有专制主义后有无政府主义的两难境地的巨大困难促使我们放胆地预测，人类社会的永久和平与博爱梦想是个永远也无法充分实现的奢望。"尼布尔对人类困境的悲观预测留给我们的是比杜威的民主理想更谦逊得多的目标：不是创造一个没有压迫、完全和平与正义的理想社会而是"一个有足够正义的社会，只采用足够非暴力的手段说服他人以防止其共同的事业变成彻底的灾难"。[82]

针对尼布尔在批评民主社会时删去描述性和规范性，杜威作出的回应类似于他回应李普曼的话：现有的民主国家不是理想民主的体现。虽然尼布尔的社会批判很深刻、很有说服力，但他对道德鼓吹者的批判对杜威来说是无的放矢。阅读杜威在漫长的学术生涯中撰写的数百万字的社会批判著作，即使粗略地阅读一下《新旧个人主义》，就能发现杜威远非没有意识到"掠夺性的自我利益"和社会的强势利益集团牺牲多数人利益并阻断通向更美好社会的道路的隐秘操作。本书早先有关自我主义和利他主义的讨论让我们初步认识到杜威对尼布尔所说的"顽固的自我主义"会作出何种回应。在杜威看来，道德上有问题的自我主义是后天习得的东西，改变个人的环境就能阻止它的出现。

尼布尔没有把病态的社会条件错误地当作人类的某种本质，像杜威一样，他认识到环境是如何强烈地影响我们的性格。但是和杜威不同，在谈到改变强权支配下的环境时，他相信智慧和教育无能为力。杜威在政治上不像尼布尔想象的那样天真。他承认，"智慧本身是没有力量的"。它之所以对社会重构有贡献"仅仅是当它被纳入某个需要体系或某个有效需求体系之时"（L9.110）。谈到实践，正如罗伯特·威斯布鲁克指出的，到了1930年代，杜威已经不

第四章 伦理—政治秩序

再主张用"社会智慧"（social intelligence）作为政治的替代品而是主张纳入智慧的激进政治。[83]杜威对权力甚至使用暴力抱有谨慎但并不刻板的反对态度。他没有呼吁被压迫者放弃用武力抗衡武力的努力以支持只与"占支配地位的经济利益团体"讲道理；他呼吁他们进行智慧的斗争。

在尼布尔看来，"杜威一派认为生活是能量，其动态性提供了前进的动力。如果理性插进来并拓宽生活河流的渠道，它就在其中随波逐流。若没有理性，生活就在以长期的前理性冲动为能量寻求即刻出口所切成的狭隘曲折的河床上流过"。这诠释大幅度地简单化并扭曲了杜威哲学中冲动、习惯和智慧之间的复杂关系。在有些场合，尼布尔提到杜威的名字，但他的攻击对象似乎不是杜威而是一个稻草人（故意弱化假想敌）。[84]杜威不是尼布尔攻击的"理性主义者"。虽然在尼布尔看来，智慧和理性好像是可互换使用的，他主张中的理性常常是激情的对立面，只能成为激情的奴隶，只是在非常罕见的情况下才涉及到更广泛的"讲道理"。不管杜威从理性时代继承了什么，他的智慧观比尼布尔暗示的更复杂、更细腻。一方面，它建立在感觉和思考的持续性上，而且决不是自给自足的。再者，杜威也没有幻想智慧"全知全能"。

尼布尔常常批判"道德鼓吹者"似乎全都肯定自己的理想将能在所有细节上最终实现。这种确定性产生了绝对主义，"当人们不惜冒险要实现绝对理想时，社会将把百万人的福利置于危险中。因为胁迫强制是其政策肯定要使用的工具，绝对主义把这种工具变成难以忍受的独裁和残暴"。理想主义在个体行为上或许有助于善，但在政治上极端有害。尼布尔也反对那些承认完全实现理想不可能但仍然主张理想值得追求的人——这些人牺牲道德能力来取得理性。我们陷入狂热主义和政治冷漠的两难之中。"社会的惰性是如此顽固，没有人能逆社会而行，除非他对社会能变性的预期超出实际情况。如果不相信有可能建立实际上没有可能建立的更纯洁、更公平的社会，没有人会承受在激进的社会变革中遭遇的危险和痛苦。这些幻觉都是危险的，因为它们为狂热主义提供了合理性，但放弃理想也是危险的，因为这样将助长社会惰性。"[85]

理想不一定需要被证明能够充分实现之后才能在社会实践产生后果。让理想在改善个人生活的过程中发挥重要作用也不一定必须成为绝对主义者。杜威会指出，理想把我们在经验中发现的价值观推向想象力的极限，拥有理想能确保我们不遗余力地努力更加接近那个极限，重点不在于我们是否能在实际上达到而是尽可能接近它。尼布尔推荐的更加谦逊的目标最终可能让我们太早感到满足。除了跟着尼布尔无奈地满足于更谦逊的目标外，把可能性限制在要么冷漠要么狂热似乎是不必要的悲观。无论在各自的哲学还是在生活中，杜威和孔子都向我们展示了另外一种可能。他们并不低估哪怕是在接近这些理想时都可能遭遇到的巨大困难，但他们从来没有绝望地放弃或不再为此努力了。他们为理想而工作的毅力更强恰恰是因为他们没有幻想这些理想能轻易实现或一定能实现。世界上的确存在着不绝望的睿智和不狂热的勇气。

相信民众

对尼布尔来说，唯一真正的理想主义是宗教理想主义。它要求世俗想象力不能提供的一种"崇高的疯狂"（sublime madness）。[86]杜威赞同理想主义从精神领域汲取力量。"它牵涉到意志为了看不见的和无法审慎计算的东西的激烈冒险"（M5.371）。"意志对事实采取的这种态度，即灵魂的重要个人取向，正是信仰"（L17.16）。正如威廉·詹姆斯指出的，"如果没有某种程度的信仰，我们根本就无法生活和思考"[87]。在为庆祝他80岁生日而写的文章《创造性的民主：我们面前的任务》中，杜威讨论了作为各种方式的信仰的民主："民主作为一种生活的方式，受人性的可能性的有效信仰所控制，它相信人类只要有适当的条件就具备智慧判断和行动能力，相信个人在日常生活中与他人一起工作，相信经验和教育"（L14.226-229；L11.219）。作为理想的民主要求信仰，不是信仰它的必然实现而是相信不断接近理想的可能性。这是一种愿意尝试、愿意冒失败的风险同时渴望取得成功的信仰。这种信仰有倾向于行动的趋势，它扎根于"动物的愚蠢勇气"但能激励我们去追求伟大（M14.200）。

在杜威看来，"相信智慧的力量，去想象一个投射了我们当前所渴望之善的未来并创造实现该理想的工具，是我们的救赎"（M10.48）。尼布尔相信，救赎和上帝的王国（唯一的理想社会）只有通过"上帝的干预"才有可能，与尼布尔不同，杜威则把救赎的责任和改善社会的任务放在人类自己肩上，而且不能保证一定取得成功。对于民主，他不是"天真的乐观主义者"而是社会向善论者。他坚定地相信"某个时期存在的具体情况，不管是相对好还是相对坏，都可以进一步得到改善"（M12.181）。他相信人民的自治能力，只要有适当的条件，[自治]不是依靠上帝的干预而是依靠人类的社会重建努力。

儒家能分享杜威的民主信仰吗？作为"行动趋势"的信仰，即使不能保证成功也愿意尝试，对未知和不确定性持有积极态度正好是孔子世界观和实用哲学的组成部分。在他对待天的态度中，我们能够看出与杜威类似的信仰，"事情中总有一些东西是我们不能成功克服的"；像杜威一样，他将"坚持除了做新的试验或付出新的努力之外，我们甚至不能发现这个东西是什么"（M11.50）。在孔子的伦理—政治秩序追求中，他尝试的意愿非常明显以至于有人提到他时说，孔子是一个"明知不能成功还是要坚持做的人"（是知其不可而为之者与？——《论语》宪问第十四第38节），孔子的信仰能够延伸到人们的自治能力吗？有很多历史原因让他得出类似西方政治现实主义者如李普曼和尼布尔等人那样的结论。

《论语》中有一篇常被单独挑出来支持民众在任何伦理—政治活动中只能作为"追随者"的观点:"老百姓,可能使他们照着我们的道路去走,不可使他们知道那是为什么"(民可使由之,不可使知之。——《论语》泰伯第八第9节)。梁启超认为,虽然"可"的词意思模糊,既可以表示"能够"也可以表示"应该",或两种含义都有,但该篇关心的是能做什么而不是应该做什么。他承认民众较多时候不能理解"跟着走"的理由或道路的性质本身。正如《孟子》注意到的,"实行了却不明白,经常做却不深入了解,一生都不自觉地遵循着它,却不懂得这'大道'。普通人就是这样"(行之而不著焉,习矣而不察焉,终身由之而不知其道者,众也。——《孟子》尽心章句上第5节)。民众或许不像李普曼对现代社会的人描述的那样困惑不解,但他们确实是群氓。

若该篇说的不是民众可能直接做些什么而是"使"的可能性,我们或许可以拯救这个文本。文中的"使"在《说文解字》中被解释为"命令"。我们可以指出,在这点上,知识和认清道路要求民众自愿地合作和积极地参与;与简单地屈从不同,它并不靠命令或强制实现,而是被"劝说去做"。但是《论语》中的"使"也被用来表示"促使某种事发生"或"雇佣",这些用法不一定涉及武力或命令。这种挽救企图的更大障碍是"民"这个词本身的含义。郝大维和安乐哲详细探讨了民众与"盲目和困惑"的联系。[88]经典中用来指民众的汉语词汇还有其他一些如"众"、"庶人"和"百姓"。这些词虽然有时候也被用来和民替换,但它们往往有非常重要的不同隐含义。它们与民的一个共同差异似乎是,虽然它们都表示个别的人的群体或至少是个别的部落,但民似乎意味着不加区分的没有识别能力的大众。

有人可能把《论语》中的"天下合道理,老百姓就不会议论纷纷"(天下有道,则庶人不议。——《论语》季氏第十六第2节)看作孔子反对民众参与政治的证据[89],但是人们也可以把它理解为:

第四章　伦理—政治秩序

若政府没有尽到责任，就不能期待民众会默默地承受痛苦。并不是普通民众议论国事导致了天下不合道理，而是天下不合道理导致了民众议论国事。正如《孟子》滕文公章句下第9节显示的，如果没有必要"辩论"当然更好，但当孔子的学说得不到发扬，辩论就成为必要的了。谁应该辩论的问题取决于辩论的质量而不是辩论者的社会地位。若从孔子的角度看，普通人的"辩论"存在问题是因为普通人的知识缺乏使得"辩论"成为表达不满的喧嚣而已。

从杜威的观点看，人们或许指出，个人不一定非要在成为"有学问的人"之后才能进行探究，相反，正是从探究中，她才变成有学问的人。认为孔子不相信每一种辩论或任何辩论都对相关的个体或国家有利的观点是有道理的，我们将在下一章中更详细地讨论这个问题。在杜威看来，人们也必须承认并非任何种类的话语都有资格被称为探究，更不要说是能解决问题的探究了。如果愚昧无知的、乱作一团的民众只是漫无目的地就国事辩论争吵，随意发泄情感，即使杜威也不会承认它是探究，因为这种辩论不能解决任何问题。

在儒家看来，普通人的"愚昧无知"的意义不是应该把他们排斥在积极的政治活动之外或者把他们当作羊群来对待，而是要教育他们。汉朝一篇重要的文章把民众比作"需要唤醒的睡着的眼睛"。郝大维和安乐哲指出，虽然孔子区分了作为无知群氓的"民"和可辨别出来的具体之"人"，但他也相信"道德教化让人们从没有识别能力的群氓转变为能表达自己的独特性并最终表达自己的仁的人"[90]。如果民众"愚昧无知"，民主将不可能取得成功，但正如孔子对教育有信心，相信民众被唤醒的可能性因而能实现自治一样，儒家也可以对民主有信心。正如杜威所说，"相信民主就是相信经验和教育"（L14.229）。

虽然孔子承认有人天生聪明或者因为更好的天性而获得知识的可能性，但是大多数人是通过学习获得智慧的，他认为自己属于后者（生而知之者，上也；学而知之者，次也；困而学之，又其次也；困而不学，民斯为下矣。——《论语》季氏第十六第9节；我非生而知之者，好古，敏以求之者也。——《论语》述而第七第20节；多闻择其善者而从之，多见而识之，知之次也。——《论语》述而第七第28节）。人们学习是为了更有效地参与伦理政治实践（百工居肆以成其事，君子学以致其道。——《论语》子张第十九第7节）。在学习中，孔子不相信有人因为缺乏能力而失败，即使能力最差的人，尝试了也能改善。人们不应该对能够做和不能做的事产生偏见。即使在谈到仁的时候，虽然充分实现仁是困难的或根本不可能的，但孔子从来没有遇见过缺乏能力走向这条道路的人（我未见力不足者。盖有之矣，我未之见也。——《论语》里仁第四第6节）。当学生以"力量不足"为自己不学孔子的教导找借口时，孔子揭露了他的意图。"真是力量不足的，走到半路才无力停下。现在你却是开始之前限制自己"（力不足者，中道而废，今女画。——《论语》雍也第六第10节）。一个人拥有了学习的能力，他就有能力自己思考，举一反三（举一隅不以三隅反，则不复也。——《论语》述而第七第8节）。孔子会同意，人的能力有大小，但人人都有足够的智慧为社会政治秩序做些贡献。人人都能从更广泛的社会参与中获益。

　　对人性的可能性缺乏信心不是早期儒家的特征。相反，可以有说服力地证明儒家应该对民众充满信心：只要有适当的条件，他们能够进行民主参与。为民众提供这样的条件正是优秀的儒家政府的作用所在。儒家的伦理—政治秩序可以是儒家民主。

第五章 权威自由

虽然杜威没有简单地把民主等同于自由，毫无疑问的是，自由是个核心民主价值。"因此，作为道德理想的民主是把历史上常常对立的两个观点统一起来的努力：一方面是个体的解放，另一方面是推动共同利益"（L7.349）。"民主的任务永远是创造更加自由更加人道的经验，其中人人都共享成果，人人都为此做贡献"（L14.230）。接着，"民主政治秩序的长久存在取决于我们在维持自由社会的道德基础时所投入的能量和真诚"（L15.170）。杜威认为自己属于那些"理所当然地相信自由社会的价值和目标处于文明定义的核心，也是评价集体的道德进步的标准"（L15.170）。交往生活的理想是既有秩序又丰富多彩，其中得到尊重的自由是"个人潜力的安全释放和实现，它只能出现在与他人的丰富和多样化的交往中：有能力实现个别化的自我，一方面作出独特的贡献，一方面以自己的方式享受交往的成果"（L2.329）。自由是"最实际的道德问题"（M14.8）。

笔者已经试图显示虽然儒家鼓吹民享政府而不是民治政府，但民治政府并非与儒家格格不入，实际上它是民享政府所必需的。而且，孔子和后来的儒家都对"人性的可能性抱有信心"，在杜威看来这是民主理想的核心。在本章中，笔者将通过对比杜威和儒家对自由和权威的理解、个体获得自由所需要的条件、如何实现自由但秩序良好的社会来进一步阐述这种信心。自由在儒家的伦理—政治秩序中是否占有重要地位？儒家社会能否成为自由社会及如何成为自由社会？这些问题的答案将促使我们进一步确定儒家民主到底是否可行。

消极自由和积极自由

自从以赛亚·柏林在 1958 年的开创性著作《自由的两个概念》发表以来，区分消极自由和积极自由一直成为有关自由的许多哲学讨论的话题。这些术语已经成为西方政治哲学的共同词汇的一部分。柏林的区分提出了下面讨论中非常关键的议题：杜威和孔子的自由概念是否很容易被滥用以至于被用来为其反面辩护，威权政府可能用它论证"强迫民众自由"的合理性？在柏林看来，积极自由的概念在历史上曾经导致过这种结果。他为消极自由的意义辩护，这种自由更适合多元主义，是"更真实、更人道的理想"。[1] 杜威的写作在柏林之前，他也谈到了"消极"自由和"积极"自由，虽然对杜威和柏林来说，"消极"自由的意思基本一样，但其"积极"自由却存在相当大的差别。

杜威把政治学中消极自由概念——不受他人干涉——的重要性追溯到约翰·洛克和产生于反抗独裁政府和宗教不宽容的古典自由主义。消极自由把政府视为对个体自由的最大威胁，因此集中在限制政府可能干涉个体生活的领域。因为诞生于反抗遥远的中心实施的随意性政治权力压迫的斗争中，美国建国先驱把自由等同于消极自由确实并不令人意外。

除了政治自由之外，早期美国更加推崇的则是支持"美国梦"的"机会自由"：每一个付出了必要努力的人都应该有机会取得成功。这个机会常常被狭隘地理解为经济机会，即物质享受和财富。消极自由的概念成为"每个人不受社会限制地从事经营活动和赚钱的平等权利，只要他不违反法典上的法律，这碰巧与政府是压迫的主要根源的观点一致"[2]。

杜威认识到消极自由在很大程度上为大西洋两岸的许多人的解放作出了贡献（L3.99）。他的批评是那些继续为消极自由辩护的人忽略了自由的历史相对性。"自由的概念总是相对于在特定时间或地方越来越多地被感觉到一种压迫的力量而言"（L11.35）。压迫或许在某个时候主要来自政府，但在杜威时代和他所处的地方，则主要来自"物质上的不安全和出于强迫及压制防止许多人参与眼前的庞大文化资源"（L11.36）。确保那些遭受这种"压迫"的人拥有法律保障的平等"空间"去做他们想做的事并不足以让他们实现自由。从杜威的观点看，自由派因为"没有划清纯粹形式的或法律的（消极）自由和有效的思想和行动自由的界限"而无法实现自由主义的真正目标：个体不仅摆脱外部限制而且拥有个性发展、自我改造、通过有效的行动改造社会所需要的种种条件的社会秩序。因为社会经济条件可能限制、扭曲甚至妨碍个体性的发展，这个目标要求积极的社会和政治行动而不仅仅是对民众置之不管（L11.23-40）。

杜威认为纯粹的消极自由是"所谓的个人主义种种缺陷的根源"（L15.181）。他坚持认为，自由若被看作是"独立于社会纽带将最终造成社会的瓦解和无政府状态"（L2.329）。在他看来，"自由并不意味着消除自然和人类强加在共同体中的个体生活上的约束，以便每个个体放纵自己的冲动，去做违背他身为共同体成员的自身利益之事"（M8.297）。消极自由过多地集中在显而易见的公开行动自由——行动的机会之上，忽略了"指导和确保行动自由的必要条件的自由智慧的重要性"（L11.220）。它假设人们有能力行动，相信只要不危害他人或否认他人的类似自由，人们在不受干涉的范围内无论选择做什么都不重要，也不应该重要。

相反，杜威则相信"民主的自由观不是每个个体做他想做之事的权利，即使再加上附加条件'只要他不干涉其他人的同样自由'"（L11.220）。不明智的行动造成困惑和混乱，是没有价值的。主导行动的心理过程对自由的价值很关键，杜威关心的是作为价值的自由而不是根据情况而定价值高低的自由。"如果一个人的行为不被深思熟虑的思想所指导，那么它们就受轻率的冲动、不平衡的欲望、反复无常或片刻的环境所左右。培养不受限制、不加思考的行动简直就是一种奴役，因为它让人受制于欲望、感观和情景"（L8.186）。

杜威不是彻底抛弃消极自由。他认为消极自由是更重要的自由的组成部分。"免受限制的自由，即消极的一面只有在作为力量的自由的手段时才是值得称道的：这种力量就是将目的置于框架内，睿智地判断，由欲望支配下的行动后果来评价欲望；挑选把选择目标付诸行动的手段，并把它们排序"（L13.41）。杜威辨别出真正自由的三要素：1）行动效率，执行计划的能力，不受限制，突破障碍；2）变革计划的潜力，改变行动轨迹，感受新奇；3）欲望和选择成为事件因素的力量。杜威的自由作为力量的概念超越了柏林的消极自由所回答的问题：一个主体（个人或群体）在不受他人任何干扰的情况下去做他能做之事或成为他想变成的人的这个领域是什么？但这是否就是有关"谁或什么是能决定某人做某事或成为某种人的控制或干涉的源头"这个问题的积极概念呢？[3]

杜威更关心的是行动"如何"被控制而不是"什么或谁"。这把我们的注意力吸引到不同自由概念背后的不同心理学上。消极自由背后的心理学把个体的自我看作拥有既定人性的现成的、完整的、提出自由要求的主体。这样的个体概念导致把"自由看作个体的现成享有之物，只需要去除外在限制就能呈现出来"（L11.290）。与此相反，在杜威的心理学中，一个人不是固定的、现成的自我而是"通过努力得到的东西，而且这种实现不是孤立地完成而是在文化和物质条件的支持和帮助下获得的：'文化的'包括经济的、法律的、政治的机构以及科学和艺术"（L11.291）。在《自由和文化》中，杜威用"文化"取代"人性"作为自由问题的焦点。不是把个体与自然或他人"分开"或"独立",个体与其环境的"互动"才是自由的关键。自由行动所依靠的智慧不是个体、更高的自我或者社会实体"内"的天赋,而是个体或群体与环境互动的方式(L11.47)。

在杜威看来,自由成就于通过伦理生活获得的个体性成长。一个按伦理要求生活的人不断成长,她在别人共同行动的援助和支持下成长。这种自由不是"原本的天赋或礼物。它是通过努力和拼搏争取来的东西",不是孤立存在而是处于共同体之内(L2.61)。自由不是"可以通过严格的个人选择或行动来决定的个人问题"(L13.103)。在杜威看来,除了消除外在限制之外,社会行动获得个体自由的必要条件。

有些持有柏林所划分的"积极"自由观念的人也拥有消极概念所假设的孤立的、固定的、现成的自我。伊曼努尔·康德就是一个例子,他的自由概念以自主性来定义,关心的是"谁管制行为"而不是人们不受干涉地行动的领域。但是,与消极自由中的经验自我成对比,康德的自主性主体是超绝的,在自然因果律的范围外。[4]不过,其他的积极自由支持者把自由的自我看作发展过程的顶点。这些人中包括杜威所说的"制度唯心主义者"(institutional idealists),斯宾诺莎和黑格尔是代表人物。他们断言"自由是成长,是成就,不是原本的拥有,它实现于制度、法律的理想化和个体积极参与忠诚地维持这些制度法律,而不是为了个人判断和需要而废除或者削减它们"(L3.103)。杜威的积极自由和制度唯心主义者的积极自由非常相似,但也有重要的差别。

像消极自由的辩护者一样,制度唯心主义者也犯了"分裂主义"心理学的错误。消极自由和康德式积极自由的辩护者主要关心的是行动者,制度唯心主义者主要关心的是制度。积极自由的概念在谈到对行动的控制时,在自由的自我和他人之间假设"非此即彼"的观点。有能力实现自由的更高自我被认为是与不自由的经验自我完全区分开的"他者"。对康德来说，他律与自律相互排斥，要么自我在自然法下行动，要么自我根据理性法则行动，在特定时刻只能由一方控制。对黑格尔来说，虽然他的哲学中有整体主义主张，与社会实体形成有机统一体的完美的理性自我是与不完全理性的经验自我分开的，是"他者"。获得控制权并征服经验自我的更高自我是一个"他者"。经验自我的参与性被故意排除在自由行动之外。

相反，行动者和环境（包括但不仅仅限于制度）在杜威的互动主义心理学中都很重要。控制行动的问题并非要么"完全在我"要么"完全在他人"的问题。自由不是对行动的完全控制或排除低级自我和他者的参与或排除外部条件对个人行动的贡献，而是与情景中的不同因素在追求满意后果时结合起来的方式有关。这些因素，无论内在的或外在的，涉及行动者或涉及他人，在杜威看来，它们之间的区分都只是抽象的试探性的区分而不是形而上学范畴。

在柏林反对的积极自由概念中，自由是实现更高自我或它是对经验自我的控制。更高自我往往被等同于某种社会存在。"这个存在被认定为'真我'，通过把其集体的或'有机的'单一意志强加在拒不服从的'成员'身上，从而实现它自己的也是成员们的'更高'自由。"[5]因此，积极自由概念导致消极自由的失败。杜威对更高自我的词汇并不陌生："更高自我是个人超越她一直生活的低领域再前进一步形成的。因为走出了这一步，她进入到自由经验领域之中"（L7.308）。但是，杜威并没有把这个"更高自我"与经验自我本身区分开来，两者在成长过程中融为一体。成长的潜力，"改变的潜力，即使根据它来定义自由，肯定是现有的潜力，在某种意义上现有的东西"（L3.111）。把现有自我和其"更高自我"结合起来的过程不是受到更高自我的指导而是依靠现有自我智慧地行动，动用洞察力和远见卓识把各种手段组织起来产生更高自我。更高自我不是由现成理想定义的而是按照现有自我形成的。根本不存在更高自我"统治"现有自我的问题。

而且,杜威并没有用完美主义者的思想理解"更高自我",它不过是个人成长过程中的一个个阶段而已,并不是最终阶段。相对于过去自我的"更高"自我永远可以变得更高。相反,与柏林的积极自由概念有关的自我是完美主义者的概念,自由在于实现完美的自我,在最终意义上比经验自我更高的自我,作为完美社会和宇宙秩序的一部分。完美主义隐含的意思是存在解决所有问题的"最终方法",对任何问题都有唯一一个正确答案,只有一种正确的生活方式。正是这种完美主义在历史上把积极自由变成如此可怕的东西。这种完美主义与杜威哲学是根本对立的,在杜威哲学中,自由的可能性意味着"存在真正的不确定性和偶然性的宇宙,一个并非一切都在其中的世界,一个永远不会完成的世界,一个在某些方面不完美仍然在制造中的世界,在这些方面,可根据人的判断、珍惜、热爱和劳动而作出某些改变"(M11.50)。

自由即成长

杜威把"自由的基本问题"定义为"选择和不受阻碍的有效行动之间的关系问题"(L3.104)。智慧是这种关系的关键。"唯一具有持久重要性的自由是智慧的自由。即根据有内在价值的目的而进行观察和判断的自由"(L3.39)。虽然他常常强调思想自由的首要性,但是思想只因它可以体现在行动才是自由的。[6]行动只有在有思想的时候也就是体现了某种思考和选择时才是自由的。杜威没有把选择的意义放在意志的自由即选择的先行项上。选择的意义在于它的后果和从先行项到后果的过程。

一个需要选择的现有情景是现状和未来之间的枢纽。过去和未来都让这个情景具有不确定性。未来的不确定性是因为它是开放性的,有无限可能性。过去的不确定性是因为存在理解过去事件的无限的方式，这些事件可能对未来产生影响，因为一个人的生活历史非常复杂，总是存在着行为持续多样化的可能性（L3.96）。就过去如何通过现在影响未来而言，选择对自由的意义是行动带来差别的可能性。"预测未来的客观选择和能够靠思考从中选择一种，从而衡量它在争取未来存在的斗争中的机会，这是衡量自由的标准"（M14.214）。智慧意味着把我们的目的置于框架内，通过对经验的洞察和对行动的可能后果的预见能力组织实现它们的手段。因此，选择需要智慧，"使用过去经验来影响和改造未来经验的力量"（M11.346）。

智慧和自由的关系是螺旋式的而不是线性的，评论家有时候会误解这一点，例如伯伊德·波德在《在十字路口的进步主义教育》中的主张："在杜威看来，自由是通过运用智慧而获得的。但他的一些辨别力不强的学生把他的意思理解为智慧是通过运用自由而实现的。"[7] 波德和"辨别力不强的（杜威的）学生"都忽略了杜威观点中手段和目标内在联系的重要性，此内在联系创造出一种螺旋式上升的相互促进过程，无论是自由还是智慧都可以成为这个过程的起点。究竟哪个得到强调、哪个被看作目的、哪个被看作手段取决于具体情景。

人们不一定首先拥有智慧然后才能拥有自由。要捍卫杜威的观点不被歪曲，认识到这一点很重要。杜威并没有否认"不聪明的人"的自由，也没有为"强迫人们变得聪明"的观点辩护。如果要把潜在的智慧发展成实际智慧或者增加智慧的话，就必须有思想和实验的自由，但是一个人如果不智慧地行动，最初的自由仍然是消极条件、错过的机会和没有多大意义的自由。对杜威来说，自由和智慧都是相对性的概念。刚开始，我们都有一些自由和智慧，在随后的人生中，我们不大可能实现任何一个的最大化，但是一个充满活力、不断成长的人生就是智慧和自由相互促进的人生。

"在自由的名义下，人们实际上珍视的内容是多样的灵活的成长力量以及习性和性格的变化,这些都是从智慧的选择中产生的"(L3.111)。智慧的选择通过把培养个体性和为共同体做贡献的目的置于框架内,并组织实现这些目的的手段而有助于成长,在杜威看来,成长是唯一的道德目标(M12.181)。智慧的选择"扩大了行动的范围,这种扩大反过来给予欲望更强的洞察力和远见,并使得选择更明智"(L3.104)。一个小孩或许通过逃学实现玩耍欲望的即刻满足或许老老实实地去上学。前者虽然得到了即刻的满足,但是造成的后果可能限制未来的满足(不仅限于大人的惩罚)。至于上学,满足或许被推迟了,但孩子有机会在未来得到更多的享受,这部分是因为能更容易获得更多的物质资源(通常情况下,但不一定),部分因为开发了更多的潜能(如阅读能力、理解能力和从现代技术中获得利益的能力、艺术欣赏能力等)。开发个人潜能也能让她对比和鉴别不同享受并作出智慧的选择。

开发个人潜能并不能让人摆脱生活中的所有烦恼和痛苦,虽然它帮助人摆脱部分烦恼。而且,有能力获得更多享受或许需要培养敏感性,但是这种敏感性也可能让人的痛苦更强烈。笔者不打算陷入用以证明痛苦和苦难能让人变成更好的人的无休止争论,笔者只想指出,在人们能开发的潜能中就包括那些让他们能够更好地理解痛苦的能力,在痛苦难以避免时,能把它作为丰富自己经历的因素而不是完全负面的因素来承受。[8] 更自由不一定让我们更幸福。潜能的发挥所能做的是增加未来选择和行动的范围,所以智慧选择和智慧行动在不断扩大的螺旋式成长过程中联系起来。

"对个体来说,自由意味着成长,在需要修改的时候乐意作出改变"(M12.198;L7.305)。它是"个人潜能的安全释放和满足",是我们未来自我的塑造(L2.329)。它也是我们未来世界的塑造,因为我们的自我并不是在孤立情况下而是在与环境的互动中成长的。这并不意味着对自我或世界的彻底控制(M11.50)。在未来存在的斗争中,我们只能在"客观选择"中作出选择并"衡量其机会的大小"[9]。一个人即使尽了最大努力，她选择的行动也可能失败，但只要行为在某种程度上确实是智慧选择的体现，便能学到一些东西。因为有智慧自由，她能够把沮丧和失败转变成有助于未来选择和目的的因素（L3.105）。"自由构成一种行动趋势，让选择变得更加多样化和更加灵活，更具可塑性和更清楚地认识到自己的意义，同时扩大它们无阻碍操作的范围"（L3.108）。因此，寻找自由指向"某种成长；体现在某种后果而不是在先行项上。我们自由不是因为我们在统计学意义上是什么而是在于我们变得和长期以来的情况不一样了"（L3.108）。

无法控制的众多因素不仅进入我们选择的后果而且渗入选择本身。其他人在可供选择的备选答案中，在我们对替代选择的理解中可能发挥关键的作用，尤其当我们选择这个而不是那个的时候。如果人不能完全控制，是什么决定了选择及其后来的行动是自由还是不自由呢？他人的哪些干涉不会破坏个体的自由呢？答案在于智慧的融合功能和成长的有机统一性。我们不能被迫智慧地行动和成长，因为强制使得我们与行为目标疏远，造成冷漠及经验和人格间的分裂等后果。在成长中，经验是圆满的；它获得一种有机的统一体。在不自由的行动中，人们的行动实现的不是自己的目标而是别人的目标。杜威把"将目的置于框架内的力量"作为自由的重要组成部分的观点与柏拉图把"奴隶定义为实现别人目的的人"正好吻合（L13.43）。

一个目的不是自己的目的并不是因为她不是该目的的最初作者，也不是因为它不完全是自己的创造，而是因为此目的与自己的其他目的之间、此目的与自己的手段之间缺乏有机的内在联系。在智慧的、自由的行动中，手段和目的内在统一，目的不仅限制手段和提供用来评价手段的充分性的标准，而且随着行动者对手段的认识逐渐增多，手段将提炼和扩展目的。而且，经过智慧挑选的目的在本质上与个体可能拥有的其他目的相联系，所以每个目的都可以增强其他目的的意义,从理想上说,它们形成一个和谐的整体。发挥"具有持久重要性的自由"的目的是"具有内在价值的东西",意思不是作为"目标本身"而是内在于个体生活的(也就是与之有内在关系),与她的长期存在和可能的未来有联系。内在关系不是通过强制形成的,它们是在个体的生活经验中逐渐出现的。一个行为如果没有个体的参与是不自由的,这参与是靠她独特的生活历史和目的与手段的智慧结合。如果一个人成功地建立这样有机的内在关系,无论来源,那目的就成为自己的目的,实现这个目的的行为就是自由的行动,不管他人对这个选择和行动作出什么样的贡献。如果缺乏这种内在关系,一个人的选择和随后的行动就是不自由的,即使这个目的是来源于她本人。

如果我对一个目的的价值判断来自我的经验,该目的就是我自己的目的:当我的经验促使我理解自我和情景,我认识到它是朝向理想的生活方式、更美好的世界和更好的"我"的构成性手段。这样的目的随着新经验而不断作出修改。这种灵活性对环境与我自己的有效互动非常关键,但在不自由的行动中,它是缺失的,因为其目的不是我的目的。在不自由的行动中,目的是外在的,是别人为我定的。任何变化都将来自强制的源头或得到其许可。我不能改进或者扩展这个目的,即使我的经验提供这么做的根据。当行动不自由时,不仅灵活性而且主动性和努力都会受到影响。我自己的目的要求个人投入,体现在我注入组织手段实现该目的的主动性和努力之中。虽然这种模式在人生重大决策中更加明显,但通常也可应用在任何行动上。

若一个行动不是我自己的,我对后果的兴趣将大幅度削减,我的主动性和努力也跟着大大削弱。强迫一个人做某事,通常得告诉她每个阶段到底应该做什么。不能指望她按自己的方式完成这项任务或把工作做得很完美,是因为要么缺乏对该目的的理解要么缺乏对该目的的投入。但是,这常常被忽略,因为对不自由的行动的讨

166

论常常只针对简单的、单一步骤的行动。对简单的行动，我们需要提出的问题是它如何与个体的其他行动联系起来，我们将发现受到强制的人试图把不自由行动对她生活的影响降到最小。相反，对自由的行动来说，智慧的人试图将其影响最大化，尽可能多地把它与其他目标和行动联系起来。

想象一个情景：一学生被迫选修一门非她最初选择的课，但这个学生即使在没有监督和持续强制的情况下仍然非常主动和努力地学好这门课。笔者想说的是，如果是这种主动性和努力使她对这门课产生真正的兴趣，而借此兴趣驱使自己学得更好。这就显示了她已经在相应程度上把这个目的变成自身目的，最初的不自由行动已经变成自由的了。但是，"监督和持续强制"可有多样形式。或许没有人不停地从背后监督她，但如果失败的代价很大的话，她的主动性和努力不一定显示她真正把这个目的（学习某门课程）挪为己有，重新授权该目的变成自身目的，而是为了追求一个她自己的不同目的（即避免失败的惩罚）。

如果目的仅仅是避免失败的惩罚，她就会只做最小化的必要努力，如果存在更容易避免惩罚的方法（如考试作弊不被发现），她可能也愿意尝试。如果学习这门课的目的已经成为她的自身目的，她可能认为获得的技术和知识是对美好生活和成长的贡献，那么作弊就适得其反。而且，两个情景在修改目的的灵活性上也不同。当她把这个目的修改为自身目的后，或许发现自己会学习其他相关课程不是因为它对原先课程是必要的，而是因为经验扩大了这个目的。或者，如果经验显示它已经失去了针对新目的或她的其他目的的价值，她就会停止学习这门课了。如果她的学习仍然受到强制，她将不会做前者而不可能做后者。

因此，我们可以充分地捍卫杜威的自由观，抗拒威权教条"强迫人们自由"的渗透。考虑到杜威的人格人概念和重建儒家的类似概念的相似性和杜威对消极自由的批判，我们可以期待儒家民主中的自由将采取积极自由的形式。学习了杜威对自由的理解后,笔者接下来试图描述可维护的儒家积极自由。

儒家的积极自由

现代汉语中用来翻译"freedom"的汉字"自由"在汉朝之前并不存在,即使存在也没有现在这个用法的含义。分开来看,自和由常常出现在汉朝以前的文献中,意思分别是"自己"和"从",它们的结合显示了自我是思想和行动的源头。虽然存在差别,古代汉语和现代汉语之间存在足够的连续性,用"自由"翻译"freedom"在这个讨论中让人感兴趣。它显示中国人的思维更感兴趣的是"谁管制"的问题而不是"什么是个人能随心所欲的领域"。秦家懿把"自由"直译为"self-determination"(自决)[10]。

表示"自发性"(spontaneity)、"自己这样"(self-so-ing)的词"自然"常常被看作是古代汉语中意思最接近"自由"的同义词。从传统上说,道家一直比儒家更关注自然,更关心人与自然的互动。但是,也可以辩说儒家并不是不关心自然,尤其是当我们考虑到对天的理解包括自然和文化两部分的时候。在道家中,自然与人际关系相关。虽如此,在谈到早期儒家的自由概念时,可能存在更强大的竞争者。张东荪宣称"古代中国人根本没有西方的自由概念",但是他认为"自得"与自由有相似之处。儒家的"自得"概念和西方的自由概念拥有不同的起点、不同的含义,但在态度上确实非常接近。其他人愿意从"这种相似性"中归纳出更多东西,专门研究宋明理学的狄百瑞,从"自得"及其相关观念的基础中发现了整个中国自由主义传统。[11]

张东荪并不主张自由概念在当今儒家中没有地位。正好相反,他认为,在中国社会形成自由、民主但仍然带有儒家色彩的文化是他们一代中国人的最重要任务。他认为实现这个目标的最好做法是学习西方文化，但不是盲目地模仿。在他看来，自由是一种文化价值，所以当它在某个社会中实现时，其实际内容将永远是根据社会的历史和文化背景而定的。他理解的西方自由概念是消极自由和积极自由的混合体（如果我们回头使用柏林的区分的话），在不同时期和不同社会，根据具体的历史和文化需要强调自由的不同方面。这个西方概念在他的描述中，在其与道德、理性的联系上和儒家最接近，也就是自由的积极维度。他认为中国文化所缺乏的内容是自由的消极维度，这种缺乏可以通过理解西方文化和有选择地向他们学习而得到弥补。他认为消极自由对积极自由来说必不可少。[12]

即使古代中国人没有实际的自由概念，但徐复观据理力争，认为自由的意识早在周朝初期就已经很重要了，当时重要的哲学议题之一就是一个人的人生——幸运或不幸、成功或失败——不仅仅是天命的结果，而是与其伦理行动或非伦理行动有关。无论他们对自由概念在从前儒家思想中是否存在的问题有何争论，那些把儒家看作当今一种可行的生活方式的评论家都普遍同意儒家与自由的契合性。有人甚至指出，如果没有自由，儒家理想就没有办法实现，无论这种观点是否得到早期儒家的认可。虽然在具体内容上存在差异，但普遍存在的共识是与儒家一致的自由不可能是纯粹的消极自由，从最好处说，消极自由不过是儒家积极自由的补充。[13]

徐复观为自由的"自作主宰"概念辩护，而牟宗三的自由概念显然是康德式的。德国唯心主义尤其是哲学家康德和黑格尔的强大影响也体现在唐君毅和张东荪的自由概念中。何信全认为，这些新儒家的自由概念只有在把积极概念和消极概念结合起来以后才有可能导致民主。新儒家通过把他们的积极自由概念限制在个人伦理领域，只把消极自由概念用于政治中来实现这个目标。何信全用来支持其观点的证据之一是徐复观的主张，即在先秦儒家中，人们明显辨别出修己和治人的合理要求上的差别。[14]但是，考虑到早期儒家伦理和政治密不可分的显著特征，这显然是有问题的。徐复观区分

第五章 权威自由

的修己和治人不应该与伦理和政治的区分混淆。它是在儒家的政治—伦理模式内作出的区分。我们也不能在儒家背景下把积极自由用在自身，把消极自由用在别人身上。虽然存在差别，早期儒家文献有充足的证据说明，不能把我们对他人自由的关心仅限在消极自由上，就如我们不应该把自己的自由仅限制在消极自由上。我们需要一条另类的道路通向儒家的积极自由，它应该是民主的，同时不落入为"强迫他人自由"的行为辩护的困境。

在《论语》中寻找"freedom"的对等语如自由、自然和自得将是徒劳的。但是，当孔子告诉我们"七十而从心所欲不逾矩"（《论语》为政第二第4节）时，难道不是在宣称一种自由吗？这不是假定一个固定的和现成的自我的现成的消极自由。它是一种积极自由，是经过漫长而艰苦的修身努力实现的积极自由，其中这个人或自我绝对不是固定的或现成的，而是随着时间的推移不断改善的。在此过程中，我们看到了类似杜威的自由即成长（也是智慧自由）的概念。孔子的个人修身过程开始于十五岁，"吾十有五而志于学"。适当进行的学习一定涉及到思考，这种把学习和思考结合起来的做法就是要回答"应该做什么"的问题，类似于杜威哲学中的智慧，即通过确定现在的情景和选择行动方式，观察和反思过去的经验以便影响未来经验。和智慧一样，学习和思考在孔子看来就是通过自己与环境的互动来实现的。

要互动良好就是要为自己在更广泛出现的事件中发现或共同创造一个正当合适的位置。这是通过礼仪实践来完成的，同时把体现在自我约束形式的限制与给予每个行为个别意义的创造性结合起来。从三十岁开始，孔子已经略有建树，"三十而立"。对自己在更大环境中的地位的认识意味着个人经验的更多连贯性。一个人可以更好地认识到发生的事因而找到前进的道路，便不受"迷惑的困扰"，正如孔子说的"四十而不惑"。他与环境互动的精湛技巧继续提高，到五十岁时"知天命"，到六十岁的时候，一听别人的话便

170

可心领神会，分辨是非，"六十而耳顺"，一直达到"从心所欲不逾矩"的自由境界。自由不只是在这个过程的终结时才出现。"志于学"时也有自由，但是无论在规模还是质量上都比他在七十岁时得到的自由相对少些。正如杜威一样，在孔子看来，自由是相对概念。随着个人修己的成功和伦理成长，其自由越来越多。

虽然上文追溯的相似性给我们一些信心，以为采取与杜威类似的策略也可能成功防止儒家的积极自由被威权思维变质，但是我们需要更详细地为它辩护。因为相似性并不是同一性，可能存在种种不适于杜威哲学的批评却适用于儒家思想，有些批评对两者的损伤力也不一样。柏林在对积极自由的批判中辨认出一种自由是"旨在获得独立性的自我克制"。为了避免被外在限制摧毁，人们把自己从个人知道或恐怕无法实现的欲望中解放出来，无论这些外在限制是法律还是自然的偶然性或他人故意的破坏或他人行动或人类机构的意外后果。[15]这是爱比克泰德的自由，他宣称自己作为奴隶比他的主人更自由。这种自由概念成为威权主义的帮凶，因为它把实施强制（无论这种限制是否具有合理性）的他人的问题转移到行动者本人身上。如果一个人要自由，必须改变的是行动者个人而不是世界，孔子的自由是把外部限制"内化"的例子吗？他是逐渐爱上身上枷锁的人吗？

虽然孔子并不赞同欲望和理性或伦理性与行为的二元论（比如他提到"欲仁"），但他称赞孟公绰"不欲"（见《论语》宪问第十四第12节）。在欲望与伦理行为不存在绝对对立时，真正重要的是伦理欲望和非伦理欲望的区分。一个人应该摆脱贪婪和满足物质欲望的任何过分要求，这些是非伦理的。避免这些非伦理的欲望将把人的精力引导到符合伦理要求的欲望上来。更仔细地阅读《论语》中使用的"不欲"就能证明这一点。孔子认为孟公绰适合担任晋国诸卿赵氏、魏氏的家臣（见《论语》宪问第十四第11节），而一个贪婪的人处在这个位置上很容易腐败和滥权。孟公绰的寡欲、不贪

第五章　权威自由

使他非常适合这个职位。"不欲"被视为不贪的另一个例子是,当比周公更有钱的季氏担心窃贼光顾时,孔子对他说,"假若你自己不贪欲,就是奖励偷窃,人们也不会偷窃"(季康子患盗,问于孔子,孔子对曰"苟子之不欲,虽赏之不窃"。——《论语》颜渊第十二第 18 节)。季康子的贪婪建立在牺牲民众利益的基础上,百姓在贫穷和绝望中求助于盗窃。

孔子的自由不是消除所有欲望的自我克制。与柏林批判的自我克制相反,人们从某些欲望中解放出来不是因为无法实现它们而是因为不应该去实现这些欲望。在前者,无论外在限制的伦理性如何,"内在化"都会发生。而在后者,限制的伦理性与否对个人的行为具有最高的重要性。虽然涉及对欲望的评价和为了某些欲望而回避其他欲望,但是孔子的自由并非志在"削减个人受制于外因的脆弱领域"。"削减"欲望不会限制而是帮助自我的成长。它究竟会降低还是增加个人面对世界的脆弱性是见仁见智的问题。因为修身的后果是通过德来体现的,笔者把它翻译成"excellence",但它也包含有美德和力量(virtus, potency)的意思,所以效益在儒家的自由中就像在杜威的概念中同样重要。即使如此孔子也没有认为世界处于个人的完全控制之下,即使此人是圣人。在更大的积极自由中发现个人欲望更容易受挫是可能的,遵从自己的欲望而不跨越边界并不能保证该欲望就获得满足。在世风日下的社会,当大道不占上风的时候,满足非伦理的欲望比实现伦理欲望可能更容易。

孔子七十岁后从心所欲不逾矩所指的就是伦理欲望和非伦理欲望之间的边界,是他的伦理生活(道)的边界。在这些边界内发现的自由并不是像消极自由那样让个人处于他人对立面的位置。孔子的道把自我和他人结合起来以实现和谐共同体。儒家价值观,如仁义礼智信,都是在人伦关系术语下理解的。贯穿孔子教导始终的是"恕"的概念。"自己不想要的事,即不要强加给别人"(己所不欲,勿施于人。——《论语》卫灵公第十五第 24 节)。《大学》中称之为

"絜矩之道"："厌恶上级的某些做法，就不要用来使唤下级；厌恶下属的某些做法，就不要用来对付上级"（所恶于上毋以使下；所恶于下毋以事上……此之谓絜矩之道。——《礼记》大学第四十二）。汉字"矩"就是在上文提到的《论语》中孔子七十岁时的自由中被翻译成"boundaries"的同一个字。这个矩标志着一个正方形的边界，是一个用来说明体现道的圣人行为的伦理标准的隐喻，标志着伦理行为和非伦理行为的边界（《孟子》离娄章句上第1节、第2节）。孔子从来不曾跨越用这种隐喻性的矩尺划定的边界。①

这种矩尺隐喻或许误导我们认为伦理边界似乎是外部标准，如果置自由于其中，人们就可以通过外加强制这些标准而被迫变得自由。一个矩尺所标定的方形是可客观确定的，因为其标准是跨主体的和超文化的。但是，伦理标准中的"客观性"并不是绝对的，而是可以随着时间的推移和个体行为的积累而改变的。问题是那些依靠精确性不一的工具而不是抽象定义的具体标准。而且，矩尺在何时使用总是取决于艺术家的判断或敏感性。矩尺的重要性不是其外在性（现成的物理属性）而是手艺人使用它的方法。作为相对稳定形式的"什么"或许是外在的和相对固定的，但是控制每次使用的具体内容的"如何"对每个具体使用情景来说都是独特的。而且，随着时间的推移、个体实验和经验的积累，工具可以得到改进，外在的物理属性也将发生改变——我们不再称它为"矩尺"也没有多大关系，因为最重要的是这个工具发挥的功能。

因此，道不是行为的固定标准或完美主义者的理想。它是从个人的经验中产生的东西，虽然这个经验往往牵涉到与我们交往的其他人，但是若从外部强加上去的话，它就不能带来伦理上的成功。

---

① 杜维明指出，儒家的人文精神有两个基本价值：一是恕道，即"己所不欲，勿施于人"；一是仁道，即仁爱的"仁"，"己欲立而立人，己欲达而达人"。请参阅杜维明：《儒家的人文精神与文明对话》，《世纪大讲堂》，见《共识网》http://www.21ccom.net/articles/sxwh/shsc/article_2010082316459.html。——译者注

"人能够宏扬道，不是道能宏扬人"（人能弘道，非道弘人。——《论语》卫灵公第十五第28节）。道的这种"出现"就像杜威哲学中的智慧自由，要求个人行为与个人经验的其他部分的有机统一，这就排除了把强制作为手段的可能性。强制只能带来表面的服从，如一个人可能强迫另一人走上某条道路，但是即便她顺从了，她也不能被强制"认识道"[16]。对儒家之道的知要求你在学习和思考中把经验和道结合起来，正如杜威哲学中智慧通过现在的行动把过去和未来结合起来一样。儒家的自由在于认识道而不是跟随道，它是无法通过强制而获得的。

对修己过程——通向自由之路——的进一步考察也显示，为什么"强迫人们自由"在儒家中是自我挫败的行为。"实行仁全凭自己，难道凭别人吗？"（为仁由己，而由人乎哉？——《论语》颜渊第十二第1节）这里，我们讨论的不是终极来源［由］而是在特定背景下才重要的来源。其他人或许对我们修己的过程有贡献，但是，正是个人的努力使此成就成为自我的实现而不是造就一个只会高效地完成指令的机器人（无论命令多么有睿智）。为了说明这一点，我们可以借用孟子的宋人揠苗助长的故事，"有一个担心禾苗不长而去把它拔高的人"，他以为是在帮助禾苗生长，实际上却把禾苗给弄死了（助之长者，揠苗者也，非徒无益，而又害之。——《孟子》公孙丑章句上第2节）。庄稼有时候在人的干预下长得更好，如雨水不足时浇地，雨水太多时挖沟排涝，施肥、拔草、修剪等等，但是揠苗助长不是帮助它成长的方法。其他人或许帮助我们修身，如有意识地讲解，树立学习榜样，或非故意地成为典范或反面教材，提供各种需要的经济和社会条件等，但强制并非帮助修身的方式。强制不能让我们获得自由。

在《论语》颜渊第十二第7节中，孔子说，如果迫不得已，政府无法同时实现粮食、军备和民众信任三个目标，那么，政府首先应该去掉军备，其次去掉粮食，最后才是信用。（足食，足兵，民信之矣。子贡曰："必不得已而去,于斯三者何先？"曰："去兵。"子贡曰："必不得已而去,于斯二者何先？"曰："去食。自古皆有死,民无信不立。"）有学者把这篇理解为把伦理考虑提高到物质财富之上的主张的另一个台阶。毕竟"君子,吃不要求饱,居住不要求舒适,办事勤劳敏捷,说话却谨慎,接近有道之人以匡正自己,这可以说是好学了"（君子食无求饱,居无求安,敏于事而慎于言,就有道而正焉,可谓好学也已。——《论语》学而第一第14节）。而且,"志士仁人,没有谁贪生怕死以害仁,只有人勇于牺牲来成全仁"（志士仁人,无求生以害仁,有杀身以成仁。——《论语》卫灵公第十五第9节）。扩展到治人时,这可以被用来为某些做法辩护,如为了民众的伦理进步,拒绝给予民众安全和物质需要,在极端的时候甚至牺牲人的生命。这恰恰是柏林批判的积极自由,也是威权主义结论。

徐复观反对这种诠释。他认为即使孔子强调在修身时,在自己的行动中应该把伦理考虑放在首位,但是在说到治人时,民众的安全和物质需要就必须放在首位。在被问到一个国家已经拥有了众多人口之后（假定是因为政府能够为民众提供充分的安全和物质需要）,政府还可以做什么时,孔子的回答是"让他们富裕"和随后"教育他们"（见《论语》子路第十三第9节）。这个途径也体现在《孟子》有关仁政的讨论中。[17]但是,这种差别不是公然违抗孔子的格言"能够就眼前选择范例做起,可以说是实践仁的方法了"（夫仁者,己欲立而立人,己欲达而达人。能近取譬,可谓仁之方也已。——《论语》雍也第六第30节）。当他人强迫一个人作出安全和物质需要上的牺牲时,这和她个人自愿为之牺牲是不能相提并论的。它不会导致被强迫者的伦理进步,也就是不能达到被用来为手段的合理性辩护的目的,因为受到强迫的行动无法与他自己的目的和经验的其他部分构成一个有机整体,由于这个行动不是从个人的思考和学习中产生的。

第五章 权威自由

作为修己的结果的伦理进步，也就是积极自由，它是每个人必须依靠自己获得的东西（自得）。这就是为什么孔子认为"好学"非常重要，而且曾批评过一个懒惰的学生，该生显然不好学，在本来应该学习时打瞌睡，说他"朽木不可雕也"（《论语》公冶长第五第10节）。伦理进步是个人为自己提出的目标。孔子称赞那些古代人求学的目的是"为了修养自己的学问道德"，而现代人求学的目的是"为了给别人看"（古之学者为己，今之学者为人。——《论语》宪问第十四第24节）。有些译文把"别人"替换成"别人的赞扬"。孔子不会抗拒赞扬或别人的肯定和赞美本身，他反对的是称赞那些名不副实的人，因为他们没有依靠修己和为共同体做贡献达到真正的伦理成就。

考虑到自我的人际关系特征，一个人的求学成功将有益于他人，但是只有在学习结果是在自身时，即成为个人存在的一部分因而也是自己与他人建立关系的方式时才行。"君子依照大道不断深入探求，是想自己能融会贯通掌握大道。能这样就能安心地守护它而不动摇，安心守护它不动摇，就能积蓄得很深，积蓄得很深，便能汲取不尽，左右逢源"（君子深造之以道，欲其自得之也。自得之，则居之安；居之安，则资之深；资之深，则取之左右逢其原，故君子欲其自得之也。——《孟子》离娄章句下第14节）。当道体现在自身时，它就能不断更新，因为它从个人经验中流出，随着经验流动，它成为自身经验，通过个人修身变得更加连贯和有意义的自身经验。

人们并不是在不受干扰的情况下在孤立中修身。修己只有在与人交往中才能出现，只有在共同体中才能达到高峰。在谈到关心别人的自由即关心别人的修身时，儒家的态度不是不干涉政策。孔子不仅"学而不厌"而且"诲人不倦"（《论语》述而第七第2节、第34节）。一个人应该干涉以便实现积极自由，即通过提供伦理生活的积极条件而帮助他人实现自由。像杜威为他那个时代经济中的政治干预的必要性辩护一样，孔子相信好政府应该采取积极行动确保民众的生活，因为他也认识到经济条件改善对伦理生活非常重要，尤其是在人们开始提高自身修养时。正如孟子所说，"有固定的财产，才会有坚定的信念；没有固定的财产，便不会有坚定的信念；假若没有坚定的信念就会放纵自己胡作非为，没有什么坏事干不出来。等到他们犯了罪，然后加以惩罚，这等于陷害百姓"（有恒产者有恒心，无恒产者无恒心。苟无恒心，放辟邪侈，无不为已。及陷乎罪，然后从而刑之，是罔民也。——《孟子》梁惠王章句上第7节）。好政府不是为民众设下圈套，而是应该为民众的伦理生活开辟道路，采取积极的非强制性行动帮助民众获得自由。

隐含在早期儒家但在杜威哲学中明确指出的积极自由概念是建立在伦理和政治密不可分的基础上的。这是各自的伦理—政治秩序的重要组成部分，同时不至于为威权政府"强迫民众自由"辩护。对杜威来说，一个社会究竟是把消极自由作为目标合适还是把积极自由作为目标合适取决于具体的历史文化条件。当代中国学者已经主张把消极自由纳入到儒家的自由概念中以满足中国社会的当代文化和历史需要。但是，认为人们可以简单地把两种自由结合起来就未理解柏林区分两者的意义。这个区分不是绝对的，但是谁治理？政府的边界是什么？究竟更多强调哪个问题对伦理和政治行动具有重要的隐含意义。

与其说儒家社会需要两种自由，不如考察每个社会的具体情况，询问在当前情况下是需要强调积极自由还是强调消极自由，虽然长远的理想应该是积极自由。但是，即便我们的调查显示强调消极自由的必要性，儒家社会对于政府的干涉如何界定或许仍然有别于西方社会。后者对此问题的答案主要集中在个体权利上，最近也考虑一些群体权利，但是，权利概念是否能在儒家社会秩序中获得西方那样的突出地位是令人怀疑的。

第五章　权威自由

发言权与言论得体

权利概念不是杜威政治哲学的核心，这和大部分当代自由派理论家不同。[18]虽然1908年的《伦理学》多次使用这个概念，但是在1932年的《伦理学》中，它差不多都消失了，甚至在"思想和言论自由"那一章节中也很少见。有可能是他对当代话语中的"权利"概念的批判性观点让他放弃这个概念，认为在讨论自由时，权利不仅没有帮助反而会误导人。这一点，加上他在实现民主的政治形式问题上采取的非教条性的灵活态度使其哲学更接近儒家，在儒家哲学中，消极自由也需要法律和权利之外的其他手段的保护。有些学者反对把权利概念引入儒家话语的策略，他们认为，权利的重要功能可以通过更有助于儒家的其他概念和实际手段来实现，同时避免使用西方权利概念带来的麻烦。[19]更折中的途径是，承认虽然当代儒家社会可能需要更严肃地看待权利，但是人们或许不应该忽略现有可能更好保护消极自由同时不阻碍积极自由的其他手段。

就儒家社会应该将权利制度化而言，与儒家更加吻合的是杜威的权利概念而不是自主个体的天赋权利概念。当自然法或道德法或积极的法律保护某种具体自由时，权利就出现了。杜威不相信有自然法，法律是人制定的。他认为权利来源于社会确认和保护某种行为的需要，"权利是整个社会的力量赋予个人的个体力量，它站在法律之后支持法律"[20]。和把权利看作"王牌"的鼓吹权利优先的人不同，杜威反对在通过法律手段对某种利益实行社会授权和保护之前或者在不考虑这些情况时，个体能够拥有政治权利。"权利虽然存在于个体身上，但它却有社会源头和意图"（M5.394）。

一个社会的成员在任何时候应该拥有的权利随着经验和个体成员的需要的不同而变化。不管这些权利是什么，它们决不是无限的。"根本就没有绝对权利，如果指的是与任何社会秩序没有相关关系，因而不受任何社会限制的话"（M5.395）。任何权利都附带了在社会确定的边界内使用它的义务。与许多鼓吹权利的西方人不同，在杜威看来，权利和利益没有明显不同。这让他更接近中国人有关权利的想法。中国人把"rights"译成"权利"，这词或许可以被理解为"平衡利益"。[21]杜威的权利概念的社会性和灵活性让它成为一个更适用于保护儒家社会中的消极自由的可能政治形式。

言论自由的权利是在民主的社会组织中个体在理论上获得的权利整体的核心（L7.358）。在最低层次上，言论自由的权利被作为"安全阀"来捍卫：让不满意者用言语表达自己的不满能够预先阻止更大灾难的爆发。虽然并不否认这个功能，但杜威看到更积极地保护言论自由的必要性。"除了那些最顽固地坚持自身观点和想法的人之外，公共言论为人们提供了成长的机会，提醒人们注意他人的观点和经验，促进自己的学习"（L7.361）。如果没有言论自由和其他形式的个人意见表达，就没有思想自由，杜威坚持思想及其表现之间存在的是有机关系。必须从法律上保护言论自由，因为用小奥利弗·温德尔·霍姆斯的话说，"人们渴望的终极的善能够通过观点的自由交易而更好地实现，检验真理的最好方法是思想在观点沟通的市场上赢得认可的力量"[22]。杜威认为言论自由是"智慧自由传播"的最起码要求，如果没有言论自由"就没有机会形成共同的判断和目的，也没有机会让个体自愿参与政府事务"（L7.358）。

对杜威来说，美国《权利法案》中保护的所有权利都是得到保障的，因为若没有了这些权利，个体就不能自由发展，社会就被剥夺了人民可能为之作出的贡献。个人的成长促进社会的成长。言论自由的权利不仅对享受言论自由的个体很重要，而且对社会的健康及其文化发展也非常重要。一般来说，如果没有讨论的自由，至少存在于经过挑选的群体中，文化就不可能繁荣发展。杜威反对那些认为权利概念只是个体的要求的观点，他强调了权利的公共功能。他认为，把权利仅仅看作个体所拥有并与普遍福利对立的观点更容

第五章　权威自由

易使个体权利为普遍福利而牺牲（L7.362）。言论自由的权利保护了智慧自由，智慧不是个体资源而是社会资源，而且是最重要的社会资源。言论自由是"人类发现的把保留已经获得的价值与朝向新利益的进步结合起来的最好方法"（L7.361）。如果我们承认在任何特定情况下的普遍福利不是现成的或固定的而是依靠特定情景的，只能通过智慧的公共讨论和探索来决定的话，我们将看到在大部分情况下为了公共福利而压制言论自由权利的主张的荒谬性（L11.47-48）。

但是，法律保护言论自由权利只是最低要求，完全不足以保障思想和言论的自由。杜威指出，对言论自由和思想自由的限制没有民众设想的那么明目张胆、那么粗劣、那么直接；求助于法律并不容易消除这些限制。一个公开宣称尊重言论自由权利的机构或许受到"好形式的传统"的束缚。除了"无事忙"的行政管理活动的增长，狭隘的过分专业化的职业主义侵袭、对威胁现状的不确定性和未知内容的恐惧等都能限制言论自由并造成智慧自由的衰落（L7.207-209）。

如果话语不过是"廉价的言论"而没有积极后果，因为发言者并不打算用行动支持言论，或言论根本被完全忽略，或有人故意避免更进一步的后果的出现，那么行使言论自由的合法权利本身并不构成真正的自由。政府可能寻求公众的反馈意见，但是不管会出现什么新信息或新考虑，根本就没有改变政策的打算，或被"蒙上眼罩"根本看不到除自身观点外的任何观点的合理性。但是，人们不应该轻易指责他人忽略自己的观点。在你合理地要求别人听你发言并认真对待你的言论之前，言论必须是值得认真倾听的。正如杜威指出的，"从长远看，有可能思想自由和言论自由的最大敌人不是那些害怕这种自由对其地位和财富产生不良影响的人，而是发表的言论无关痛痒、东拉西扯以及言论表达方式的无效甚至堕落"（L11.253）。不应该任由言论自由的权利堕落成廉价的安全阀，白白浪费掉解决克服社会问题所需要的能量。

言论自由的权利除了不被使用或使用了没有效果或产生消极的效果之外，还可能被少数人滥用从而破坏自由的思考。杜威在社会批判中指出，曾经是社会进步手段的观点曾被用来保护利益集团，阻碍任何可能的社会进步。杜威表现出特别的担忧，"有些机构非常娴熟地操控或扭曲新闻和信息，在没有私人利益的公共性幌子下传播和巧妙地灌输对隐蔽的利益集团有利的观点"（L7.360）。在1935年的文章《不自由的媒体》中，他指出媒体自由的滥用、不负责任的新闻报道、广告商对出版内容的隐秘控制、打着自由的幌子侵犯个人隐私的行为、放肆的耸人听闻效应等所有这些都不是偶然的而是国家经济结构的内在特征（L11.269-273）。

媒体常常通过多样性的、不相关的大量事实对我们狂轰滥炸，使这些事实变得孤立，失去其与事件的更全面更连贯的解释和我们日常生活的关系，促成了默认和冷漠而不是批判性的探索（L13.92-97）。这增加了有组织的宣传和大众偏见对毫不知情的观众的影响力。通信新技术曾经被视为推动民主自由事业进步的力量，但它也能创造虚假的公共舆论，从内部破坏民主（L13.168）。

杜威对如何使用言论自由权利、它的后果和采取积极行动确保适当运用权利的必要性等观点在儒家中引起共鸣。我们发现孔子一再强调慎于言的重要性（见《论语》学而第一第14节，为政第二第18节，子张第十九第25节）。他不赞同那些轻率发言的人和不应该说话时说话的人，对该说话时却不说话的人反倒比较宽容，这并不是因为后者的错误较小而是因为这种情况较少发生（侍于君子有三愆：言未及之而言，谓之躁；言及之而不言，谓之隐；未见颜色而言，谓之瞽。——《论语》季氏第十六第6节）。太多时候，发言者无德无能，没有说出什么有价值的话来（有德者必有言，有言者不必有德。——《论语》宪问第十四第4节）。在说话之前，人们要仔细考虑一番：内容（是否关于合适的行为，是否"有的放矢"），形式（是否符合礼仪），听者（是否能进行适当沟通的人），以及说话的时机。[23]

说话时，我们不应该不考虑后果，不应该说无意义的空话，也不应该"浪费"话语。思考、说话和行动在孔子看来是统一联合起来的，对杜威来说也是如此。言必信在儒家的伦理行为中具有特殊重要性。行为要在言语之前，做到了然后再说（先行其言而后从之）[24]。"如果大言不惭，那么实行就不容易"（其言之不怍，则为之也难。——《论语》宪问第十四第 20 节）。一个人若言而无信，她就失去了可靠性，破坏了他人对她的信任。因为这样的滥用，她的话语就不再是用以影响未来的手段，因为她失去了对话语后果的控制。在此情况下，话语不再赋予说话者以力量，反而有了控制说话者的力量，她必须承担话语的后果。

话语的力量可以被用来服务于好的目的也可以服务于坏的目的。孔子本人并不渴望成为能言善辩之人，甚至希望能够在完全不说话的情况下实现自己的目标（见《论语》宪问第十四第 32 节，阳货第十七第 19 节）。伶牙俐齿地与人辩驳的能力与仁德没有必然联系（雍也仁而不佞。子曰："焉用佞？御人以口给，屡憎于人。不知其仁，焉用佞？"——《论语》公冶长第五第 5 节）。相反，孔子常常谴责"巧言"，那些恭维、欺骗和误导人的话（见《论语》学而第一第 3 节，公冶长第五第 25 节，先进第十一第 25 节，季氏第十六第 4 节），人们应该远离巧言令色的奸佞之人，因为"巧言乱德"和"花言巧语颠覆国家"（巧言令色，鲜矣仁……恶利口之覆邦家者。——《论语》卫灵公第十五第 11 节、第 27 节，阳货第十七第 18 节）。如果不负责任的、恶毒的言语对社会秩序和个体成长如此危险，孔子一直以来特别关心"说话得体"而不是"说话权利"还有什么奇怪的呢？

在被问到治理国政首先要做的是什么时，孔子的回答是："一定要先订正名分吧！"（必也正名乎！——《论语》子路第十三第 3

节）人们使用"名"的方式就是说话方式，名是指导行动的话语的基本单位。在古代文献中，"名"与"命令、创造"等密切相关。言论是行动世界中具有后果的社会实践。正名的做法不应该被误解为鼓吹某种"语言专制主义"。它不是规定人们必须说什么而是通过着力于个人的言行之间的纽带，从而影响他人联系言行，从内部改造话语或实践。这工作的最佳之处是个人的言行以及两者的关系最为明显的职位，也就是非常显眼的职位，在儒家语境中就是政府。

　　裴文睿提到《正名》篇（他使用传统的译文"rectification of names"）来支持中国政府思想统一工程中的"赋予语言相当怪异的重要地位"的做法。他引用陈汉生的论证，即多数中国思想家都持有实用主义的语言理论而不是语言的现实主义或语义论来解释为什么"中国政治和伦理思考一直集中在社会实践的得体性、语言在确立适当的社会实践和最终确立社会政治秩序的规范性作用上"。这种规范可通过劝说也可通过强制实现，因为做正确之事是符合"规范性的行为"。[25] 如果当今中国的思想统一工程是沿着这些路线前进的，它们一直具有"堂吉诃德色彩"就没有什么奇怪的了，因为与孔子正名实践相比这不过是模仿而已。

　　裴文睿自己指出在上文的叙述中"心智模式是行为主义者的模式：个人经历和回应的条件是规范性的道/正确路线"。人们按某种方式划分世界，当她遭遇某种情景时，她根据道/正确路线作出相应的回应。[26] 但是，为什么把行为主义心理学强加给儒家呢？行为主义模式甚至不能与语言的实用主义理论混合。虽然裴文睿采用了陈汉生的"语言即社会实践"的观点，但他的描述确实没有抓住正名的"实践"特征。规范性的"道/正确路线"是由政府强加在民众身上的客观化的理论构建。民众被视为消极的受害者，是政府用来推行自己意志的对象。个人要么成为自主主体，发动无中生有的创世（creation ex nihilo）壮举，要么被贬低为他人意志控制下的机械人。在"组织性的意识和自动的行为之间的永恒辩证关系中"没有中间道路。[27]但是，正如皮埃尔·布迪厄指出的，实践存在于纯粹主观和纯粹客观之间的交叉点上。

正名要成功，民众和政府就既不能是自主的主体也不能是听话的机械人，而一定是共同的参与者。为孔子提出的任务是改造布迪厄在《实践逻辑》中描述的"惯习"（habitus）："持久的、可转移的习性体系，使先倾向于发挥组成结构（structuring structure）功能的构成结构（structured structures），产生和组织实践及其表现的原则，这些实践及表现可以被客观地修改以适应其结果，同时不预设一个清晰的目标或为实现这些目标所需的熟练掌握。惯习客观地被规律制约和有规律，但在任何意义上它们并非服从规律的产物，它们可以有集体秩序又非受人指挥"[28]。我们使用"名"是这样一个惯习，通过它认识世界、诠释过去、憧憬未来，这种惯习通过影响未来而指导我们的行动。

惯习不是可以一夜之间改变或靠武力改变的东西。孔子非常清楚实现伦理—政治秩序的任务需要很长时间，即使对好君主来说（如有王者，必世而后仁……——《论语》子路第十三第10～12节）。改变惯习的唯一方法是改造产生这种惯习的历史和社会条件。这不是能够通过自上而下的单方面强制而是需要各方参与的实践。一个好政府的任务是指导而不是决定这些互动，这些互动修改需要调整的名的运用，也被这些名的运用所修改。随后在讨论权威的本质时，我们将更清楚在政府指导实践的时刻，人们如何同时参与而两者并不持有主体和客体的相反立场。不过，我们必须先考察儒家有关审查的观点和儒家的言论自由"权利"的可能性问题。

孔子谴责的"巧言令色者"不是因为拥有言论自由"权利"而取得了成功。不能通过否认那种权利来对付他们。他们不是在公开场合发表不负责任的言论而引起暴乱，而是得到当权者的信赖，怂恿当权者去做非伦理的行为。最危险的巧言令色者是"态臣"，"对内不能用他来统一民众，对外不能用他去抵御患难；百姓不亲近他,诸侯不信任他;但是他灵巧敏捷能说会道,善于从君主那里博得宠幸:这是阿谀奉承的臣子",阿谀奉承的臣子会给任用他们的君主带来灭亡,为社会带来混乱(内不足使一民,外不足使距难;百姓不亲,诸侯不信;然而巧敏佞说,善取宠乎上:是态臣者也……态臣用,则必死。——《荀子》臣道第十三)。荀子建议君主不要提拔和重用这些巧言令色者,但对剥夺他们的言论自由权利却不置一词(《荀子》王制第九,君道第十二)。不过他对那些"肢解词句、擅自创造名称来扰乱正确的名称,使民众疑惑不定,使人们增加争辩诉讼"的人的态度却有点不同。这些人是"罪大恶极的坏人",他们的"罪行和伪造信符与度量衡的罪行一样"(故析辞擅作名,以乱正名,使民疑惑,人多辨讼,则谓之大奸。其罪犹为符节、度量之罪也。——《荀子》正名第二十二)。荀子不反对依照法律严厉惩罚这些"罪大恶极的坏人",因为他相信"对那些带着好的建议而来的人,就用礼节对待他;对那些怀着恶意而来的人,就用刑罚对待他"(以善至者,待之以礼;以不善至者,待之以刑。——《荀子》王制第九)。

在谈到保护民众不被邪恶言论带入歧途时,孔子赞同荀子的态度吗?《荀子》中有一篇《宥坐》记述了孔子处死"鲁国名人"少正卯的故事。当被问到这么做的理由时,孔子指控少正卯有"五条罪状",任何一条都应该受到惩罚。这五条罪状之一就是"为不真实的言论雄辩(言伪而辩)"(孔子为鲁摄相,朝七日而诛少正卯。门人进问曰:"夫少正卯,鲁之闻人也,夫子为政而始诛之,得无失乎?"孔子曰:"居,吾语女其故。人有恶者五,而盗窃不与焉:一曰,心达而险,二曰行辟而坚,三曰言伪而辩,四曰记丑而博,五曰顺非而泽。此五者有一于人,则不得免于君子之诛,而少正卯兼有之。"——《荀子》宥坐第二十八)。有人因此指控孔子主张限制言论自由,徐复观为他辩护,以有力证据指出这个故事是受法家灵感启发的晚期伪作(开始于东汉)。[29]该事件不只在历史上不大可能出现，而且违背了孔子在《论语》中的教导。求助于审查作为防止他人滥用言论的强制性手段是仁德失败的表现，将不会带来真正的社会秩序。孔子或许厌恶和回避巧言令色者，但他没有建议用武力禁止他们说话。甚至偶尔激烈攻击其他思想流派的孟子也没有说服君主压制这些"禽兽的教导"。相反，他与这些人辩论以便揭露其错误，驳斥其荒唐的言论，说服人们别跟随他们（见《孟子》滕文公章句下第9节）。

虽然孔子没有鼓吹以法律保护言论自由的"言论自由权利"，甚至连隐蔽地鼓吹也没有，但无论其教学还是行动都假设存在某种程度的自由，更重要的是，他承认这种自由的价值。在这点上他并不是独一无二的。《国语·周语上》中记述了周厉王压制民众对其暴虐统治的反抗时，邵公如何警告他"防民之口甚于防川"，那样最终更危险。言论自由的这种"安全阀"辩护的观点在《左传》中得到进一步强化，在那里言论自由被当作民众参与和改善政府管理的手段。当乡村学校成为议论执政者施政措施好坏的论坛，有人建议把它们毁掉时，郑国大夫子产回应说："为什么毁掉？人们早晚干完活儿回来到这里聚一下，议论一下施政措施的好坏。他们喜欢的，我们就推行；他们讨厌的，我们就改正。他们是我们的老师啊。"（郑人游于乡校，以论执政。然明谓子产曰："毁乡校，何如？"子产曰："何为，夫人朝夕退而游焉，以议执政之善否。其所善者，吾则行之；其所恶者，吾则改之。是吾师也。"——《左传·襄公三十一年》）[30]（见《论语》公冶长第五第16节，宪问第十四第9节）

在《论语》中，孔子说一个国君若沉溺于他的任何言论都没有人敢违抗的快感中，他可能丧失国家（"人之言曰：'予无乐乎为君，惟其言而莫予违也。'如其善而莫之违也，不亦善乎？如不善而莫之违也，不几乎一言而丧邦乎？"——《论语》子路第十三第15节）。一个人对他人有伦理要求，允许自己公开反对任何非伦理的行为，也有义务让别人对非伦理行为表达不满。荀子认为"劝谏、苦争、辅助、匡正的人，是维护国家政权的大臣，是国君的宝贵财富"（故谏争辅拂之人，社稷之臣也，国君之宝也。——《荀子》臣道第十三）。对孟子来说，"君主做错时批评他，这才叫'恭'；向君主讲述什么是好的，堵塞邪说，这才叫'敬'"（责难于君谓之恭，陈善闭邪谓之敬。——《孟子》离娄章句上第1节）。他主张君主若有重大过错，王公大臣应该劝谏君主，如果反复劝阻了还不听从，异姓之卿应该辞职离开，王族之卿应该把君主废弃，改立他人（君有大过则谏，反覆之而不听，则易位。——《孟子》万章章句下第9节）。在孔子看来，服侍君主的适当方法是，不要欺骗他，但可以直言触犯他（勿欺也，而犯之。——《论语》宪问第十四第22节）。孔子赞美那些因为劝谏君主而吃尽苦头甚至被杀的人，认为他们是"杀身成仁"的典范（见《论语》卫灵公第十五第9节，微子第十八第1节）。

除了称赞那些有勇气直言而且泰然面对任何后果的人，孔子对言论自由的另一个反应是建议你小心谨慎。"如果政治清明，那就言语高洁，行为高洁；政治黑暗，那就行为高洁，言语谦顺"（邦有道，危言危行；邦无道，危行言孙。——《论语》宪问第十四第3节）。他没有建议用法律保护言论自由，他不坚持有言论自由的权利。这不是因为他对威权压迫采取模棱两可的态度，而是因为在他的历史背景下，坚持权利是不切实际的做法。正如秦家懿指出的，在中国，法律是君主手中可以随意使用的工具。[31]在缺乏民众有效控制政府的情况下，根本没有办法使用法律来保护个体权利。

权利还是礼仪？

公元前6世纪中国出现了公开的刑罚法典。据《左传》说，作为国家官僚制度化重要步骤的颁布法典之举动是引起高度争议的。

它遭受抗拒是因为公开宣布的法律将刺激诉讼,破坏人际关系。[32]孔子宣称,听取诉讼,我同别人一样,但是对他来说,"重要的是我想消除诉讼"(听讼,吾犹人也。必也使无讼乎!——《论语》颜渊第十二第13节)。诉讼激发人性中最坏的一面,使人们倾向于自私,因为要求他们从自己与他人对立的角度考虑问题,破坏信任,减少往后和谐交往的机会。根据公开颁布的固定的法律解决纠纷会有利于那些钻法律空子和利用书面文字模糊性的精明雄辩。结果,"人们只求避免惩罚,却没有廉耻心"(道之以政,齐之以刑,民免而无耻。——《论语》为政第二第3节)。单纯以法律来管理的社会似乎正好坐实了孔子的担忧。"你最终将拥有藏满了法律的图书馆,庞大的律师队伍,监狱人满为患,走在街上仍然不安全。到最后,甚至政治领袖也说'我做的事不道德,但并不违法'。"[33]

和政治秩序与法治密切联系在一起的西方政体不同,在孔子看来,善政的标准是它极少需要法律。对儒家而言,法律并没有西方传统中具有的那种合法性和支持合法性的力量。在儒家中,礼仪提供了具有合法性和支持合法性的力量的社会约束,这有助于伦理—政治秩序的形成与维持。"能够用礼让来治理国家吗?那还有什么困难呢?如果不能用礼让治国,又怎么样对待礼呢?"[34](能以礼让为国乎?何有?不能以礼让为国,如礼何?——《论语》里仁第四第13节,也可参阅《论语》为政第二第1节、第3节,颜渊第十二第19节,卫灵公第十五第5节)。孔子不是求助于法律而是求助于礼仪实践来约束君主,"应该依礼使用臣子"[35](君使臣以礼,臣事君以忠。——《论语》八佾第三第19节,也可参阅《孟子》离娄章句下第3节)。

按照狄百瑞的说法,吕留良(1629—1683)认为礼是"理的形式定义和具体体现,涵盖了我们的一些理性、道德、法律的'权利'概念"。萧公权认为"法"的广义包括了"建立政府和维持公民秩序的机构"。随着周朝宗族体制衰落,政府不得不使用更少依靠人际关系的社会约束；"新成立的机构或许仍然使用与传统礼仪有关的术语，但是内容渐渐包容更多，其意思渐渐和广义上的法汇合起来"。这种诠释倾向于把礼仪过分法则化，把法的意义扩大到如此地步，以至于陈汉生认为这简直无异于承认古代中国人没有法律概念。[36]

在时间上越往前追溯，用现代西方的"法律"概念看待中国的"法"就越可能产生大的误导。正如马克·爱德华·刘易斯指出的，作为皇权时代法律先驱的战国时代行政规则并不是理性的官僚机构或残忍的现实政治的工具；它们出于社会的宗教和礼仪实践也深深地嵌入其中。法律之所以遭儒家如此抗拒是因为它把焦点从改造性的影响转移到通过惩罚强制人们行为符合规范。从历史上看，"中国法律的演变可以被描述为从'礼'演变为'法'，从'法'演变为'罚'，从自发的表现堕落为强制性的服从"[37]。法律和礼仪的功能在一定程度上是对等的，因为两者都是实现政治秩序目标的手段，但它们是不同的手段，也带来不同的后果。礼仪改变参与者也被参与者所改变，其秩序具有包容性。法律则把守法者和违法者分隔开来，其秩序具有排他性。通过礼仪获得的秩序既可以是政治的又可以是伦理的，但通过法律获得的秩序只能具有政治性。

有人可能对礼仪能实现法律所达不到的目标的观点不屑一顾，认为它们是天真的幻想。他们会说，人们需要一种方式使民众能够约束统治者，而礼仪并不能赋予民众控制统治者的任何实权。该观点可能继续说，礼仪在民主国家实际上将更容易发挥作用，但是单靠礼仪并不能带来民主。只有通过法治对政府实行民主控制，个体的消极自由才能得到保护，只有到那时，民众才有机会通过礼仪实现积极自由。但是，法律对民众控制政府来说既不必要也不充分。我们看到太多的国家采取了类似西方自由民主国家的法律体系却没有变成真正的民主国家，因为没有有效的机制来确保责任追究，民众没有约束政府行为的力量。民众在一个政体内如何获得权力是必

第五章 权威自由

须解决的问题，无论选择法律还是礼仪作为其主要政治形式。

在直接的民主之外，政府和民众之间的民主关系要求一种沟通手段，它让政府表明自己的偏爱，让政府说服民众接受某个选择而不是其他选择。沟通可能由法律构成也可能由礼仪实践构成。更多强调和谐的后者与前者相比有一个优势，即更少受到对抗性态度的影响，有助于用（尽可能）人人满意的方式而不是只让一方满意的方式解决问题。通过法律解决问题通常总会产生输赢，或更糟糕的后果，即双输。但是，礼仪将有更好的机会实现双赢。不过，强势的一方坚持按自己的方式进行，根本不考虑礼仪的要求，从而导致沟通中断时，将会发生什么呢？在西方，保护民众不受威权之苦的法律只有在民众有能力组织起来发挥自己对统治者的控制力量时才起作用。这种组织没有理由不能赋予礼仪抗拒威权的同样力量。朱荣贵已经给出了明朝的一些例子，在一些礼仪纠纷中，皇权实际上受到被动员起来的个体的制衡。[38]

在儒家社会，除了法律之外，礼仪也是伦理政治推动力和组织民众的手段，尤其是需要抗衡不良政府的权力以保护民众自由的时候。当然，这并不否认法律在儒家政治中也可以有其作用。安乐哲认为，法律"对善政而言，虽居次要地位，但仍然是必要的"。[39]只有承认这种必要性有历史和特定背景的局限，这个观点才有说服力。考虑到历史背景，孔子时代的中国法律一直是帮助政府控制民众，如果民众能够组织起来控制法律和政府，使用法律反抗滥用权力胡作非为的政府就与儒家不矛盾了。但是，就如政府控制民众的权力一样，人民使政府行为得体时，礼仪尤胜于法律。我们只是在迫不得已的情况下才使用法律，尽可能少用并以回归礼仪为目的。

鼓吹权利者不仅担忧威权政府也担忧多数人的暴政。自从美国创立以来，实践者和理论家都设想了各种遏制多数人暴政的手段，包括坚不可摧的宪法、三权分立、权利法案等等。[40]"权利是反对多数暴政的设计，把某个议题从立法范围内取出而不至于受到多人意志的侵犯。"[41]在这方面,杜威式的权利或许根本就不像权利。如果权利"在根源和意图上"具有社会性,它怎么能抗拒自身的来源、确定其边界的社会,尤其权利的赋予是为社会利益?杜威的最好辩护在于区分了两种冲突,一种是社会中个体与群体间的冲突,一种是个体与社会本身的冲突。他认为前者是重要问题,而后者是不存在的(L7.324)。多数人暴政是社会内冲突的例子,但是多数人并不构成社会。杜威式的解决办法不是偏袒一方,而是首先尝试通过探究化解冲突,希望能借此找到令双方都可接受的方案。如果做不到这一点,究竟是多数还是少数占上风取决于具体情况。他不赞成对少数的任何极端的压迫(如取消他们通过和平手段寻求支持的自由),因为这样会对实验性态度和开放性探索造成破坏性的后果。

　　裴文睿引用的中国人把权利当作利益的想法的原因之一是"他们或许没有认识到个体利益和多数人利益之间存在的冲突"。[42]对和谐本身的信念不会导致这个结果,如果认识到和谐是长期的理想,认识到和谐的复杂性和实现和谐的困难。问题的根源是求助于权宜之计而非寻找解决冲突的持久方法的倾向。孔子说"君子无所争"时,他的要点不是说他们从不竞争或从来没有意见分歧而是"其争也君子"(《论语》八佾第三第7节)。冲突不应该受到压制也不应该不惜一切代价地避免,而是应该以一种文明的方式来处理,根据礼仪的要求,并得到构建和谐社会的长期理想的指导。荀子也有同样看法,他虽然强调君子的沟通能力十分重要,但更强调要对那些他没有能说服的人或没有能达到自己标准的人宽宏大量。兼术是圣王天子的成就。"君子贤能而能容纳无能的人,聪明而能容纳愚昧的人,博闻多识而能容纳孤陋寡闻的人,道德纯洁而能容纳品行驳杂的人,这叫做兼容并蓄之法。"(故君子贤而能容罢,知而能容愚,博而能容浅,粹而能容杂,夫是之谓兼术。——《荀子》非相第五)"君子和而不同"(《论语》子路第十三第23节)。

礼仪构建共同体的方式显示，体现在多数人行为上的礼仪变化是通过个体表现中的创造性和随后越来越多人模仿而形成的。虽然较不明显，这令人回想起杜威的观点"每个新理念，每个不同于当今观念授权的事物的概念肯定都源于个体"（M9.305）。"文化进步肯定总是从少数人开始的"（L7.355）。礼仪可能成为实现真正民主必须拥有的让少数变成多数的一种手段，这正是杜威的观念（L7.362）。孔子的批评家常常从孔子的事件中得出孔子不关心少数派的结论，但是他对少数派的关心可能比人们所认识的更多：虽然孔子在生前就已经拥有了很多追随者，但他仍然是少数。儒家的历史本身就是少数通过沟通变成多数的经典例子。

像杜威一样，儒家也想避免制订偏袒少数或多数的绝对法则。在寻找解决办法的过程中，他们想做在伦理上最适合情景的行动。按照孟子的说法，"如果叫孔子做一件伦理上不适合的事情，杀一个没有罪的人，即使能得到天下，他都是不会做的"，他肯定不会容忍多数压迫少数（行一不义，杀一不辜而得天下，皆不为也。——《孟子》公孙丑章句上第2节）。[43]儒家将求助于伦理约束而不是法律约束来保护个体和少数免受多数的压迫。从历史上看，20世纪初期中国思想家如梁启超对多数或民众在政治民主中使用权力的方式的担忧，没有导致他鼓吹对多数统治的宪政限制，反而让他相信中国人民智未开，还"没有准备好"接受民主，还需要"能服务于公共利益的专制君主制，逐渐提高国民教育水平和公民意识，直到条件成熟了再过渡到君主立宪制"[44]。

梁的观点是探索性的不是教条性的。他非常清楚实现开明专制的困难，因为它要求从政者德才兼备。当中国实现共和之后，他呼吁有才干的人不要仅仅因为他们认为共和制不适合中国而不愿意为政府效力。不管政府的结构如何，其有效性最终仍然取决于参政者的水平。在尝试把西方思想与儒家价值观嫁接以实现现代中国的时候，梁启超有时候借用西方概念，然后向里面注入儒家内涵。由于没有认识到西方概念被用在中国背景下发生的含义上的微妙转变，许多人仍然认为梁启超在使用"开明专制"这个概念时的意思与西方思想家的"enlightened despotism"意思一样，这也是为什么许多人批判儒家内在威权性严重得即使尽最大努力也不能让它摆脱这个模式的束缚。[45]

儒家尊重权威，但是儒家权威（即使政治权威）不如西方政治权威概念那样密切地与强制性相连。这体现在安德鲁·内森的观点上，他认为梁启超没有能抓住霍布斯或卢梭的论证的核心，即涉及政治权威必需的强制性内容。[46]如果有问题的话，问题不是梁过于天真，没有认识到社会冲突的存在。梁启超的理解代表了儒家对理想权威不具强制性的认识。

权威性还是威权？

否认权力和权威之间有任何差别的观点既有西方传统也有东方传统，但是对多数人来说，权威与权力的不同点在于前者具有合法性。当一个人能支配另一人的行动，而且指令得到切实执行时，此人就拥有了对他人的权力。当一个人有权利支配另一人的行动，而且指令应该得到遵从时，此人就拥有了权威。权力如何被合法化呢？西方政治哲学中的经典答案是权力乃建立和维护社会的必要条件，为人类生活提供所需要的安全。正如霍布斯所说，在自然状态下，存在所有人反对所有人的战争，"人们不断处于暴力死亡的恐惧和危险中，人的生活孤独、贫困、卑污、残忍而短寿"[47]。在这样的生存状态下弱者的自由非常有限，甚至对强者来说，其自由也总是岌岌可危。通过承认某些权力具有合法性，承认其为权威，某些自由就变得更安全，虽然人们或许不得不放弃其他自由。

确定个体自由的边界并相互尊重对方的简单的社会契约并不能保证所渴望的安全，因为人们不一定总是按他们应该做的那样行动，面对利益的诱惑很容易违背诺言。权威的工作就是偶尔进行干涉，迫使人们做应该做的事以维持和平与秩序。法律在西方逐渐被视为政治权威的主要工具，从本质上说，它具有强制性，法律的效力就在于对违法者使用武力。把权威当作自由的对立面的认识，就是基于这种认为政治权威具有强制性的观点，不过，这绝非西方独有。把注意力集中在权威失效的例子上有误导作用。在权威起作用时，指令得到遵从根本不需要武力。服从不一定是出于害怕遭到惩罚的动机，它不必要依靠武力威胁。[48]

权威结构的建立并不能终结人类交往生活的问题。正如约翰·斯图亚特·穆勒指出的，拥有权威的人使用其权力不仅对付外敌也对付下属。[49]自由主义诞生于接踵而来的自由和权威的斗争中，找到自由和权威之间的边界是西方政治理论和实践的核心课题(L13.82)。一个熟悉的解决办法是正如社会契约论所说的，把权威的合法性建立在被治理者的同意基础之上。权威的界限就位于实践中的权威的合法性之内。所有社会里都有根据法律或者其他社会规范实施权威的规定，这些法规不是单独由有权威者而是由传统和共同体决定的。

权威的行动如果只是权力随意地或霸道地下指令，它们将没有合法性也不会被心甘情愿地服从。即使在宪政民主之外，长时间的滥权不仅破坏当权者的个人权威而且会破坏该职位本身的权威。一个政权无论是在权威应用的领域还是在诱导服从时使用的手段上忽略权威的所有界限，把这样的政权描述为"威权"是用词不当。该政权的权威性恰恰是因为使用权力的方式而失去了合法性。但是，"威权"这种描述也常常被用来批评其权威界限的确定与西方自由民主的界限不同的政权，在自由派批评家眼里，这些政权的合法权力的分配牺牲了个体自由，不公正地偏向权威。

笔者的论点是，首先，儒家不是威权。其次，威权云云不过是认定儒家社会不同于自由民主社会，并没有排除在儒家之内保持自由和权威的合理平衡的可能性。笔者想表明，在一个非强制性的权威概念中可以找到这样的平衡，它与杜威在其哲学中维持的自由和权威之间的平衡非常接近。在杜威看来，"真正的问题不是标出权威和自由、稳定性和变化等各自独立的'空间'，而是使其两者相互渗透"（L11.137）。现在需要的是能够指导自由的运用以便产生一种权威性自由的权威概念。

在这里，我们需要理清术语的含义。笔者使用"authoritative"（权威性）来表述儒家中的理想权威，但杜威把它作为普通的形容词用以修饰拥有权威或声称有权威的人或机构。使我们的对比变得更复杂的是，他常常把这个词用作贬义词，用来指不合理的终极权威诉求，比如固定的原则是"权威性规则"，传统宗教和中世纪的教会拥有"权威性规范"（M14.163；L16.388；L4.57）。基于这种术语差异，笔者将阐明儒家思想中的"authoritative"不同于杜威哲学中的贬义的"authoritative"，而是类似于杜威确定合法性权力的"权威性智慧"（authoritative intelligence）。

理想的儒家权威是非强制性的。芬格莱特对《论语》中描述的作为典范的权威的讨论是一个很好的起点，有助于我们理解权威性的这种非强制性理想。他区分了圆满模范和工具模范。后者为了独立于该模范的目的而被复制或模仿。前者则是其为模范之事物角色的实现，如老师或人的模范作为圆满模范"完美地实现了我们的理想"中的老师或人。用非完美主义者的语言，可以说圆满模范即权威性，比任何人，有时候甚至比我们能想象的，更好地向我们显示了作为老师或者人是什么样子，有什么意义。圆满模范的权威激发的反应不仅限于模仿，更重要的是相关性。[50]

模仿不是对权威性的反应中的最重要一面，在有些情况下，它可能是篡位，虽然要彻底排除它或许太过分了。一个模范老师或许激发学生成为老师，但只能在未来。在当下的关系中，它带来的是学生行为上的改变。在其活动中的重叠之处可能存在模仿，如怎样写好文章或做好实验，但即使如此，该模范也必须被修改以便适用学生的个体性和情景。芬格莱特用音乐的例子说明，对权威性的相关性反应涉及到激发关系中的每一分子作出反应和自发性参与的权力的非强制性。"这不仅仅是我们不**需要**命令、说服和强制而是所有这些都不**能**引发这种反应，注意到这一点很重要。"[51]芬格莱特把非强制性的说服也从理想权威中排除出去有些过激。当一个人被论证说服的时候，他的思考影响了感觉，结果可能是权威性模范激发的一种审美反应和自发性参与。

老师的权威在儒家中具有规范性，而且与理想的政治权威密切相关。"良好的行政不如良好的教育那样获得民心。良好的行政，百姓怕它；良好的教育，百姓爱它。良好的行政可得到百姓的财富，良好的教育可得到百姓的心。"（善政，不如善教之得民也。善政民畏之，善教民爱之。善政得民财，善教得民心。——《孟子》尽心章句上第14节）荀子认为君主和老师都是"治之本也"（《荀子》礼论第十九）。圣王尧和舜是"全世界教育和改造的最好专家"（尧、舜，至天下之善教化者也。——《荀子》正论第十八）。圣人是最好的君主，因为他们是"百世之师也"（《孟子》尽心章句下第15节）。模范老师的权威的本质是什么？孔子最得意的学生颜回给我们这样描述了作为老师的孔子，"善于有步骤地诱导我们，用文化来丰富我的知识，用礼仪来约束我的行为"（夫子循循然善诱人，博我以文，约我以礼。——《论语》子罕第九第11节）。文化和礼仪不是为个体所拥有，它们为整个共同体所塑造，反过来也塑造了共同体。它们都是施展权威的手段也是对权威的约束。

一个人通过比他人更好地实现约束性形式的可能性并创造新的可能性而变得更有权威性，这并非随意漠视所有限制。权威性受到共同体对权威行动的反应的限制。除非引起其他人自发地接受、模仿和自我修身的热情，否则该行为就没有权威性。在一个重要的意义上，别人的接受和反应对成就权威性来说与个人能力同样重要。

权威不仅赋予你能力而且施予你限制。其合法性最终依靠它对个人修身的贡献。对权威关系的双方都如此。它不是一方把意志强加于另一方的关系，相反，理想的权威关系要求双方共同参与，塑造共同的手段和目标，成就双方的个人修身，并为共同体和谐作出贡献。这种权威可以通过组成权威者的行动约束在多大程度上促成他权威以下的人的行动来衡量。在孟子看来，最好的教学方法"有像及时雨那样化育的，再者是成全品德的，第三种是培养才能的"（有如时雨化之者，有成德者，有达财者。——《孟子》尽心章句上第40节）。这些方法通过让学生自我修身而发挥作用。它们要求学生的充分参与而不是盲目服从。

孔子要求学生"举一隅而以三隅反"（见《论语》述而第七第8节）。一隅不足以决定其他三隅。权威性指导的这种"不充分确定性"（under determination）的一面是理想权威的关键，它允许关系各方共同决定行动和后果。讨论中学生的发言可能是完全不同或意料之外的东西，老师也能从中有所收获。该观点在后来的思想中继续存在。《说文解字》中的"學"字是"斅"（敩）字的简写形式。"故曰教学相长也"。[52]在理想的权威关系中，双方都在过程中得到转化，正是这种相互转化使得一个最初有目的冲突的情景可能变成和谐情景。

体现在文化和礼仪中的传统对儒家权威来说非常关键。形成鲜明对比的是，杜威在中国的一场演讲中呼吁用"科学的权威"取代"传统的权威"。但是，杜威所提的传统是"限制性和奴役性"的传统，严格来说，它已经不再是传统而是"固定的和绝对的常规"。[53]这不是儒家思想中支持权威性的传统。杜威的"传统的权威"依据固定的法则赋予某些人控制他人行为的权力，这些法则往往建立在所谓绝对真理和永恒不变的秩序基础之上，唯一的其他选择就是破坏性的混乱。当情景求助于此种权威以作决定的话，探究就被排除掉了（L7.328）。"只要外部权威当道，思考就会令人质疑，招人讨厌"(M12.160)。它引起"法则奴役"、怠惰地依赖他人观点、不加思考地轻易接受不容置疑和不曾考察的法则。

杜威特别批判了在教育中求助于外部权威的做法，这等于是把教育变成"利用年轻人的无助的艺术"(M14.47)。比如，当老师把自己确立为权威，"他把自己作为学校整体已完成的古典传统的器官，把他所代言的内容的威望放在自己身上，结果造成学生的情感和智慧完整性受到压制；他们的自由受到压制，其性格成长遭受阻碍"(L2.58)。这与儒家的模范老师没有任何相似之处。

和那些指责杜威应该为美国进步主义教育运动的消极影响负责的观念相反，杜威没有鼓吹"放纵主义"和"教室喧闹"，并非赞同学生的完全自由或彻底拒绝任何权威。他反对的不是纪律本身，而是那些根本不考虑学生的个体性、完全依靠固定模式把外在控制强加在学生身上的纪律，因为它们没有把学生的精力重新引导到更有利于成长的方向。教育就像更广泛的社会一样，"拒绝外在权威并不因此就得出所有权威都应该拒绝的结论，而是有必要寻找更有效的权威来源"(L13.8)。在杜威看来，只要权力位于组织起来的智慧方法之内，即他所说的"科学"或"实验"方法，权力就具有合法性。

实验方法把教育变成了师生各自以独特的方式共同参加的合作活动以养成反思的习惯和增强判断力。老师指导学生但没有完全控制学生。按照杜威的"在不违反自由的情况下对个体实行社会控制的普遍原则"，要实现的这种控制是解决共同问题的情景所需，是人人依各自为解决问题所作出的贡献而共享的东西(L13.33)。当这种控制是通过老师的权威体现出来时，她的行动代表学生们解决手头的问题的共同利益。一个人在某个情景中的权威来自她通过对于以有组织的智慧（organized intelligence）解决问题的过程、增加共同体所拥有的有组织的智慧、他人智慧地行动的能力的提高所做的更大贡献。

除了在权威关系中要求各方的参与外,杜威的权威概念,作为存在于有组织的智慧中的合法有效的权力,与儒家的理想权威类似之处在于,权威性在约束行为的同时也促成行动和共同体对权威运用的约束。老师教书并不是简单地让学生做他们想做的任何事;否则,学生的反应可能是"随意性的、零散的,最终令人疲劳,还伴随着神经紧张"(L2.59)。她尽自己的职责是通过运用权威指导学生的学习过程,确保它们成为有组织的智慧的生产过程。

学生通过使用过去的资源以更好地理解和控制自己的经验。过去的资源被用在有组织的智慧的生产过程中,就像用在儒家的教育过程一样,都不仅约束行动也促成行动。其约束在于划定情景的可能性的边界;其促成行动在于将本来可能被耗费的能量释放出来,用来查清那些可能性以实现大部分可能性或创造新的可能性。在指导和支持个体方面,权威必不可少;若没有权威,自由就变成权力的无序暴发而不是目的明确的部署。有组织的智慧的方法在自由与权威、稳定与变化之间保持平衡,这对成长有利,而儒家的权威与修己中的个人创造性有机联系在一起。

虽然杜威鼓吹用知识和思想权威挑战通过外来控制强加在人们身上的习俗的权威,但是知识和思想权威并非独立于共同体或过去而存在。正如儒家老师通过体现传统而有权威性一样,有"更大经验和背景"的杜威式老师的权威是靠过去参与有组织的智慧的产生过程而获得的。传统和有组织的智慧都是共同体活动的产物。有关什么可行什么不可行的知识是过去的共同体活动的后果,不能被老师随意决定。新的知识主张只有在得到相关共同体的经验所确认后才能变成权威知识(L11.142)。有组织的智慧在赋予老师或其他人权威的时候也成为由共同体组成的约束。

在儒家中,共同体约束长期以来是个体通过日常参与共同体的文化和礼仪活动而发挥作用的,个体对权威性通过个人创造性而赋予文化和礼仪形式新活力的教化影响作出反应。虽然该过程更可能获得和维持权威及自由的有机统一性，但在迅速变革的时代很可能出现问题。相反，杜威哲学中对权威的群体约束出现在开放性的探究过程中，在需要证实的主张和探究结果的语言沟通中。这些约束在短期内可能更加有效，但自由和权威之间所要的平衡可能面临一种危险，即只能达到语言层面而无法进入经验的深处。两个途径的结合或许才能产生更加令人满意的结果。

理想的儒家权威和杜威式权威不同于体现在威权机构中的外在权威，这种权威遭到自由派的坚决反对。杜威认为完全排斥权威等于将权威概念误以为是"天生外在于个体性，天生对自由和自由的表现及运用所必然带来的社会变革持敌视态度"（L11.132）。因为把权威呈现为纯粹的约束而彻底抛弃将使得自由的运用没有了方向。除了可能产生混乱之外，更大的危险在于把民众驱赶到自由的真正敌人，即那些把权威看作是外在而最终具有强制性的人的怀抱里，因为欲望和目的需要某种形式的指导，很少人能长久地容忍混乱。"对权威的渴望是人类的永恒需要。因为人们需要足够稳定和足够灵活的原则以便为变幻无常和充满不确定性的生活过程提供方向"（L11.454）。在杜威看来，解决威权主义的唯一长期办法在于依靠所有权威都可能出错的信念，防范威权主义内在的教条主义和绝对主义的"科学方法的发展"（L17.443）。一个权威只有在它指导下的经验没有呈现任何让人产生质疑或要求对其主张进行重新考察的证据的情况下才能维持其合法性（L7.330）。

初看起来，这种明确承认可出错性似乎在儒家权威中并不存在。尽管人们或许引进一种假设，认为现有权威或更低级的权威可能出错，如儒家实践中的谏，但是我们很难想象孔子的权威或传说中的圣王的权威应该，至少偶尔，受到像杜威认为的权威在科学探索中应该接受的那种挑战。但是，认为儒家权威是教条主义的和绝对的，会窒息所有个体性的观念也是错误的。经验中的检验仍然存在，只不过起作用的方式不同而已。

马克·爱德华·刘易斯有力地辩解，尧、舜、孔子等权威人物不过是"文本的创造"。早期文献的表达结构和孔子的"举一反三"式教学法意味着从一开始就隐含着"对老师话语的诠释和扩展"[54]。在随后对文献的阅读中，仍然需要重新阐释和扩展，学生和读者都要在自己的生活经验背景下重新诠释和扩展老师的话语。儒家传统中的权威人物是构造出来的，并在每次请示他们时重新构造出来。当权威不再促进人们相互之间的交往以及人与环境的互动之后，现有的构造就需要重构以便重新组合所出现的问题情景。如果不出现重构或者重构失败，问题不仅没有得到解决而且在数量上和规模上还会增加。正是在重构中我们必须依靠经验证实权威和使其合理化。

不完美情境下的强制和权威

儒家中的权威性将手段限制在非强制性的类别内。强制是权威性的合法权力的失败。作为理想，权威性是要追求的目标，而不是描述我们开始时的条件，即现状。在不完美的情况下，简单化地彻底拒绝强制性武力可能造成比适当地应用强制手段更糟糕的后果。按照杜威的区分，"force"（武力）被用来实现目标时就是作为能量的势力；当它破坏自己的目标时就成为暴力，因而具有破坏性和造成浪费；在不完美的情况下，当目标上的冲突造成某些较受限制和不那么重要的目标的挫败和牺牲时，它被组织起来尽可能高效地实现一些目标，它便处于能量和暴力之间，这就是强制性（M10.211-215）。在杜威看来，应该拒绝的是暴力，强制性手段的使用具有合理性，强制本身并不破坏权威的合法性。

比如，法律虽然具有强制性但仍然有权威。不过，不是任何强制性，而是只有被智慧地使用并产生社会效益的强制才是合理的。"有社会效益的武力不是从外强加在某个情境中的，而是情境中的各种力量的组织"（M10.215）。强制性手段应该用来把武力引导到

第五章　权威自由

避免暴力冲突的方向。"作为政府的强制性力量的国家"在可见的未来仍然是所有社会中发挥关键作用的角色（L13.128）。杜威认为，把自由变成多数人的现实而不是控制经济和文化资源的少数人的特权所必须进行的社会和经济改革要求国家实施强制性的干预。《自由主义和社会行动》甚至更进一步指出，虽然有背意愿，当"社会在获得多数人的授权后已经进入通向更大社会变革的社会实验道路上，但少数人用武力阻挠把这种智慧行动的方法付诸实施时"，对少数人使用强制性措施也是合理的（L1.61）。

要实现的目标将决定作为权威一部分的强制性是否具有合理性。杜威区分了他的立场和"为了达到目的可以不择手段"的常见主张。使用的手段将决定实际上达到的目的。只有在后果与渴望的目的一致，行动没有产生任何意料之外的后果使行动变得不可取时，我们才能认为目的可以为手段的正当性辩护。强制性手段的后果是否值得追求取决于它对个人和共同体成长所做贡献的大小。

在儒家思想中，我们可以看到强制性手段也受所实现目的的类似限制。儒家权威的合法性建立在通过修己而实现共同体和谐的基础之上。对于服从权威的人来说，一个行为只有在对个人修身有帮助时才是有权威性的。对于拥有权威的人来说，一个行为如果对个人修身有帮助就有权威性，但是这不能为压制别人的自私行为辩护。[55]因为儒家的人格人是人际关系场域的一个中心，个人修身意味着帮助别人修身，包括促成他人的自由。理想对不完美的情形能起到规范作用。因此，任何强制性手段的使用都必须有助于个人通过修身实现共同体和谐，至少应该不阻挠或减少实现这一目的的机会。

强制不能带来另一个人的修身。这意味着，即使在不完美的情况下，强制性权威的唯一合法运用不是修身而是带来修身所需的外在条件如人身安全和物质福利。这种权威的行为更加必须受不伤害民众的修身潜能的考虑所限制。在这个意义上，某些社会福利政策和教育政策都具有破坏性，因为它们要么实际上破坏了受益人的经济生产能力，要么鼓励平庸而不是卓越，如错误地尝试给每个人同样的教育。

儒家处理强制性权威的途径或许可以从王霸之别上看出。这种区别在后来的朝代中变得更重要，因为儒家对皇权的运用提出更多的批评。按照孟子的说法，"依仗武力并且假借仁爱的人可以称霸，称霸一定要凭借大国（隐含的意思就是军事和经济实力）；依靠道德并实行仁政的人，可以实现王道，行王道不一定凭借大国"（以力假仁者霸，霸必有大国。以德行仁者王，王不待大。——《孟子》公孙丑章句上第 3 节)[56]。

孟子特别批判霸，宣称孔子的学生甚至不屑于讨论霸，更不要说与其跟班们相比（见《孟子》梁惠王章句上第 7 节，公孙丑章句上第 1 节）。当权威具有强制性，"人家不会真心归属，只是因为人家实力不够罢了。依靠道德使人佩服的，人家才会心悦诚服，像七十多位贤人归服孔子一样"（以力服人者，非心服也，力不赡也。以德服人者，中心悦而诚服也，如七十子之服孔子也。——《孟子》公孙丑章句上第 3 节）。但是霸不是最坏的君主。他们实施强制性的统治，但适当考虑了伦理目标，其治下的民众往往生活幸福，至少在物质生活上如此。孟子认为仅仅这样还不够，因为他们和圣王不同，没有能让民众"发展"，民众没有"每天向善的方向走，也不知道谁使他带来这个变化"（民日迁善而不知为之者。——《孟子》尽心章句上第 13 节）。霸主的强制性权威在一定程度上具有合法性，因为它创造了修身的外在条件，不足之处在于没有能通过以身作则的教化的力量促成修身的内在条件。[57]

学者常常强调孔子和孟子在王霸观点上的差异而不是相似之处。史华慈认为是孔子造成了"对霸政的模棱两可态度"。实际上没有模棱两可。孔子赞美管仲没有使用武力让齐桓公成为霸主（桓公九合诸侯，不以兵车，管仲之力也。——《论语》宪问第十四第

16节)。霸主或许依靠威胁强迫他人屈服,但是强制性只有在防止持续进行的战争暴力或为民众提供充分的安全与和平以便持续他们珍视的文化实践时才具有合理性。黄俊杰认为,孔子提出了从霸主到圣王的发展过程,这一点与孟子不同,孟子坚持两者之间存在"本质区别",认为两者互相排斥。[58]虽然孟子谴责霸主只是"假借仁义",但他也认为"借得长久了总不归还,又怎么能知道他们是虚假的呢"(久假而不归,恶知其非有也?——《孟子》尽心章句上第30节)。持续不断地表现仁,霸主或许就变成真正的仁君,也就是真正的王者。孟子的王霸之别似乎并没有排除连接两者发展过程的可能性。

按照约翰·诺布洛克的说法,荀子在晚年对霸主持有更友好的观点,这体现在《王霸》篇,并与《仲尼》篇中的早期观点形成对比,《仲尼》篇被认为表现了儒家谴责霸道的典型态度。[59]但这种观点忽略了荀子之前包括孟子教导在内的儒家传统对霸主的有限度赞同的重要因素。荀子立场上的变化归咎于他对霸的概念的认识起了变化而不是受到谴责的政治行为有变。

虽然《仲尼》篇和《王霸》篇都在与圣王对比之下谴责了霸主"没有把政治教化作为立国之本,没有达到最崇高的讲求礼义的政治境界,没有健全礼仪制度,没有使人心悦诚服";相反,他们"只是注重方法策略和诡诈的心计"来取胜,但后来章节强调霸主通过获得民众信任能够降低混乱程度,因此霸主并不完全偏离善政(非本政教也,非致隆高也,非綦文理也,非服人之心也。——《荀子》仲尼第七,王霸第十一)。"政令既已颁布,即或有利有弊,也不蒙骗老百姓;盟约既已签署,即或有利有弊,也不欺骗盟友"(政令已陈,虽睹利败,不欺其民;约结已定,虽睹利败,不欺其与。——《荀子》王霸第十一)。这与早期对霸主的描述形成鲜明对比,"他们是依靠诡诈的心计来取胜的,是以谦让来掩饰争夺、依靠仁爱之名来追求私利的人,是小人中的佼佼者"(诈心以胜矣。

彼以让饰争、依乎仁而蹈利者也,小人之杰也。——《荀子》仲尼第七)。

前面章节中的"霸"行为实际上是后面章节中霸主和圣王都做的行为的对立面,被谴责为"权谋日益大行其道,国家可就不免于危殆削弱,最终必将国破家亡"的执政方式(权谋行,日而国不免危削,綦之而亡。——《荀子》王霸第十一)。"对内不惜欺骗百姓,贪图蝇头小利;对外不顾欺骗友邻,妄图鲸吞天下"(内则不惮诈其民,而求小利焉;外则不惮诈其与,而求大利焉。——《荀子》王霸第十一)。《王制》篇比《仲尼》篇和《王霸》篇成书更晚,涉及荀子较为后期的生涯。《王制》篇所做的对比也涉及三方,其中霸主作为中间立场。[60] 王者"争取他国人心",霸者致力睦邻友邦,强者夺取他人地盘(王夺之人,霸夺之与,疆夺之地。——《荀子》王制第九)。霸者没有利用不光彩的方法实现自己的目标,相反,他为本国民众带来安全和物质财富,并赢得诸侯国的友谊,因为他与人交往时尊重他们,并不企图掠夺人家的领土。通过强占他人地盘而争夺权力的治理方式很危险,必然与诸侯为敌。虽然《荀子》在国家治理、打胜仗、使用权力的不同方式之间作出更细腻和精确的区分,但是它与《论语》和《孟子》一致谴责使用强制性手段,除非强制手段依靠民众的修身促进共同体秩序的确立。

荀子有关权威的观点常常遭人误解,因为学者往往从他的法家学生的视角看待他。荀子对欺骗和使用强制性手段的谴责具有相当明显的意义,因为法家鼓吹君主公然使用强制性手段和使用隐秘性权术进行欺骗和操纵以维持和扩大权力。对法家来说,牢牢握住权力是当政的存在理由,权威与权力没有区别。徐复观等急于为儒家辩护,反对威权主义倾向的学者常常强调儒家和法家的明显差别,并把皇权的过分威权行径归咎于法家。相反,弗朗索瓦·于连则是看到"两个竞争性学派之间意识形态妥协"的人之一,在他眼里,

第五章 权威自由

这妥协为后来的整个传统奠定了基础。[61]

虽然于连的描述显示，在中国传统中，权力不是机械的，往往潜移默化地发挥作用，是情境聚合的结果而不是出自有意志的行动能力，但是在"权力"的最好使用方式是什么这个问题上，他模糊了不同传统之间的一个重要差别。我们不能把儒家的德（道德卓越）与法家的权力概念"势"都归结为"操纵逻辑"。[62]虽然很多个体或在朝或在野，其行为往往是法家策略和儒家言论的混合体，但是笔者认为，儒家的言论及其思考和实践都是把权力置于伦理评价的约束之下的。

仅仅因为权力不能公然发挥作用，没有公开表达的手段和目的，并不意味着它一定是在操纵人。操纵的概念隐含着一个操纵者与被操纵者的目的存在冲突的搏斗背景，其中操纵者通过欺骗利用被操纵者令后者相信实现了自己的目的来实现其目的。按儒家的标准，这不是权力的合法性使用，因为欺骗使得两者间不可能通过相互教化和双方各自修身实现目的和谐。这样的行为伤害了被操纵者，因为它阻止和降低了她的修身能力，因为修身时必须知道自己在做什么，她对经验的各部分如何构成经验整体的了解是她取得修身进展的重要组成部分。操纵者也伤害了操纵者自己，因为欺骗破坏了信任。信任不应该被理解为主观状态或只有在操纵被人发现后信任才遭到破坏。一个人是否能够被信任取决于在为他人的利益和修身做贡献方面，他的行为是否可靠。操纵他人让人不值得信任并阻碍自己的修身，因为信是关键的伦理美德。没有了信任，共同体以及与之相伴的修身都是不可能的。

维持儒家和法家的哲学差别在看待其历史共存问题上显得尤其重要。汉朝统治者继承了秦始皇创建的法家中央集权制国家机制，但是，民众普遍反对秦政权及其法家思想基础的情绪、民众对儒家的偏爱和儒家为创建汉朝曾伸出援手，这些都确保了儒家至少在表面上"战胜"了法家。学者们指出，被认为把儒家确立为国家正统思想的汉武帝几乎和秦始皇一样是不折不扣的法家君王。[63]不过儒家不仅仅是被当作中国统治者进行法家实践时冠冕堂皇的"粉饰",统治者认识到文治的必要性,而儒家最适宜实现这一功能。

认识到自己的哲学承诺与法家的国家之间紧张关系的儒家都面对孔子曾面对的两难选择:他应该为没有充分忠于儒家理想的政权服务吗?对多数人来说,答案是肯定的,但只是在一定程度上如此。他们并非不惜一切代价地支持国家。许多人竭力让君主往善政方向走,有时候不惜牺牲自己的仕途甚至生命。虽然他们的集体努力从来没有实现儒家的理想政府,但是有可能儒家思想对政府的影响在相当程度上确实有助于改善民众的福利,有时候也遏制了专制政权的过分行径。[64]当然,这些收获不是没有代价的。最糟糕的或许是实际当权者挪用儒家思想当作压迫民众的工具的经常性风险,但这种扭曲可以被揭露出来,以便从威权主义的束缚中拯救儒家。

第六章　培养民主

重构儒家与民主

笔者认为，儒家民主是儒家社会能够为未来提供的另一种选择，既不是向西方自由民主投降的历史的终结也不是西方文明和儒家文明的冲突，而是既不同于西方自由民主又能与其他文明和平共处的新选择。与萨缪尔·亨廷顿等质疑者相反，笔者认为，儒家民主不仅不是冲突的而且在很多方面可以作为与西方自由模式竞争的另类理想。东亚儒家社会在过去或许抗拒民主，但问题或许并不完全归咎于儒家文化。儒家的哲学和文化资源能够促进杜威所理解的民主。这种民主不是美国和西欧等现有的自由民主，而是建立在具有内在社会性的个体概念基础上的民主，它承诺要建造一个和谐的共同体，其中人人都根据自身的能力和需要参与为之做贡献同时从中受益。

构建这样的儒家民主排除了自由派把幸福生活概念的问题从政治领域排除出去的中立性。如果把实质性的价值观话语从政治中排除出去，政治生活和伦理生活都将受到伤害。在当今很多社会，除了呈现出常常不讲道理的或狂热的党派意识形态形式之外，共同的价值观很少指导政治行动。当今的政治话语不是也永远不可能是任何意义上的"价值中立"。当价值的重要性得到承认时，结果往往不是真诚地努力旨在解决冲突的观点沟通的"话语"而是任何一方都不听对方讲什么却只顾吵骂，在争夺权力的党派斗争中，谁喊叫的声音最响亮，谁最善于操纵舆论，谁就是"胜利者"。在现代通信技术飞速发展日新月异的情况下，沟通的失败令人难以置信也令人沮丧。

就像在杜威民主中一样，在儒家的伦理—政治秩序中，指导社会和政治行动的善的概念问题在合作探究和制度化的礼仪实践中得到解决，其中所有受到影响的人或能作出某种贡献的人都发言、倾听和理解。虽然探究善的概念是包括政府本身在内的所有各方的责任，但任何一个概念都不应该由社会中的任何群体强加在他人身上。公共的善必须通过礼仪实践和合作探究来构建，其中每个人都根据自己的能力参与其中。这样的社会共同体就是具有民有、民治、民享政府的民主。自由和权威形成平衡，因而人人都有最好的机会在欣欣向荣的共同体中实现个人的理想。健全的人际关系的稳定性、持续性将与多样性和通过个体创造性而带来的变革的潜力形成平衡。

在探索儒家民主的可能性时，笔者已经重构了反对威权主义的儒家思想，它与常常被看作是儒家的中国皇权时代的国家正统思想格格不入。虽然尽可能地接近文本，但笔者一直是在从东亚社会现有历史背景下的社会需要的角度阐释早期儒家的思想。在这方面，杜威的实用主义证明非常富于启发性。他对民治政府的本质、民主参与所需要的条件、合作探究的方式等的理解有助于支持民主的儒家重建。

儒家常常认为现有社会和政治结构是当然的，相信通过儒家教育就足以改造民众，无论现有的社会结构和政治结构如何，好人就能构成好的共同体。我们从杜威哲学中了解到，涉及分配权力和资源的结构组织形式对社会和政治过程的后果非常重要。没有有效的组织，公众就仍然无法呈现，社会就无法走向作为生活方式的民主。但是，儒家民主需要什么样的组织及什么样的社会结构和政治结构的问题仍然必须结合每个儒家社会的具体情况来回答。

尽管笔者的注意力集中在为儒家民主重建儒家思想，但是这次尝试隐含着对杜威哲学在新背景下的诠释。因此，这种儒家重建也有益于我们对杜威把民主作为生活方式的任务的认识。虽然他坚持政治形式的灵活性和有必要更多关注影响政治形式功能的实际内容，但是杜威对于赋予政治形式内容的文化过程一直语焉不详。在这方面，传统上常常更关心文化过程多于政治形式的儒家恰恰提供了完成杜威任务的新的可能性。

罗伯特·卡明斯·内维尔已经用波士顿社会作为例子来说明儒家与现代美国社会联系起来的方式，儒家可通过礼仪实践扮演批评家和文化创造者的角色。[1]为民主形式赋予内容，并把政治民主改造成为文化民主和道德民主所需要的文化过程的关键是社会实践容许人们的意见和要求能得到迅速和顺畅的沟通、公共事务可以得到高效而切实的解决，谦让和尊重品德的实践不只简单地强化权威结构而是把权威地位及其占有者凸显出来供人们批判和审查。在儒家民主中，这些将通过基于诚信的礼仪实践来完成，这些礼仪将约束许多后现代资本主义社会中出现的严重破坏民众的信任和共同体情感的对立及仇恨。

通过阐明儒家民主和杜威民主的本质，笔者认为两者在许多方面不仅有巧合的地方，更重要的是，它们都是值得向往的伦理—政治理想。儒家民主的主要论点是，从长远来看，它是确保民享政府的最好方法。如果我们把民享政府理解为不仅仅为民众提供物质福利，而且有助于民众在繁荣共同体中的个人实现，理应如此理解，那么，民治政府就是民享政府不可缺少的重要构成性手段。当前，无论儒家民主还是杜威民主都还不是现实。当今享有民主之名者是"少数人治理的政府，得到很多人（不一定是多数）的认可，为某一个或几个特殊利益集团服务"[2]。为了回应现有民主的批评家如沃尔特·李普曼、尼布尔等人，杜威指出，现在的情况不一定意味永远如此，相信民主就是相信人类经验的新的可能性，相信如果提供适当的条件，人们有能力实现自治。

民主和专求稳定的现实政治

那些相信东亚社会最近几十年的稳定和经济成功是归功于威权主义形式的儒家的人可能会问："为什么冒险失掉现在已经享受的美好生活去追求一个结果如此不确定的信仰呢？"增加此论点说服力还有以下主张，即在亚洲社会要实现民主就必须采用西方民主的现有政治形式构造的政治民主，但亚洲人像杜威一样发现这种民主没什么启发性。没有人敢保证，人们可以从这种政治民主转向作为文化的更值得向往的民主理想。在某些亚洲批评家看来，政治民主并非理想民主的先决条件，反而可能成为破坏亚洲稳定和经济繁荣的动荡根源。

人们可能怀疑"稳定和经济繁荣"论点不过是当权者想维持对社会的严密控制来保护自身利益和权力垄断的借口。但要让这个借口在相当长的时间里发挥作用，政府不仅必须维持其表现以为足够多的人带来利益而获得合法性，而且必须说服足够多的人相信威权统治是获得稳定和经济繁荣的唯一方法，或至少是最好的方法。菲律宾和印度尼西亚在过去20年的政治动荡显示，在经济发展停滞、大部分人的生活陷入困境时，政府合法性受到多么大的伤害，但是民主之路漫长而曲折。亚洲社会不会自愿地步其后尘。对许多人来说，此途径不仅痛苦不堪而且完全不能确定民主就在路的尽头，或许连政治民主都无法实现，更谈不上任何形式的理想民主了。

即使在亚洲，威权政府不是实现稳定和经济繁荣的唯一方法也不是最好的方法，说服亚洲人相信这一点可能还更好些。谁也不能保证威权政府一定根据民众的利益而行动。经验已经一再证明阿克

第六章　培养民主

顿勋爵的名言"权力使人腐败，绝对权力导致绝对腐败"。禁止民众参与治理社会，威权政府还削弱了人们的道德素养。一个从来没有机会承受责任的孩子将学不到如何负责地行动；一直被引导去相信"政府最聪明"的人民其行为也往往像不成熟的或被惯坏了的顽童那样。不管政府有多好，如果多数民众缺乏对社会的责任感，那么稳定和经济繁荣能持续多久就十分令人怀疑。繁荣共同体中的个人实现当然不可能出现在这样的社会中。詹姆斯·泰尔斯指出，"说服足够多的人相信，通过诠释事件和现有价值来参与政策决定既不是他们的责任也不是他们该扮演的角色和本分，结果将出现与共同体相反的权力结构，这种结构实现少数特权者的价值却限制其他人的可能发展"[3]。

如果我们希望支持亚洲的民主化，提供一种作为信仰的民主还不够，我们还必须消除亚洲人对民主的一些恐惧。我们必须证明在民主实验中，不稳定和经济动荡的风险可以降到最低。如果我们能先说服民众相信威权政府背离民众的风险比造成不稳定和经济动荡的民主化的风险更大，论证理想的值得追求的民主就更有说服力。一个国家若引进了西方的自由民主形式，却没有考虑如何将这些形式与本土文化相结合，破坏稳定的风险就最大。在民族和宗教分裂十分严重的国家，政治民主将巩固和强化冲突。在民众还不知道如何履行负责任的公民的职责的国家，参与形式民主从最好处说是徒劳的，最坏的话还可能有破坏性。

要将民主化过程中的风险降至最小，我们可以转向杜威的民主观，把民主视为文化，即一套渗透于人类互动每个方面的实践、态度和期待。不是一夜之间改变政府管理形式也不是期待奇迹的出现，更谨慎的做法应该是采取"自下而上"的途径逐渐改造文化。我们知道民主实践肯定出现很多问题，但在某些层次的社会环境和组织中，即使出现错误或者失败，也不会造成国家的崩溃。我们可以在这些层次上逐渐引进培养民众为民主做准备的实践。随着时间的推移,民主实践的扩展将培养民众的民主态度和期望,让民众具备负责任地参与政治的技能,使他们有理由相信公开的讨论和反对意见是解决共同问题的合作过程的组成部分而非总是造成破坏和浪费的混乱。

通过在有限社会背景下的民主体验,不同民族出身和宗教背景的人相互交往,人们可以学到多样性和对个人承诺的忠诚不一定排除与他人的合作;完全有可能在不失掉自己身份认同的情况下构筑共同利益。先在有限背景下学会通过合作探究建立共识将培养国民的相互信任,并防止民族和宗教分歧破坏国家层面的民主化进程。

和常见的集中在国家和精英上的中国分析不同,周晓令人信服地指出"这次改变中国的力量是中国农民,不是领袖,不是官僚,不是干部,不是知识分子而是农民自己"。虽然她考察的农民运动基本上是没有组织的经济运动,但它具有广泛和重要的社会、政治意义。在那些经济改革中,中国变成了更加开放的社会。周晓本人看到的农民是"不经意的激进个人主义者",他们更喜欢"自由意志论的国家"而不是民主国家。民主化的动力必须来自社会更低阶层。农村人口占应该统治民主中国的人口的将近80%。不管任务多么艰巨,农村人口的文化改造在通向民主的任何行动中都是必需的。

周晓指出"中国的农民不反动,不消极,不反对资本主义也不反对现代化"。人们还可能说他们不反对民主,虽然到现在为止,还没有积极追求民主。他们走上致富之路是与党和国家放松控制同时出现的,也就是说,至少在经济领域,他们的行动自由增加了。这经验促使民主文化的成长,因为它是个体合作解决问题和作出决策的练习。农民的经济能动主义(activism)最终可能导致政治能动主义、经济自由化,以至民主化。[4]

"自下而上"的民主化过程的首要焦点不是政治机构或意识形态。正如同心村的农民所说"干部才关注党的路线,农民只在乎什么方法奏效"[5]。许多中国人可能具有同样的实用态度。民主要想在

第六章 培养民主

中国社会的发展中获得立足点，它就必须与普通民众的日常生活密切相关。最好的方法就是把民主理解为一种文化，一种更好的生活方式，其中人人都有更多的发言权决定自己的生活方式，人人都有更好的机会在繁荣发展的群体中实现自我价值。变革的过程必须从普通人在与周围人合作解决面临的问题的层次上开始。

但是，政治机构并非无关紧要，可有可无。只要仍然需要某种结构来组织集体生活，即使构成"结构"的东西可能存在很大的灵活性和多样性，中国的民主化就仍然需要政治体制改革。只要现有政治体制仍然不变，文化民主就不可能完整。

但是，政治体制改革也可以通过渐进的自下而上的方式进行，这对上层当权者来说威胁性更小。台湾就是采取渐进的"自下而上"的政治民主化途径的例子。金耀基注意到，甚至还在"威权政府"时期，台湾就在1950年代开始了基层民意代表选举的实验。在过去几十年里民众的这种有限的基层民主参与对全国性民主的可行性作出了贡献，台湾在1980年代最终在全省范围内实现了民主。除了经济发展之外，将近50年的基层和选举实践将民主参与和竞争的价值以及"游戏规则"制度化，这一切带来了文化变革，使得政治形式的更多更全面变化成为可能。丹克沃特·罗斯托注意到，"习惯化"是民主文化变革的重要源头。[6]人们可能从杜威的视角进一步拓展金耀基和罗斯托有关政治文化和政治民主的观点。循序渐进地引进文化民主不仅是从基层选举到国家选举的问题，也应该鼓励民主实践，而且在家庭、工厂、寺院、庙宇、政治等所有领域养成民主习惯。

狄百瑞认为，如果我们想避免威权主义结论的话，公民社会问题是在讨论亚洲社群主义时的核心议题。在亚洲民主化过程中，越来越多的兴趣集中在与民主相关的公民社会发展问题上。许多学者在中国研究中已经借用了这个概念，虽然可能有些保留。[7]如果公民社会隐含着自主的而不是社会的个体概念，即严格区分私生活和公共生活以及不可调好的敌视国家的态度,该概念就与儒家显得格格不入。但是,与民主概念一样,公民社会概念也受到挑战,也有足够的灵活性可以在儒家和其他背景下重构。[8]在探索东亚社会"自下而上"的民主化途径时,公民社会概念或许有用。

笔者建议和平的、"自下而上的"民主化途径并不意味着民主可以在不需要政府最小程度的默许的情况下和平地实现,即便得不到积极鼓励和支持。事实上的经济成功促成了中国政府对既成事实表示认可,因为政府也在尝试改善中国的经济。

金耀基强调,就台湾的例子来说,国民党的最终实现宪政民主的意识形态承诺和当时政治强人蒋经国的支持对国家的政治民主转型非常重要,前者来自孙中山的"三民主义"(民族、民权、民生),后者在1980年代推动政治改革。"自下而上"的途径并不排除"顶层民主设计"。拉里·戴蒙德认为"民主化的最有利条件是国家领袖对民主进程的坚定不移和强有力承诺"[9]。如果没有这种承诺,威权政府可能设置数不清的障碍来阻止民主文化的成长。

对政治体制即刻进行全面彻底的改变就像暴力推翻政府一样不一定是实现民主的最好办法,强调这一点非常重要。某些西方人,有时候甚至是亚洲自由民主派本身在传播自由民主的渴望中常常急不可耐,步伐迈得太快。这种缺乏耐心的结果往往带来灾难。但是,呼吁耐心和谨慎并不意味着人们应该永远等待"更好的机会",到头来什么也不干。无论如何,无论多么渺小总有一些事情是可以做到的,能够让文化朝着民主更进一步。民主化可能是渐进改良的进步,出现反复挫折,不可能一下子成功。认识到民主实验可能以渐进的过程来进行,从更有限的领域一波一波地开始而不是直接在全国性的政治层面铺开,这就驳斥了民主实验太危险,将破坏整个国家的稳定和经济繁荣的论调。

民主化没有灵丹妙药。依靠任何单一手段都不大可能成功。尽可能多地把可利用的手段如教育、经济、政治等手段组织起来构成复杂的、协调良好的策略更容易取得成功,但也特别困难。即使在某些情况下,顽固不灵的威权力量阻挠或许要求可能被认为是"革命"的激烈行动,民主绝非一夜之间即可成功。作为一种文化,儒家民主要求不辞辛苦的长期培养,而且需要每个人的积极努力。即使付出最大努力也不一定保证就能成功。我们所能做的最好的事就是增加成功的机会。

注　释

第一章

[1] Fukuyama (1989, 4); criticism by Samuel Huntington, Timothy Fuller, David Satter, and others and Fukuyama's response in no. 17 (1989) and no. 18 (1990) of *the National Interest*.

[2] Fukuyama (1989, 11-18).

[3] Fukuyama (1989, 17; 1992, 242-244; 1995, 21).

[4] Fukuyama (1989, 13).

[5] Kahn (1979, 121-123, 329-383). 除了韩国、日本、中国台湾和香港地区及新加坡和华人少数占据经济领域的东南亚国家，如马来西亚、印度尼西亚、泰国等也都表现相对较好。即使在美国，相对来说，华裔美国人在经济上也比其他少数民族更好些 (Chan 1993, 39)。

[6] Zakaria (1994, 125); see also Mahbubani (1995). 多数学者同意东亚经济活力不能仅仅从文化因素来解释，即使这些发挥了相当的作用 (Tai 1989; Chan 1993; Berger and Hsiao 1988)。

[7] Mahbubani (1995, 102; 1992, 6-7); French (1996); Bell (1995, 34); Berger and Hsiao (1988, 4). 但是，必须指出

的是，这个思想学派的代表因为别的原因不愿意谈论"模式"，因为它与他们采取的立场与任何形式的普遍性主张正好相反（Kausikan 1998, 19-20）。但是，一个模式不一定需要普遍性，或许可以是根据不同情况进行修改的一套有用的指南。

［8］有关支持这种笼统的相似性的研究，请参阅：Hitchcock (1994, esp. 38-41); Emmerson (1996, 3); report of the survey of the values of Asian executives conducted by Wirthlin Worldwide in the *Wall Street Journal*, 5 March 1996, p.1。

［9］Bauer (1995, 2).

［10］Rosemont (1997, 68-69; 1998); Rorty (1991, 1993); Rawls (1993, 14, and Lecture Ⅲ "Political Constructivism").

［11］American Anthropological Association (1947); de Bary (1998b, 54); Onuma (1996).

［12］Huntington (1993, 22).

［13］See criticisms by Fouard Ajami (1993), Robert Bartley (1993), and Liu Binyan (1993) in *Foreign Affairs* 75: 4 (1993); see also Rashid (1997).

［14］A form of cultural détente is Huntington's (1996b, 41-46) proposed strategy for the West.

［15］Howell (1997); Hall and Ames (1999, 89-97). 这不是新建议。在启蒙运动时期，欧洲许多知识分子就对中国文明感兴趣，鼓吹向中国学习（Ching and Oxtoby 1992); Jensen (1997, 77-134); Clarke (1997, 37-53)。

［16］这个危险不仅限于非西方国家。如果西方国家感受到"文明的冲突"景象的威胁并作出防御性的反应的话，他们或许犯下同样的错误（Smith 1997）。

［17］Sen (1996); Chan (1996; 1998, 32-34); Kausikan (1998, 24); Jones (1994, 19). 儒家文化只是亚洲许多文化中的

一种，在讨论从一种转向另一种的时候，并没有把亚洲文化简单化为儒家文化的意图；相反，是一种从更普遍到更具体、从更广泛到更狭隘领域的转变。现在还不清楚这个观点是否能应用在更广泛的领域。

[18] Huntington（1996a，15，18，21）.

[19] Pye（1985，55-89；1996）.

[20] Munro（1979，40）；Edwards（1986，44）；see also Kent（1993，30-31）.

[21] Yu Ying-shih（1997，208）. 借用了罗尔斯的《政治自由主义》的框架，余英时认为儒家或许可以作为自由民主内的若干全面主张而存在。

[22] Wu（1922，15）.

[23] 这个口号实际上是胡适在他为吴虞文集（Wu 1922，7）的序言中创造的。

[24] Nussbaum（1997）.

[25] Weber（1951）；Tu（1991）.

[26] Tu（1984，90）.

[27] An approach that Amartya Sen（1996，3）advocates. See also Chan（1998）；de Bary（1998b）；Hall and Ames（1999）.

[28] Chang et al.（1958）；Tu（1986）；Liu（1992）.

[29] Li（1999，ch. 7，emphasis added）.

[30] Parekh（1993，172）；Dunn（1992，vi）；Bell（1995，30）.

[31] Beetham（1993，60）；Dunn（1979，11）；see also Parekh（1993，165）.

[32] Held（1993，14）；Zakaria（1997，23-24）；see also Bell et al.（1995）.

[33] Zolo（1992，170）.

[34] Barber (1984, 1989); Dahl (1989, 1992); Gould (1988); Gutmann (1987); Okin (1989).

[35] Bell (1995).

[36] Sandel (1996, 3).

[37] Rawls (1971, 1993); Dworkin (1977, 1978); Feinberg (1988); Raz (1986); Nozick (1974).

[38] Chan (1998, 33).

[39] Walzer (1989, 6, 22); Unger (1983, 41); Gutmann (1985, 320)。布坎南或许不是唯一排除沃尔泽是社群主义者的人，虽然他的理论和社群主义有些相似性（Buchanan 1989, 852n）。

[40] Delaney (1994, viii); Buchanan (1989, 882).

[41] Tam (1998, 29); Etzioni (1993, 15).

[42] Tam (1998, 21-23).

[43] Gaus (1983).

[44] Hall and Ames (1999).

[45] Keenan (1997, 34).

[46] Forward to Barry Keenan's *The Dewey Experiment in China*, in Keenan (1977, v).

[47] Cai (1968, 782-783), quoted and translated in Keenan (1977, 10).

第二章

[1] Parekh (1993, 157-158); see also Allen (1997, xi).

[2] *De vera Religione*, XXXIX.72, translated in Taylor (1989, 129).

[3] 心理分析是这种重点的一个例子；现代心理学一直被称为"自我的科学"。

[4] Romans 7:19, quoted in *Confessions*, VII, xxi.27, in

Taylor (1989, 138).

[5] *De Civitate Dei*（《上帝之城》），XIX.26，translated in Taylor (1989, 136). 基督教许多神学家遵从奥古斯丁的教导，已经指出自我探索导致对神的探索，而认识上帝是认识自我的必要条件。

[6] Taylor (1989, 188).

[7] Kant (1948, 1993); Murdoch (1970, 80).

[8] Sandel (1982).

[9] Rawls (1971, 179).

[10] Sandel (1982, 79).

[11] Ibid., 132.

[12] Rawls (1971, 520).

[13] Ibid., 561.

[14] Sandel (1982, 179).

[15] Ibid., 189.

[16] Rawls (1971, 191, 448).

[17] Sandel (1982, 181).

[18] M 14.60. 杜威著作的引用信息引自 *Collected Works of John Dewey*, edited by Jo Ann Boydston. 最前面的字母（E）表示早期著作、（M）表示中期著作、（L）表示后期著作，后面是卷号和页码。

[19] Schilpp (1951, 586).

[20] Taylor (1989).

[21]《简明牛津辞典》定义。"最近的哲学中有一种使用'person'这个词作为包括人类的最笼统类别的趋势"（Harre 1987, 99）。我不愿意加入到非人的 person 的存在可能性的讨论，虽然这是有关 person 概念的当代西方哲学文献的一个时髦话题。

[22] Rorty (1990, 36).

[23] Williams（1975）.

[24] Rucker（1980）.

[25] Elvin（1985，170）.

[26] Taylor（1989，375）.

[27] Tiles（1988，232n）.

[28] Hollis（1977）.

[29] Mead（1934）.

[30] M14.16；see also Campbell（1995，42）.

[31] Fingarette（1989，198-199）.

[32] *Analects* 15.16. 除了特别说明之外，英译文选自 Ames and Rosemont（1998），作者偶尔有修改。

[33] Fingarette（1972，28-36）.

[34] *Historical Records*（1964，8：Biography of Lord Yin of Huai，2624）.

[35] 当代有些西方思想家如利科（Ricoeur 1992）也考虑了"内在"和"外在"的不可分割性。

[36] Hall and Ames（1998，23-43）；see also Hall and Ames（1987，80-82）；Ames（1994）.

[37] Ames（1993，165）；see also Tu（1994）.

[38] *Book of Rites* 43.1/164/25，translated in Hall and Ames（1999，175）.

[39] M10.41；L1.235，259；L12.88-89；L16.54-55，68-69，96. 有关杜威的认识论和"旁观者知识理论"的不同，请参阅 Tiles（1988，124-129）；Rorty（1980）。

[40] Fingarette（1979，131）.

[41] Kohn（1992）.

[42] *Analects* 12.1，translated in Lau（1979，112）.

[43] "自"这个字最初是指显示人的鼻子的图画，指着鼻子是

指代自我的一种方式（Fazzioli 1986，29；Wieger 1965，325）。它也用来作为强调的代词："我自己做"对比用反身代词"我做给自己"。

［44］划定边界的这种隐含的意义得到《说文解字》中对"己"的解释"中宫也。象万物辟藏诎形也。己承戊，象人腹。凡己之属皆从己"的支持（*Shuowen* 1966，748/14B：21a）。See also Fazzioli（1986，34）；Wieger（1965，217）.

［45］Boodberg（1953）；Tu（1979，18）.

［46］*Xunzi* 29/143/8. 除非有特别说明，英译文选自 Knoblock（1988-1994）。

［47］Elvin（1985，159-162）；《离骚》的译文，请参阅 Hawkes（1985，67-95）。

［48］罗思文（Henry Rosemont 1989）质疑中国背景下对道德这个词的使用。区分了"道德"和"伦理"，他认为与道德有关的概念——freedom，liberty，autonomy，individual，utility，principles，rationality，rational agent，objective，subjective，choice，duties，rights，and ought，不管是出于谨慎还是出于义务，在儒家或者其他非西方文化中是没有的，人们把伦理当作有关人类行为的笼统的评价话语体系可能更好一些。罗思文反对"道德"的目标是主流的道德律概念和以权利为基础的道德力量，但是让他困扰的概念簇本来可以有不同的使用方式。杜威（L7.9）通常使用互换性的形容词"道德的"和"伦理的"而不是罗思文反对的具体方式。在杜威使用的意义上，"道德的"可以用在早期儒家身上，虽然我同意罗思文的观点，一有可能，还是使用"伦理的"为好。

［49］Sandel（1982，121）.

［50］Kymlicka（1989，54）.

［51］Ibid.，61.

［52］Kant（1948，116）. 虽然，从康德式意识描述开始，格

伦·廷德却得出探索具有内在社会性的结论（Tinder 1980, 18-30）。

[53] Rawls (1971, 412).

[54] Rawls (1993, 50).

[55] Schilpp (1951, 17; L1.170).

[56] Allport (1951, 276).

[57] Fingarette (1972, 18-36); cf. Fazzioli (1986, 60).

[58] Fingarette (1972, 18).

[59] Ibid., 21.

[60] *Analects* 5.28, 6.3, 7.2, 7.34, 11.7.

[61] 段玉裁对《说文解字》和"思"与"深度"彻底联系起来的评论可以被看作批评性和评价性思考的一个例子（*Shuowen* 1966, 506/10B：23b）。

[62] Bloom (1985, 299, 301).

[63] Ibid., 294.

[64] *Mencius* 8.30/44/19. 除非有特别说明，英译文选自 Lau (1970)，作者偶尔有修改。

[65] Fingarette (1972, 133).

[66] 最初的字把"心"和"之"或者"止"结合起来。

[67] Parekh (1993, 159).

[68] 儒家伦理中的伦理词汇如德、仁、义、礼、智在不同的情况下也可以充当标准，虽然道可以被看作最全面的概念，可以被看作包含所有这些词的意思。无论如何，接着有关道的讨论同样可以适用于其他伦理概念。

[69] Fingarette (1972, 135); Munro (1985, 4-6).

[70] Tu (1985, 83).

[71] Fingarette (1972, 137).

[72] Munro (1985, 3-8).

[73] Rawls (1993, 323).

[74] Hegel (1942, 58ff., 70ff., 156ff., 186).

[75] Rawls (1993, 41, 285-286; 1971, 264).

[76] Gaus (1983, 68); Wolff (1977, 190). 罗尔斯本人否认他的理论假设"社会是一个有机整体,有不同于或优越于所有成员相互关系的生命的自己独特的生命"（Rawls 1971, 264）。

[77] Hegel (1942, 290, 292).

[78] Hegel (1975, 191-192). 有关内在和外在关系及其隐含意义的辩论的简短和清晰的讨论,重点是黑格尔的立场,请参阅勃兰德·勃兰夏（Brand Blanshard）和埃罗尔·哈里斯（Errol Harris）之间的交流（Grier, 1989, 3-27）;也参阅 Harris (1987)。

[79] Damico (1978, 40, 85).

[80] Popper (1945, 2: 25-76); Berlin (1969, 41-117); cf. Avineri (1972); Taylor (1979).

[81] Berlin (1969, 43-68).

[82] Taylor (1979, 99, 122-123); Hegel (1955, 99, 105).

[83] Schilpp (1951, 17); Berlin (1969, 47, 48fn).

[84] Harris (1987, 37).

[85] L1.64. 当今的学者仍然在这个非整体意义上理解社会体系:"社会体系是开放的体系,边界模糊,因为体系的结构是对互动的约束,是程度上的问题。而且这种约束是笼统的但不是普遍性的,涉及某些秩序但不是整体秩序"(Mackin 1997, 50)。

[86] Munro (1985, 263); Kent (1993, 30-31); Edwards (1986, 44).

[87] Munro (1985, 21, 17); see also Edwards (1986, 44).

[88] Sartori (1984, 244-245). 杜威把有机体概念和体系联系起来（M2.178）。从历史上看,机体论一直是和系统论联系在一起

的（Philips 1976，46-79）。

[89] Tu（1985，38-39）.

[90] Pasternak（1988，659）.

[91] Munro（1985，276）.

[92] 满晰博（Manfred Porkert 1974）从医学的角度讨论了中国人和西方人的身体观的不同，也可参阅约翰·哈伊（John Hay 1993）有关西方和中国身体形象差异的讨论。

[93] 人身与环境不可分割体现在非常古老的被看作是中国最早的医书《黄帝内经》（Veith 1966，105）中。"天人合一"的观点是宋明理学的核心。杜维明（Tu Wei-ming 1985，35-50）认为"存在的持续性是中国哲学的核心"。

[94] King（1985，65）.

[95] *Conversations of the State*（1973，114-115）.

[96] *Xunzi* 9/39/9-17. 这个术语在《荀子》的很多地方出现。相反，在《孟子》14.19/74/31 中没有伦理含义的时候只出现过一次，即引用《诗经》中的话指一群"小人"。

[97] Nakane（1973，14）.

[98] Fei（1992，62）；King（1985，61）.

[99] *Rites of Zhou* 4.0/53/5.

[100] Fung（1939，68）；李泽厚（Li Zehou 1996，14）在某种程度上赞同这个观点，虽然他把它限制在中国历史上的春秋时期。

[101] 国家官僚机构在随后的两千多年里构成了不同规模的管理部门，但是对这些分支部门的定义经常变化，其运用也倾向于非常灵活，有时候甚至是杂乱无章的。

[102] Liang（1989，3：94）.

[103] Nivison（1996，33）用道家而不是儒家的哲学术语描述"道"，但是笼统的观点可能两者都有，虽然可能不同意这个看法。Fingarette（1972，20）；Munro（1985，262）；cf. Hall and Ames

(1995，211-216，244-252）。

[104] Mote（1971，17）；Bodde（1961）；Birrell（1993，18，25）；see also Yuan（1960，30-34）。比勒尔和袁珂引用的作为创造神话的最早记录的文本是《楚辞》中的《天问》。它并没有描述宇宙的产生，而是一种礼仪教理问答，以"遥远的过去的万物起源"的问题开始（Hawkes 1985，45-46）。

[105] Mote（1971，20，emphasis added）；Birrell（1993，23-24）；see also Loewe（1982，63-64）。

[106] Needham（1956，302）；Hall and Ames（1995，184）。

[107] Foreword to Birrell（1993，xi）；see also Yuan（1960，16-20）。

第三章

[1] Wolff（1989，13）；Oppenheimer（1914，xxxi）；Tönnies（1957，34-35）。

[2] Gaus（1983，15）。

[3] Crittenden（1992，130-142）。

[4] Sennett（1977b，308）。

[5] 这种协调涉及到的心理学内容，请参阅"The Reflex Arc Concept in Psychology"（E5.96-109）。

[6] Gaus（1983，93）。

[7] Rorty（1989，90）；有关自恋的文化，请参阅 Sennett（1977a，187-197；1977b，8，238，334）。

[8] 我们不能肯定提到的作品是后来成为儒家教育中核心地位的经典作品。就《诗经》来说很可能存在内容上的很多重叠。现存的《礼记》的起源日期是有争议的，可能的情况是并非所有章节是在同一时期完成的。就我们知道的这篇来说，它可能是汉朝时期编纂的（Loewe 1993，293-295）。

[9] *Analects* 15.20;《论语》中对名的其他类似使用,请参阅 *Analects* 4.5, 8.19。

[10] Russell (1922, 40); Liang (1989, vol.3, 30); Lin (1938, 180).

[11] *Mencius* 1.7/5/7,作者的译文。

[12] *Analects* 1.2; see also *Mencius* 12.2/62/18.

[13] *Analects* 12.1, 6.30; see also *Mencius* 7.3/36/16.

[14] 安乐哲(Roger Ames 1994, 206)指出这个隐喻似乎特别恰当,如果考虑到表示人际关系(伦)和涟漪(沦)的中国文字的有趣的同源关系的话。

[15] 有关儒家对家庭和更广泛的社会关系之间的紧张关系的更少恶劣的家庭解释的更详细的论证,请参阅拙著 Tan (2002)。

[16] *Analects* 13.18; see also *Mencius* 13.35/71/17.

[17] *Mencius* 8.29/44/10; in *Analects* 8.21,孔子称赞圣王禹虽然生活简朴却尽力兴办沟渠水利。(禹,吾无间然矣。菲饮食,而致孝乎鬼神;恶衣服,而致美乎黻冕;卑宫室,而尽力乎沟洫。)

[18] King and Bond (1985, 38-42).

[19] *Analects* 15.12,作者的译文。cf. "He who gives no thought to difficulties in the future is sure to be beset by worries much closer at hand" (Lau 1979, 134).无论对"远"和"近"做时间上还是空间上的解释都能说得通,这个文本因为一词多义而含义丰富。

[20] 一个例外是托马斯·亚历山大(Thomas Alexander 1987),他认为经验的审美维度是杜威哲学的核心。最近关注社群建设的艺术方面的另外一个人是卡罗林·伍尔森(Carolin Woolson 1998, 126-128),其专注于社会探索但提到了杜威的艺术概念对社群重新思考的贡献。

[21] 这里提出的对比是多极的而不是两极的。

［22］*Book of Rites* 32.9/143/30；Legge（1970，vol.1：396-397）。

［23］*Book of Rites* 43.1/164/28；Legge（1970，vol.1：359）。"天下平"理想中的和平、平静的概念"平"与"和"的概念关系密切。它常常被描述为取得和谐后伴随着的一种心境和关系的状态（*Zuo's Commentary*，Duke Zhao，twentieth year，Legge［1970，vol.5：679，684］）。现代汉语中，这两个字合起来即"和平"被用来翻译"peace"。

［24］*Book of Rites* 32.6/143/8；Legge（1970，vol.1：390）。作者的译文。理雅各（Legge 1970，vol.5：67）把它翻译成"the superior man cultivates a friendly harmony without being weak"。

［25］*Zuo's Commentary*，Duke Zhao，twentieth year，Legge［1970，vol.5：679，684］。

［26］Cheng（1988，234）；汤一介（Tang Yi-jie 1988，321）把"大同"翻译成"the great harmony"。杜维明（Tu Wei-ming 1979，29）似乎认为用"great unity"和"great harmony"翻译"大同"同样好。其他人更喜欢这样的译文，如"grand union"（Legge）或者"grand unity"（de Bary，Wing-tsit Chan）。

［27］Duke Zhao，twentieth year，Legge［1970，vol.5：680，684-685］。

［28］《吕氏春秋》（*Lü's Spring and Autumn Annals*）14.2/71/19，作者的译文。上文提到的《左传》的段落也使用味觉和谐作为社会和谐的隐喻。

［29］有关杜威的美学通过探索中国艺术而应用在中国世界观中的讨论，请参阅拙著 Tan（1999）。

［30］Schilpp（1951，552）。

［31］Schilpp（1951，371-389，546）。贝奈戴托·克罗齐后来捡起这个观点，但是争议持续存在。有关"Pepper-Croce thesis"的

描述及其在杜威哲学中的广泛应用，还有针对杜威被控是有机的理性主义者的强有力辩护，请参阅 Alexander（1987，1-13）。

［32］*Book of Rites* 32.1/142/24. 这里的信息是宇宙性的而不仅仅是社会性的。

［33］Tiles（1988，227）。

［34］Cua（1979，373，75）。

［35］*Analects* 1.12. 刘殿爵（D. C. Lau 1979，249）说，有子是孔子的学生，孔子去世后在儒家学派中占有特殊地位。有关他与孔子的相似性，也可参阅 the *Book of Rites* 3.70/18/8。

［36］Nivison（1996，47，67）；Cua（1983，13；1985，98）。

［37］《说文解字》对礼的解释是"礼，履也。所以事神致福也"（*Shuowen* 1966，2/1A：4b）。

［38］*Book of Rites* 32.13/144/17；Tu（1989，48）；cf. "满怀敬意地膜拜死者是赞美人性的方式"（Cua 1979，387）。

［39］*Book of Rites* 32.13/144/21，作者的译文。

［40］见柯雄文（1979，387）有关荀子对葬礼和祭祀的观点的评论；见杜维明（1989，41）论儒家孝的观念中继续从事父母的工作的重要性。

［41］*Book of Rites* 32.1/142/22；Legge（1970，vol.1，384）。

［42］Fingarette（1972，9-14）。

［43］Creel（1949，83）；Li（1996，7）。

［44］Creel（1949，143-144）；Fingarette（1972，57-70）；Ching（1997，69-74）。

［45］*Book of Rites* 19.3/99/21；see also Hall and Ames（1987，259）。

［46］Hall and Ames（1987，89-110）。

［47］*Mencius* 7.10/37/21，11.10/59/25，11.11/60/4。

［48］*Xunzi* 19/90/4；"因此，先王改革礼仪以便获得义"（先王恶其乱也，故制礼义以分之，以养人之欲，给人之求）（*Book of Rites* 9.36/64/11）。在有关父子关系的更狭隘的关系中，《礼记》11.25/72/9 说"当义出现时，礼就起作用了"（父子亲，然后义生。义生，然后礼作。——《礼记》效特牲第十一）。

［49］*Xunzi* 27/128/3；Cua（1985，160-163；1983，12）. 笔者的描述和柯雄文对礼的理解有些相似之处，礼是依靠法则的，义是依靠情形的，虽然笔者更喜欢用形式和内容，笼统的意义和符合具体情景的意义等术语来谈论它们。

［50］*Analects* 3.22，14.16，14.17；信广来（Shun Kwong-loi 1997，57）指出《孟子》中不遵从礼的义的例子；可以违反礼，但不能不义。

［51］有关作为"符号网络"的社群，请参阅 Grange（1997，193）。

［52］杜威对比了思考的、智慧的人、变幻不定的、循规蹈矩的艺术（M9.153；L1.270）。

［53］*Book of Rites* 19.1/99/10；Li（1996，15）.

［54］Tu（1979，25）.

［55］《狂人日记》（"Dairy of a Madman"），in Lu（1990，29-41）；see also Wu（1922，63-72）。

［56］Cheng（1930，22B，3a），"Surviving Works". 被翻译为"chastity"的汉字"节"与礼仪密切相关：礼仪的一个功能就是调节行为（节）（*Book of Rites* 11.25/72/7）。

［57］Eldridge（1998，41）.

［58］Saatkamp（1995，94）；see also Rorty（1991，63-77）；Rorty's introduction to vol. 8 of *Dewey's Later Works*（L8.ix-xvii）；cf. Ratner's introduction in Dewey（1939）；迈克尔·埃尔德里（1998）特别集中探讨了罗蒂对智慧重要性的批判，之后是杜威哲

学整体中的探究方法和科学方法的重要性。

［59］Wu（1997，74）.

［60］吴广明（Wu 1997，76-77）承认这一点，当他认为他描述了两种实用主义（美国式和中国式）的汇合时。在寻找从这种汇合中诞生的"实用主义精神指导下的社群"，他引用杜威的《实验逻辑论文集》(*Essays in Experimental Logic*, 1916, 103)。

［61］Hall and Ames（1999，209）.

［62］Hall and Ames（1987，50）.

［63］Ibid.，55.

［64］Waley（1996，107）.

［65］Lau（1979，136）；Legge（1970，vol. 1，304）.

［66］对知的积极理解如何提供一个更好地理解《论语》的其他例子，请参阅 Hall and Ames（1987，52-56）。

［67］*Shuowen*（1966，598/12A：17a）.

［68］Chen（2000）.

［69］Ban（1952，404，528）；see also Boltz（1982）.

［70］*Tang Yu zhi dao*《唐虞之道》，strip 3 of the《郭店楚墓竹简》，translated in Chen（2000，417）。

［71］De Bary（1998a，53-57）. 狄百瑞发现公民社会中不成功的尝试的其他领域是乡约，这是一种地方组织也是一种公共教育。

［72］Lee（1994）.

［73］*Book of Rites* 32.3/142/31；Legge（1970，vol. 1，388）. 这也体现在陈宁（Chen Ning 2000）对"圣"字最初形式的研究上。

［74］Schwartz（1985，68-71）.

［75］Devins and Douglas（1998，3-4）.

［76］Lovejoy（1936）；Lewis（1954，vol. 2，383）.

［77］Keightley（1978，221）.

[78] 按照吉德炜的说法，"商朝还没有形成对这样大的战略变幻不定的现象的秩序的持续不断的宗教解释"（de Bary and Bloom 1999, vol. 1, 13），还没有商朝宇宙神话的记录（Birrell 1993, 18）。

[79] 有关中国思想的相关性思考，请参阅 Needham（1956, vol. 2, 253-345）; Hall and Ames（1995, 12-33）; Henderson（1984）; Zhang（1959）。有关"切分"的语言逻辑，请参阅 Graham（1986, 322-359; 1989, 262, 286, 389ff.）; Hansen（1983）。

[80] Hall and Ames（1987, 204-208; 1998, 219-244）; Xu（1969, 86-89, 99, 181）; Tang（1991, vol. 4, 470-476）; see also Xiong（1960, 22）; Lao（1974, 131-133, 139-140）.

[81] Sigmund（1967, 138-142）; Locke（1967, 348）.

[82] Locke（1967, 322）; Rawls（1993, 34）; see also Gutmann（1980, 1）.

[83] Munro（1969, 11-16, 49-83）; Ching（1998, 72）; Bloom（1998, 100-104）.

[84] 更多详情，请参阅 Shun（1997, 222-231）。

[85] *Mencius* 3.2/17/13, 11.7/58/28. 关于为什么类不等于西方分类法所理解的"kind"，请参阅 Hall and Ames（1995, 246-256）。

[86] Munro（1969, 11-16, 49-83）; 艾琳·布鲁姆（Irene Bloom 1998, 98）同意，虽然她在《孟子》中看到更强烈的平等主题。

[87] Berlin（1979, 90）.

[88] Locke（1967, 287）; cf. Gutmann（1980）; Rawls（1993, 34）; Bedau（1967, 3-13）.

[89] Leys（1997, 81）; Waley（1996, 110）; Lau（1979,

138）。

［90］*Analects* 11.17. 孔子也隐晦地批评了季康子牺牲民众利益搜刮财富的行径（12.18）。

［91］*Analects* 4.14，13.2，15.14；*Mencius* 3.4/17/22，3.5/17/28.

［92］Menzel（1963，9-21，28-33，41-48）.

［93］Fan（1980，24）.

［94］Hall and Ames（1999，160；1998，268）；cf. Tan（2001）.

［95］《春秋繁露》（*The Luxuriant Dews of the Spring and Autumn Annals*），以下称为《繁露》，第一次顺带提到它，但没有详细阐明（10.1/46/23）；《白虎通德论》［*the Comprehensive Discourses in the White Tiger Hall*（Ban 1952，559-564）］提供了儒家对这个观点的理解。有关它偏离早期儒家的情况，请参阅 Lin（1990）；Ching（1997，267）；de Bary（1998a，124-125）。

［96］Yu（1976，43）；《史记·汲黯传》（*Historical Records*, "Biography of Ji An" 1964, vol.10, 3105-3114）；see also Creel（1949，234）；*Han Feizi*（1974，vol.2，207-208，作者的译文）。

［97］有关阳上阴下，请参阅《繁露》11.3/51/2，11.4/52/23；有关两者的互补性，请参阅 Ban（1952，560）；de Bary（1998a，125）。

［98］*Book of Rites* 12.41/78/4，45.3/165/26.

［99］Ching（1997，266）.

［100］Li（1982，3-6）.

［101］有关女性教育文本的译文，请参阅 de Bary and Bloom（1999，819-836）。

［102］de Bary and Bloom（1999，826-827）；*Book of Rites*（1992，11.25/72/12）；de Bary and Bloom（1999，836）.

[103] Rosemont (1997); see also de Bary (1998a, 118-133).

[104] Swann (1932, 84-85); Wawrytko (2000, 179).

[105] Li (2000). See also Lai (2000).

[106] Eisenstein (1983); Philips (1987); Croll (1995, 178).

第四章

[1] 有关杜威的政治积极主义及其哲学的关系,请参阅 Westbrook (1991); Campbell (1995, 211-213); Eldridge (1998); 孔子对政治职务的追求是众所周知的,即使在最简单的传记中都可以发现,更详细地探讨请参阅 Creel (1949)。

[2] Mill (1985, 135).

[3] Sandel (1996, 4); Berlin (1991, 13; 1969, 167); Rawls (1993, 197-200).

[4] Rawls (1993, 175).

[5] Ibid., 137.

[6] Immanuel Kant,《一个世界公民观点之下的普遍历史观念》("Idea for a Universal History with a Cosmopolitan Purpose"), in Reiss (1970, 44)。

[7] Rawls (1993, 11, 258, 269, 271).

[8] Ibid., 146, 246.

[9] Ibid., xlix, emphasis added, 290, 370.

[10] Ibid., 13-14, 420, emphasis added.

[11] Ibid., 145, 148.

[12] Ansen (1990).

[13] Rawls (1993, 159).

[14] Ibid., 258.

[15] M14.28. 达米高 (Damico 1986) 讨论了杜威哲学中实践

意识的重要性。

［16］L7.315；Addams（1902，3）. 引人注目的是，杜威用"个人道德（personal morality）"替代了亚当斯的"个体道德（individual morality）"。

［17］Xu（1959，155-200）.

［18］*Analects* 2.3，13.3，12.13. "道之以政，齐之以刑，民免而无耻。道之以德，齐之以礼，有耻且格。"（《论语》为政第二第 3 节）"礼乐不兴，则刑罚不中；刑罚不中，则民无所措手足。"（《论语》子路第十三第 3 节）"听讼，吾犹人也。必也使无讼乎！"（《论语》颜渊第十二第 13 节）虽然孔子喜欢礼仪而不是法律作为政府管理的手段是没有争议的，但这个理想不应该被混同于法律在中国实际上应该如何运行的问题。最近的一些研究如斯坦福大学出版社出版的《中国法律、社会和文化》系列丛书就显示法律在中国社会中发挥了比人们到现在为止所承认的更大、更重要的作用。请参阅 Liu（1998）。

［19］Manicas（1982，411）.

［20］Manicas（1982）. 杜威对无政府主义者的评论显示他并没有意识到他的观点和无政府主义之间的这种契合性。

［21］Tiles（1992，vol.2，21）.

［22］知识或智慧（知与仁密切相关）（*Analects* 4.2，6.23）。

［23］*Song History*（1977，127-128）；Huang（1986，vol.1，464）；Ching（1997，5-8）；cf. Chen（2000）.

［24］Chen（1995）.

［25］Xu（1959，155-200）；also Tu（1993，1-28）.

［26］Li（1996，284-288）；Ching（1997，xv）.

［27］陈大齐（Chen Daqi 1964，247-251）按不同等级将《论语》中谈到的个人成就进行排序；cf. Hall's and Ames's（1987，186）的观点是，这些成就是"作为有机整体的个人成长阶段的不

同方面"。

[28] Boodberg（1953，321-322）.

[29] Hall and Ames（1987，182-184）.

[30] *Analects* 11.24. 对一个具体的职位来说，能力可能不够充分。如果孔子相信任何人从事任何形式的政治参与都是完全不充分的，这说法就更加令人怀疑。

[31] Liang（1996，81；1930，38）；Hsiao（1979，vol.1，103）；Chan（1975）；see also Cai（1996，11）.

[32] *Analects* 4.5；cf.14.6. 君子有时候或许不仁，但小人（君子的反面）则从来不会有仁行。在后来的篇章中，这个标准（从仁的观点看）不那么严格了，但是仁的重要性仍然完好无损。

[33] *Analects* 6.26. 仁者和君子都不忧愁（14.28，9.29，12.4），他们都说话谨慎（1.14，4.24，12.3），尊重他人、虔敬、忠心诚意、慷慨大方、廉洁方正（5.16，13.19，17.6），爱护众人（12.22，17.4），自己有建树的同时也使别人有建树（己欲立而立人，己欲达而达人）（6.30，14.42）。

[34]《左传·昭公十二年》（Twelfth year of Duke Zhao），Legge（1970，vol.5，641）.

[35] *Analects* 12.17. 有关正与有效的政治参与的其他关系，请参阅 *Analects* 13.6，13.13，15.5。

[36] *Mencius* 6.9/35/9；the "Great Learning" in *Book of Rites* 43.1/164/27；Hall and Ames（1998，173-174）；ethical use of "正" in the "*Zhongyong*"，*Book of Rites* 32.8/143/26/，32.30/147/11.

[37] Lincoln（1953，vol.7，22）；杜威对民主使用了这种公式（L14.473）。

[38] Chow（1960a，59；1960b，302）.

[39] Yu（1997）；Hu（1941，1-12；1953，1960）.

[40] Hsiao (1975, 197-200); Sun (1950, vol. 5, 454).

[41] King (1997).

[42] Chang et al. (1958, 472, 476).

[43] King (1993b, 5); Nathan (1985, 127-128, ix).

[44] Liang (1996, 5; 1930, 10); Hsiao (1979, vol. 1, 161); Liu (1992, 17-40); also Li (1999, 169).

[45] Harrison (1998, 867).

[46] 他们依靠耶稣会传教士了解中国的情况，后者更愿意强调中国的优点而不是缺点以便获得他们在中国的使命的更大支持，但是他们的报告并不完全是没有根据的。

[47]《尚书》的《五子之歌》("The Songs of Five Sons", *Book of Historical Documents*), in Legge (1970, vol. 3, 158-159)。《尚书》的年代非常复杂。有些篇章被认为是周朝时期，但这一篇被认为是后世的伪作，可能创作于公元4世纪前后 (Loewe 1993, 376-385)。除非特别指明，提到的《尚书》篇章都来自被认为是周朝时期所做的28篇"今文尚书"，有些是战国时期的但绝不会晚于秦朝。

[48] Legge (1970, vol. 4, 273, 489); Loewe (1993, 415); Legge (1970, vol. 3, 454).

[49] *Mencius* 1.3/2/3, 1.7/6/27, 13.22/69/20; *Analects* 13.9.

[50] *Xunzi* 9/36/17, 9/40/1-16, 10/42/23, 13/63/20, 27/130/24.

[51] *Mencius* 14.14/74/14, modified from Lau (1970, 196).

[52]《尚书》中的《召诰》和《多士》["The Announcement of the Duke of Shao" and "The Numerous Officers", *Book of Historical Documents*, in Legge (1970, vol. 3, 425, 430, 455)]，被认为是成王时期（公元前1042/1035—前1006）的12篇（Loewe 1993, 379）。

[53] Eno (1990, 99-130).

[54] Ames and Rosemont（1998，46-48）；Couplet et al.（1687，395）；Mungello（1985，44-90）；Jensen（1997，92-113）. 利玛窦非常谨慎，没有实际上把天等同于"上帝"但是使用了"天主"，虽然他使用中国经典支持它的意图显然是用天和天主联系起来。"God"这个词到底该如何翻译是来到中国的传教士争吵不休的重大历史问题，也可参阅 Mungello（1994，50-52，129-145）；有关天的辩论的总结，可以参阅 Shun（1997，206-210）。

[55] Hou et al.（1957，vol.1，153-154）；Ren（1983，194-195）；Fung（1935，vol.1，82；1952，vol.1，57；1983，152）.

[56] Eno（1990，131）；爱德华·马赫尔（Edward Machle 1993，21-27）非常有用地总结了德效骞、陈荣捷、胡适、约翰·诺布洛克等人对传统自然主义的解释；Machle（1993，167-178）。

[57] Xu（1969，88）；*Mencius* 14.24/75/24，3.7/18/15，11.16/61/3，5.5/30/21，13.1/67/15；see also *Analects* 3.24，5.13，7.23，2.4，16.8.

[58] *Analects* 9.5，11.9，12.5；*Mencius* 2.14/12/25，2.16/14/1，9.6/49/11.

[59] Roetz（1993，194-197）；Schwartz（1975）；对罗哲海（Roetz 1993，227）来说，"先验性的唯一要点"是引起人们对现有秩序的怀疑；牟宗三（1968，vol.1，524-526）的描述谈论的是宋朝理学而不是早期儒家；请参阅 Yang（1995，237-238）。

[60] Liu（1972，49）. See also Tu（1992，199-211）；Yu（1992，9-13，22-23）；Ching（1997，100-101）.

[61] Hansen（2001）；Roetz（1993，228）.

[62] Hall and Ames（1987，13）.

[63] Legge（1970，vol.3，223-229）. 许多学者认为《盘庚》是中国历史上最早的文献，但是它很可能是在周朝时期写的［(Loewe 1993，378)；Legge（1970，vol.3，292，75)］。

[64] *Mencius*, 2.8/11/15；金耀基（Ambrose King 1993b, 9-10, 59-62）把孟子关于天人关系的教导等同于"民众认可"的一种政府管理，虽然他没有使用"民治政府"的字眼；冯友兰（Fung 1983, vol. 2, 64-69）、秦家懿（Julia Ching 1997, 257-263）指出卡尔·马克思是持这种观点的人之一，她对农民起义和中国共产主义革命的分析显示她赞同这种观点，即便不是同意背后的原因，请参阅 Liang（1989, vol. 2, 174-177）。

[65] 梁启超（Liang Ch'i-ch'ao 1996, 39）认为，古代中国人至少在三个问题上有发言权：国家面临危机，国家迁移，确定新君主。李泽厚（1996, 4）相信古代中国以部落为基础的社会是民主的。佐藤清三郎（Seizaburo Sato 1997, 81）指出，采摘者和狩猎者组成的原始社会从参与的合法成员角度看可以说是民主的，他们在决策过程中享有几乎平等的权利。Cf. de Bary（1994, 11）；Sun（1950, vol. 5, 454）；Ching（1997, 268）.

[66] Chen（1964, 102）.

[67] Legge（1970, vol. 3, 387）.

[68] Eno（1990, 24）.

[69] 如果我们把民众作民众对待，有关虚假意识和有关民众并不真正了解自己的真正利益是什么的理论论点看来当然是常见的。

[70]《尚书·酒诰》（"The Announcement about Drunkenness", *Book of Historical Documents*），作者的译文；cf. Legge（1970, vol. 3, 409）。

[71] *Analects* 6.23；*Xunzi*（1996, 9/36/7, 31/147/6）；Rorty（1980）.

[72] Nathan（1985, 128-129）.

[73] Lippmann（1927, 38, 77, 71, 147）.

[74] Ibid., 69, 62, 126, 65, 70, 155；see also Lippmann（1965, 250-251）.

[75] Ibid., 39.

[76] Westbrook (1991, 316).

[77] Lippmann (1927, 148).

[78] McDermott's introduction to volume 11 of Dewey's *Later Works* (L11. xxxii).

[79] Niebuhr (1932, xx).

[80] Ibid., 2-3, 40, 93, 140.

[81] Ibid., 47, 94.

[82] Ibid., 197, 21, 22; see other descriptions of Niebuhr's (1932, 164, 234) modest goal.

[83] Westbrook (1991, 526).

[84] Niebuhr (1932, 35). 尼布尔的"稻草人"攻击的一个例子是对杜威教育理论的批判,他不是引用杜威的话而是引用哈罗德·拉格(Harold Rugg)的话,此人歪曲杜威的"智慧"概念是计划和管理中的某种技术专长。

[85] Niebuhr (1932, 199, 221).

[86] Niebuhr (1932, 255). 尼布尔的自由派有神论或许与杜威的自然神并不遥远。请参阅罗伯特·威斯布鲁克(1991, 528)"尼布尔的神学和杜威的形而上学之间的契合"的讨论。

[87] James (1979, 79).

[88] *Shuowen* (1966, 380/8A: 24b); Hall and Ames (1987, 140-141).

[89] *Analects* 16.2. 文中提到的人应该是"庶人"而不是"民",但是多数译者认为它的意思是"平民"。

[90] *Luxuriant Dews* 10.1/44/29; Hall and Ames (1987, 139-146).

第五章

[1] Berlin (1969, 171).

[2] L11.250. 对消极自由的描述常常出现在杜威的著作中 (L3.97; L11.6, 247-250, 282-284)。

[3] Berlin (1969, 122).

[4] Ibid., 138.

[5] Ibid., 132.

[6] M12.10; see also M9.311; L8.186; L11.220.

[7] Bode (1938, 98).

[8] 在儒家背景下痛苦有助于道德进步的论证，请参阅 Tu (1993, 45-56)。

[9] M14.214. 用"客观的"这个词，杜威的意思是主体间的可靠选择，我们有理由相信是特定情况下切实可行的，相反于纯粹主观的想象的选择。

[10] 徐复观（1988, 292）把最早的出现追溯到《汉书·五行志》；Ching (1998, 73)。

[11] 张东荪（1946, 118, 120, 作者的译文）。通常在"getting it in, by, or for oneself"中的"it"指的是道，而在儒家中得道就等于实现了自我；de Bary (1983, 1991a)。

[12] Zhang (1946, 118-153).

[13] Xu (1988, 292); He (1991, 95-118).

[14] Xu (1988, 198-220, 291); Mou (1973, 212-214); Tang (1991, vol.5, 329-387); Chang (1981, 248; 1988, 6); He (1991, 110-112).

[15] Berlin (1969, 135-141).

[16] *Analects* 8.9; see also *Xunzi* 23/116/17.

[17] *Mencius* 1.3/2/3, 1.7/6/27, 11.10/59/25, 13.22/69/20.

[18] 约瑟夫·贝兹（Joseph Betz 1978）认为在 1908 年的《伦理学》和杜威在中国的演讲中存在一个隐含概念重构。没有抛弃这个在西方背景下评论权利思想时非常有用的论证，不过，儒家应该从杜威后来放弃把这个词作为主要哲学工具的事实中吸取一点儿不同的教训。

[19] Rosemont (1989，1998).

[20] Dewey (1973，147-148).

[21] 裴文睿（Randall Peerenboom 1995）也非常有说服力地指出，当代美国和中国有关权利和利益的差别的不同概念是他们在讨论权利时相互产生误解的根源。

[22] *Abrams v. United States* (1919), Holmes (1992，320, quoted in L7.358).

[23] *Analects* 11.4，12.1，14.13，15.8，15.17.

[24] *Analects* 1.7，2.13，4.22，4.24，12.3，14.27，15.6.

[25] Peerenboom (1998，246).

[26] Ibid., 247.

[27] Bourdieu (1990，80).

[28] Ibid., 53.

[29]《一个历史故事的形成及其演进：论孔子诛少正卯》("The formation and development of a historical fiction: On Confucius' executing Deputy Mao") in Xu (1988，269-288)。

[30]《国语》(*Conversations of the States* 131-190); Legge (1970，vol.5，565-566)。孔子钦佩子产是个谦恭庄严、慈惠善良的君子（*Analects* 5.16，14.9)。

[31] Ching (1998，74); see also Hall and Ames (1999，216).

[32]《左传·昭公六年》、《左传·昭公二十九年》(Duke Zhao sixth year and twenty-ninth year), Legge (1970，vol.5，609-610, 732)。

注　释

［33］Hansen（1994，463）；请参阅费孝通（Fei Xiaotong 1992，105-107）对把法律引进以礼俗管理的乡土社会造成的影响的描述。（在社会结构和思想观念上还得先有一番改革。如果在这些方面不加以改革，单把法律和法庭推行下乡，结果法治秩序的好处未得，而破坏礼治秩序的弊病却已先发生了。）

［34］*Analects* 4.13；see also *Analects* 2.1，2.3，12.19，15.5。

［35］*Analects* 3.19；see also *Mencius* 8.3/41/4。

［36］De Bary（1991b，67）；Hsiao（1979，vol.1，194-195）；cf. Hansen（1994，459）. 陈汉生把"法律"定义为"具有描述性或者规范性必要性（因果关系或者义务）的普遍命题（句子）"。

［37］Lewis（1999，18）；Ching（1998，74）。

［38］Chu（1998）。

［39］Ames（1983，115-125）；see also Hsiao（1979，vol.1，114）。

［40］托克维尔（De Tocqueville 2000）。除了情景性/程序性手段，还有一种对文化和性格的关注，维持美国民主有关的民众的"心灵习惯"（Bellah et al. 1985）。杜威也关心两套变量。

［41］Peerenboom（1995，364）。

［42］Peerenboom（1995，377）、安德鲁·内森（Andrew Nathan 1985，57）都赞同这个观点。

［43］*Mencius* 3.2/17/5；see also *Xunzi* 11/49/16。

［44］Nathan（1985，61）。

［45］甚至找到一个傀儡君主的候选人在中国背景下也具有很多困难（Liang 1997，374-379）；Liang（1997，380-382）；Nathan（1985，45-63）把"开明专制"翻译成"enlightened despotism"，毫无疑问，这个中国词汇过去总是被翻译成"enlightened despotism"，但是我把它翻译成不同的词"enlightened autocracy"，我觉得这个词更接近中国背景下的更少贬义的含义。翻译中的转变说明了

当西方概念被用在中国背景下意义上的重大变化。费正清（John Fairbank 1983，739）提出了类似的观点："若说自由主义建立在法律至上的背景下的个人主义之上比说自由主义（自发的批准原则）建立在法律之上的自我中心的'个人主义'，更有道理，更令人满意。"

［46］Nathan（1985，52-54）.

［47］Hobbes（1968，186）.

［48］Joseph Raz（1985）认为权威通过它的理想能更好地理解，认为权威是一种改变行动理性的规范性力量，也参阅 Weber（1978，946-947）。

［49］Mill（1985，186）.

［50］Fingarette（1981，33-34）；有关并不只是简单模仿的仿效，请参阅 *Analects* 6.30，15.36。

［51］Fingarette（1981，36）.黑体为原作者所加。

［52］*Shuowen*（1996，128/3B：41a），translated in Hall and Ames（1987，339）.

［53］Dewey（1973，164-172）；在《个体性与经验》中，杜威区分了这种传统和"提高和解放"的传统（L2.57-58），也可参阅"传统"作为过程和事物的区分（M7.356）。

［54］Lewis（1999，85）.

［55］芬格莱特（1981，43）认为这是儒家背景之外的可能性，除非我们相信人性更容易倾向善而不是恶，虽然没有多少证明。就可能性而言，我同意他的观点，但是我认为这不是人性善恶的问题而是人性的社会性问题，在多大程度上自我的目的是道德的和合理的。

［56］*Mencius* 3.3/17/16."假借"很可能指的是获得虚假的名誉，或者带来只是表面上与仁类似的结果。

［57］"内在"和"外在"的说法是用在第三章讨论过的"内在

关系"和"外在关系"的意义上的,并不涉及"内在/外在"心理学问题。

[58] Tang(1991, vol. 14, 255); Zeng(1989, 145-146); Schwartz(1985, 304); Huang(1995, 86-88).

[59] Knoblock(1990, vol. 2, 139); see also Zeng(1989, 145-147).

[60] 有关这些章节的写作日期(这些章节的排列顺序与汉代学者刘向的编排不同),请参阅诺布洛克的译文(1988)。

[61] Jullien(1995, 67).

[62] Ibid., 59-71.

[63] Fairbank and Reischauer(1989, 68); Creel(1949, 234).

[64] Fairbank and Reischauer(1989, 69); Hall and Ames(1999, 154); Xu(1959, 155-200).

第六章

[1] Neville(2000, 15-21).

[2] Tiles(1997, 120).

[3] Ibid., 123.

[4] zhou(1996, 14);有关并不集中在农民角色的经济改革和民主化的类似论证,请参阅 Perry and Fuller(1991)。

[5] Zhou(1996, 7).

[6] King(1993a, 157); Rustow(1970, 358-361).

[7] De Bary(1998a); Strand(1990); Solinger(1991); Rowe(1993); cf. Chamberlain(1993).

[8] Tan(2003).

[9] Sun(1937); King(1993b, 149-151); Diamond(1989, 151).

参考文献

Addams, Jane. 1902. *Democracy and Social Ethics*. London: Macmillan.

Ajami, Fouard. 1993. "The Summoning." *Foreign Affairs* 75: 4: 2-9.

Alexander, Thomas. 1998. *Dewey's Theory of Art, Experience, and Nature*. Albany: State University of New York Press.

Allen, Douglas, ed. 1997. *Culture and Self*. Boulder: Westview Press.

Allport, Gordon W. 1951. "Dewey's Individual and Social Psychology." pp. 265-90.

American Anthropological Association. 1947. "Statements on Human Rights." *American Anthropologist* 49: 539-43.

Ames, Roger T. 1983. *The Art of Rulership*. Honolulu: University of Hawaii Press.

—. 1993. "The Meaning of Body in Classical Chinese Philosophy." pp. 157-77 in *Self As Body in Asian Theory and Practice*, ed. Thomas Kasulis, Wimal Dissanayake, and Roger T. Ames. Albany: State University of New York Press.

—. 1994. "The Focus Field Self in Early Confucianism." pp. 185-212 in *Self As Body in Asian Theory and Practice*, e-

d. Thomas Kasulis, Wimal Dissanayake, and Roger T. Ames. Albany: State University of New York Press.

—. 1998. *The Analects of Confucius*. Translated by Roger T. Ames and Henry Rosemont Jr. New York: Ballantine.

Ansen, Alan. 1990. *The Table Talk of W. H. Auden.* Edited by Nicholas Jenkins. Ontario: Ontario Review Press.

Avineri, Shlomo. 1972. *Hegel's Theory of the Modern State.* Cambridge: Cambridge University Press.

Ban Gu 班固. 1952. *Comprehensive Discourses in the White Tiger Hall* 白虎通德论. Translated by Tjan Tjoe Som. Leiden: E. J. Brill.

Barber, Benjamin. 1984. *Strong Democracy: Participatory Politics for a New Age.* Berkeley: University of California Press.

Bartley, Robert L. 1993. "The Case for Optimism: the West Should Believe in itself." *Foreign Affairs* 75: 4: 15-8.

Bauer, Joanne. 1995. "International Human Rights and Asian Commitment." *Human Right Dialogue* 3: 1-4.

Bedau, Hugo. 1967. "Concepts of Equality." pp. 3-27 in *Equality*, ed. J. Roland Pennock and John W. Chapman. New York: Atherton.

Beetham, David. 1993. "Liberal Democracy and the Limits of Democratization." pp. 55-73 in *Prospects for Democracy*, ed. David Held. Stanford: Stanford University Press.

Bell, Daniel. 1995. "Democracy in Confucian Societies: The Challenge of Justification." pp. 17-40 in *Towards Illiberal Democracy in Pacific Asia*, ed. Daniel Bell et al. New York: St. Martin's Press.

Bell, Daniel et al., eds. 1995. *Towards Illiberal Democracy in Pa-*

cific Asia. New York: St. Martin's Press.
Bellah, Robert et al. 1985. *Habits of the Heart*. New York: Harper and Row.
Berger, Peter L. , and Hsin-Huang Michael Hsiao, eds. 1988. *In Search of An East Asian Development Model*. New Brunswick: Transaction Books.
Berlin, Isaiah. 1969. *Four Essays on Liberty*. New York: Oxford University Press.
—. 1979. *Concepts and Categories*. Edited by Henry Hardy. New York: Viking.
—. 1991. *The Crooked Timber of Humanity*. New York: Knopf.
Betz, Joseph. 1978. "John Dewey on Human Rights. " pp. 173-93 in *John Dewey*, vol. 3, ed. James E. Tiles. New York: Routledge.
Birrell, Anne. 1993. *Chinese Mythology: An Introduction*. Baltimore: John Hopkins University Press.
Bloom, Irene. 1985. "On the Matter of the Mind: The Metaphysical Basis of the Expanded Self. " pp. 293-330 in *Individualism and Holism: Studies in Confucian and Chinese Values*, ed. Donald J. Munro. Ann Arbor: Center for Chinese Studies, University of Michigan.
—. 1998. "Fundamental Institutions and Consensus Statements: Mencian Confucianism and Human Rights. " pp. 94-116 in *Confucianism and Human Rights*, ed. William de Bary and Tu Wei-ming. New York: Columbia University Press.
Bockover, Mary I. , ed. 1989. *Rules, Rituals, and Responsibility*. La Salle: Open Court Press.
Bodde, Derk. 1961. "Myths of Ancient China. " pp. 369-408 in

Mythologies of the Ancient World, ed. S. N. Kramer. New York: Doubleday, Anchor Books.

Bode, Boyd H. 1938. *Progressive Education at the Crossroads*. New York: Newson.

Boltz, William G. 1982. "The Religious and Philosophical Significance of the Hsiang Erh Lao Tzu in the Light of the Ma-Wang-Tui Silk Manuscripts." *Bulletin of the School of Oriental and African Studies* 45: 101-2.

Bontekoe, Ron, and Marietta Stephaniants, eds. 1997. *Justice and Democracy*. Honolulu: University of Hawaii Press.

Boodberg, Peter. 1953. "The Semasiology of Some Primary Confucian Concepts." *Philosophy East and West* 2: 317-32.

Book of Changes 易经. *A Concordance to the I-Ching*. 1966. Harvard-Yenching Institute Sinological Index Series. Taipei: Chinese Material and Research Aids Center reprint.

Book of Rites 礼记. *A Concordance to the Liji*. 1992. ICS Ancient Chinese Text Concordance Series. Edited by D. C. Lau and Chen Fong Ching. Hong Kong: Commercial Press.

Boudieu, Pierre. 1990. *Logic of Practice*. Translated by Richard Nice. Stanford: Stanford University Press.

Buchanan, Allen E. 1989. "Assessing the Communitarian Critique of Liberalism." *Ethics* 99: 852-82.

Cai Yuanpei 蔡元培. 1968. *Complete Works* 蔡元培先生全集. Taipei: Commercial Press.

—. 1996. *History of Ethical Theories in China* 中国伦理学史. Beijing: Oriental Books.

Campbell, James. 1995. *Understanding John Dewey*. La Salle: Open Court Press.

Chamberlain, Heath B. 1993. "On the Search for Civil Society in China." *Modern China* 19：2：199-215.

Chan, Joseph. 1996. "The Task for Asians：To Discover Their Own Political Morality for Human Rights." *Human Rights Dialogue* 4：5-6.

—. 1998. "Asian Values and Human Rights：An Alternative View." pp. 28-41 in *Democracy in East Asia*, ed. Larry Diamond and Marc F. Plattner. Baltimore：John Hopkins University Press.

Chan, Steve. 1993. *East Asian Dynamism*. San Francisco：Westview Press.

Chan, Wing-tsit. 1975. "Chinese and Western Interpretations of Jen." *Journal of Chinese Philosophy* 2：2：107-29.

Chang, Carsun 张君劢. 1981. "Philosophical Foundations of Democratic Politics 民主政治的哲学基础." pp. 245-50 in *Collected Essays on Chinese, Western, and Indian Philosophies* 中西印哲学文集, ed. Chen Wenxi 陈文熙. Taipei：Student Books.

—. 1988. *An Overview of Socialist Thought and Movement* 社会主义思想运动概观. Taipei：Daoxiang.

Chang, Carsun et al. 1958. "A Manifesto for a Reappraisal of Sinology and Reconstruction of Chinese Culture." pp. 455-83 in *The Development of Neo-Confucian Thought*, ed. Carsun Chang. New York：Bookman.

Chen, Daqi 陈大齐. 1964. *Teachings of Confucius* 孔子学说. Taipei：Zhongzheng.

Chen, Ning. 2000. "The Etymology of Sheng (Sage) and Its Confucian Conception in Early China." *Journal of Chinese Philosophy* 27：4：409-27.

Chen, Xiyuan 陈熙远. 1995. "The Sage-King Model and the Actual Content of the Confucian 'Inner-Sage-Outer-King' 圣王典范与儒家内圣外王的实质内涵." pp. 23-67 in *Historical Development of Mencius' Thought* 孟子思想的历史发展, ed. Huang Junjie 黄俊傑. Taipei: Central Research Institute.

Cheng, Chung-ying. 1988. "On Harmony As Transformation: Paradigms from the I Ching." pp. 225-47 in *Harmony and Strife*, ed. Liu Shu-Hsien and Robert Allison. Hong Kong: Chinese University Press.

Cheng, Chung-ying and Bunnin, Nicholas. (Eds.) (2002). *Contemporary Chinese Philosophy*. Oxford: Blackwell Publishing.

Cheng Yi 程颐. 1930. *Collected Works of the Two Chengs* 二程全书. Shanghai: Zhonghua.

Ching, Julia. 1997. *Mysticism and Kingship in China*. New York: Cambridge University Press.

—. 1998. "Human Rights: A Valid Chinese Concept?" pp. 67-82 in *Confucianism and Human Rights*, ed. De Bary and Tu. New York: Columbia University Press.

Ching, Julia, and Willard Oxtoby. 1992. *Moral Enlightenment: Leibniz and Wolff on China*. Steyler Verlag: Institut Monumenta Serica.

Chow, Tse-tsung. 1960a. *The May Fourth Movement: Intellectual Revolution in Modern China*. Stanford: Stanford University Press.

—. 1960b. "The Anti-Confucian Movement in Early Republican China." pp. 288-312 in *The Confucian Persuasion*, ed. Arthur F. Wright. Stanford: Stanford University Press.

Chu, Ron Guey. 1998. "Rites and Rights in Ming China." pp. 169-78 in *Confucianism and Human Rights*, ed. de Bary, Wm. Theodore, and Wei-ming, Tu. New York: Columbia University Press.

Clarke, J. J. 1997. *Oriental Enlightenment: The Encounter between Asian and Western Thought*. New York: Routledge.

Classic of Filiality 孝经. *A Concordance to the Xiaojing*. 1992. Edited by D. C. Lau and Chen Fong Ching. Hong Kong: Commercial Press.

Conversations of the States 国语. *A Concordance to the Kuo-yu*. 1973. Taipei: Chinese Materials and Research Aids Service Center.

Couplet, Philippe et al. 1687. *Confucius Sinarum Philosophus*. Paris: Printed by Daniel Horthemels.

Creel, Herlee. 1949. *Confucius: The Man and the Myth*. New York: John Day.

Crittenden, Jack. 1992. *Beyond Individualism*. New York: Oxford University Press.

Croll, Elizabeth. 1995. *Changing Identities of Chinese Women*. Hong Kong: Hong Kong University Press.

Cua, A. S. 1979. "Dimensions of Li (Propriety): Reflections on an Aspect of Hsun Tzu's Ethics." *Philosophy East and West* 29: 4: 373-94.

—. 1983. "Li and Moral Justification: A Study in the Li Chi." *Philosophy East and West* 33: 1: 1-16.

—. 1985. *Ethical Argumentation*. Honolulu: University of Hawaii Press.

Dahl, Robert. 1989. *Democracy and Its Critics*. New Haven: Yale

University Press.

——. 1992. "The Problem of Civic Competence." *Journal of Democracy* 3:4:20.

Damico, Alfonso J. 1978. *Individuality and Community*. Gainesville: University Presses of Florida.

——. 1986. "Impractical America: Reconsideration of the Pragmatic Lesson." pp. 267-86 in *John Dewey*, vol. 2, ed. James E. Tiles. New York: Routledge.

de Bary, William Theodore. 1983. *The Liberal Tradition in China*. Hong Kong: Chinese University Press.

——. 1991a. *Learning for One's Self*. New York: Columbia University Press.

——. 1991b. *The Trouble with Confucianism*. Cambridge: Harvard University Press.

——. 1994. "A Round Table Discussion of *The Trouble with Confucianism* by Wm. Theodore de Bary." *China Review International* 1:1: 9-47.

——. 1998a. *Asian Values and Human Rights*. Cambridge: Harvard University Press.

——. 1998b. "Confucianism and Human Rights in China." pp. 42-54 in *Democracy in East Asia*, ed. Diamond and Plattner. Baltimore: John Hopkins University Press.

de Bary, William Theodore, and Irene Bloom, eds. 1999. *Sources of Chinese Tradition*. New York: Columbia University Press.

de Bary, William Theodore, and Tu Wei-ming, eds. 1999. *Confucianism and Human Rights*. New York: Columbia University Press.

De Tocqueville, Alexis. 2000. *Democracy in China*. Translated by

Henry Reeve. New York: Bantam Books.

Delaney, C. F., ed. 1994. *The Liberalism-Communitarianism Debate*. Lanham: Rowman and Littlefield.

Devins, Neal and Davison M. Donglas, eds. 1998. *Redefining Equality*. New York: Oxford University Press.

Dewey, John. 1916. *Essays in Experimental Logic*. Chicago: Chicago University Press.

—. 1939. *Intelligence in the Modern World*. Edited by Joseph Ratner. New York: Random House.

—. 1969-72. *The Early Works, 1882-1898*. 5 vols. Edited by Jo Ann Boydston. Carbondale: Southern Illinois University Press.

—. 1973. *Lectures in China, 1919-1920*. Edited by Robert W. Clopton and Tsuin-chen Ou. Honolulu: University Press of Hawaii.

—. 1976-1983. *The Middle Works, 1899-1924*. 15 vols. Edited by Jo Ann Boydston. Carbondale: Southern Illinois University Press.

—. 1981-1991. *The Later Works, 1925-1953*. 17 vols. Edited by Jo Ann Boydston. Carbondale: Southern Illinois University Press.

Diamond, Larry. 1989. "Beyond Autoritarianism and Totalitarianism." *Washington Quarterly* 12: 1: 141-68.

Diamond, Larry and Marc F. Plattner, eds. 1998. *Democracy in East Asia*. Baltimore: John Hopkins University Press.

Dunn, John. 1979. *Western Political Theory in the Face of the Future*. Cambridge: Cambridge University Press.

Dworkin, Ronald. 1977. *Taking Rights Seriously*. Cambridge: Harvard University Press.

—. 1978. "Liberalism." pp. 114-43 in *Public and Private Morality*, ed. Stuart Hampshire. Cambridge: Cambridge University Press.

Edwards, R. Randle. 1986. "Civil and Social Rights: Theory and Practice in China Today." pp. 41-75 in *Human Rights in Contemporary China*, ed. Randle R. Edwards, Louis Henkin, and Andrew Nathan. New York: Columbia University Press.

Eisenstein, Hester. 1983. *Contemporary Feminist Thought*. Boston: G. K. Hall.

Eldrige, Michael. 1998. *Transforming Experience*. Nashville: Vanderbilt University Press.

Elvin, Mark. 1985. "Between the Earth and Heaven: Conceptions of the Self in China." pp. 156-89 in *The Category of the Person*, ed. Michael Carrithers, Steven Collins, and Steven Lukes. New York: Cambridge University Press.

Emmerson, Donald. 1996. "Do Asian Values Exist?" *Human Rights Dialogue* 5: 3.

Eno, Robert. 1990. *The Confucian Creation of Heaven: Philosophy and the Defense of Ritual Mastery*. Albany: State University of New York Press.

Erya 尔雅. *A Concordance to the Erya*. 1992. Edited by D. C. Lau and Chen Fong Ching. Hong Kong: Commercial.

Etzioni, Amitai. 1993. *The Spirit of Community*. New York: Simon and Schuster.

Fairbank, John K. 1983. "Review of Eugene Lubot's Liberalism in an Illiberal Age." *China Quarterly* 96: 4: 734-40.

Fairbank, John K. and Edwin O. Reischauer. 1989. *China: Tradition and Transformation*. Rev. ed. Boston: Houghton Mifflin.

Fan Zhongyan 范仲淹. 1980. "On the Yue Yang Pavilion 岳阳楼记." pp. 23-7 in *Selections of Song Literature* 宋文选, vol. 1, ed. Szechuan University, Chinese Department. Beijing:

People's Literature Press.

Fazzioli, Edoardo. 1986. *Chinese Calligraphy: From Pictogram to Ideogram*. New York: Abbeville.

Fei, Xiaotong 费孝通. 1992. *From the Soil* 乡土中国. Translated by Gary G. Hamilton and Wang Zheng. Berkeley: University of California Press.

Feinberg, Joel. 1988. *The Moral Limits of Criminal Law*. New York: Oxford University Press.

Fingarette, Herbert. 1972. *Confucius: The Secular As Sacred*. New York: Harper and Row.

—. 1979. "The Problem of the Self in the Analects." *Philosophy East and West* 29: 2: 129-40.

—. 1981. "How the *Analects* Portrays the Ideal of Efficacious Authority." *Journal of Chinese Philosophy* 8: 1: 29-50.

—. 1989. "Comment and Response." pp. 171-220 in *Rule, Rituals, and Responsibility*, ed. Mary I. Bockover. La Salle: Open Court Press.

French, Howard. 1996. "Africa Looks East for a New Model." *New York Times*, February 4.

Fukuyama, Francis. 1989. "The End of History?" *The National Interest* 16: 3-18.

—. 1992. *The End of History and the Last Man*. New York: Macmillan.

—. 1995. "Confucianism and Democracy." *Journal of Democracy* 6: 2: 20-33.

Fuller, Timothy, David Satter et al. 1989. "More Responses to Fukuyama." *The National Interest* 17: 93-100.

Fung Yu-lan 冯友兰. 1935. *A History of Chinese Philosophy* 中国

哲学史. 2 vols. Shanghai: Commercial.

—. 1939. *New Discussions of Current Affairs* 新事论. Hong Kong: Commercial Press.

—. 1952. *A History of Chinese Philosophy.* 2 vols. Translated by Derk Bodde. Princeton: Princeton University Press.

—. 1983. *New Edition of the History of Chinese Philosophy* 中国哲学史新编. Beijing: People's Press.

Gaus, Gerald F. 1983. *The Modern Liberal Theory of Man.* New York: St. Martin's Press.

Gould, Carol. 1988. *Rethinking Democracy.* Cambridge: Cambridge University Press.

Graham, Angus C. 1986. *Studies in Chinese Philosophy and Philosophical Literature.* Singapore: Institute of East Asian Philosophies.

—. 1989. *Disputes of the Tao.* La Salle: Open Court Press.

Grange, Joseph. 1997. "Community, Environment, Metaphysics." *The Journal of Speculative Philosophy* 11: 3: 190-201.

Grier, Philip, ed. 1989. *Dialectic and Contemporary Science: Essays in Honor of Errol Harris.* Lanham: University Press of America.

Gutmann, Amy. 1980. *Liberal Equality.* New York: Cambridge University Press.

—. 1985. "Communitarian Critiques of Liberalism." *Philosophy and Public Affairs* 14: 308-24.

—. 1987. *Democratic Education.* Princeton: Princeton University Press.

Hall, David L., and Ames, Roger T. 1987. *Thinking Through Confucius.* Albany: SUNY Press.

—. 1995. *Anticipating China: Thinking Through the Narratives of Chinese and Western Culture*. Albany: SUNY Press.

—. 1998. *Thinking from the Han*. Albany: SUNY Press.

—. 1999. *Democracy of the Dead*. La Salle: Open Court Press.

Han Feizi 韩非子. 1974. *Annotated Han Feizi* 韩非子集释. vols. Annotated by Chen Qiyou 陈奇猷. Hong Kong: Commercial Press.

Hansen, Chad. 1983. *Language and Logic in Ancient China*. Ann Arbor: University of Michigan Press.

—. 1994. "Fa (Standards: laws) and Meaning Changes in Chinese Philosophy." *Philosophy East and West* 44: 3: 435-88.

—. 2001. "Metaphysical and Moral Transcendence in Chinese Thought." pp. 197-227 in *Two Roads to Wisdom?* ed. Bo Mou. La Salle: Open Court Press.

Harre, Rom. 1987. "Persons and Selves." pp. 99-115 in *Persons and Personality*, ed. Arthur Peacocke and Grant Gillett. Oxford: Blackwell.

Harris, Errol. 1987. *Formal, Transcendental, and Dialectical Thinking*. Albany: SUNY Press.

Harrison, Ross. 1998. "Democracy." pp. 867-72 in *Routledge Encyclopedia of Philosophy*, vol. 2, ed. Edward Craig. New York: Routledge.

Hawkes, David, trans. 1985. *The Songs of the South*. Middlesex: Penguin.

Hay, John. 1993. "The Body as Microcosmic Source." pp. 179-211 in *Self As Body in Asian Theory and Practice*, ed. Kasulis, Dissanayake, and Ames. Albany: SUNY Press.

He Xinquan 何信全. 1991. "The Character and Problems of Contemporary New Confucian Conceptions of Freedom 当代新儒家自由观念的性格及其问题." pp. 95-118 in *Collected Essays on Contemporary New Confucianism* 当代新儒学论文集, vol. 3, ed. Liu Shuxian et al. Taipei: Wenjin.

Hegel, George Wilhelm Friedrich. 1942. *The Philosophy of Right*. Translated by T. M. Knox. Oxford: Clarendon Press.

—. 1955. *Die Vernunft in der Geschichte* (Reason in History). Edited by J. Hoffmeister. Hamburg: Felix Meiner Verlag.

—. 1975. *Lesser Logic*. Translated by William Wallace. Oxford: Clarendon Press.

Held, David, ed. 1993. *Prospects for Democracy: North, South, East, West*. Stanford: Stanford University Press.

Henderson, John B. 1984. *The Development and Decline of Chinese Cosmology*. New York: Columbia University Press.

Historical Records 史记. 1964. 10 vols. Shanghai: Zhonghua.

Hitchcock, David I. 1994. *Asian Values and the United States*. Washington, D.C.: Center for Strategic and International Studies.

Hobbes, Thomas. 1968. *Leviathan*. Edited by C. B. Macpherson. Baltimore: Penguin.

Hollis, Martin. 1977. "The Self in Action." pp. 138-53 in *John Dewey*, vol. 1, ed. James E. Tiles. New York: Routledge.

Holmes, Oliver Wendell Jr. 1992. *The Essential Holmes*. Edited by Richard Posner. Chicago: University of Chicago Press.

Hou Wailu 侯外庐, Zhao Jibin 赵纪彬, and Du Guoxiang 杜国庠. 1957. *Comprehensive History of Chinese Thought* 中国思想通史. Beijing: People's Press.

Howell, David. 1997. "East Comes West." *Foreign Affairs* 76:

2: 164.

Hsiao, Kung-chuan. 1979. *A Modern China and a New World: Kang Yu-wei, Reformer and Utopia, 1858-1927*. Seattle: University of Washington Press.

—. 1979. *A History of Chinese Thought*. 2 vols. Translated by Frederick Mote. Princeton: Princeton University Press.

Hu Shih. 1941. *Historical Foundations for a Democratic China*. Edmund J. James Lectures on Government, Second Series. Urbana: University of Illinois Press.

—. 1953. "The Natural Law in the Chinese Tradition." *Natural Law Institute Proceedings* 5: 119-53.

—. 1960. "The Chinese Tradition and Future." *Sino-American Conference on Intellectual Cooperation, Reports and Proceedings*. Seattle: University of Washington Press, 13-22.

Huang Junjie 黄俊傑. 1995. "Song Confucians' Debate over Mencius', Political Thought and the Debate's Implicit Problems 宋儒对于孟子政治思想的争辩及其蕴涵的问题." pp. 69-127 in *Historical Development of Mencius' Thought* 孟子思想的历史发展, ed. Huang Junjie. Taipei: Central Research Institute.

Huang, Zongxi 黄宗羲. 1986. *Records of Song and Yuan Scholars* 宋元学案. 4 vols. Shanghai: Zhonghua.

Huntington, Samuel P. 1993. "The Clash of Civilizations?" *Foreign Affairs* 72: 3: 22-49.

—. 1996a. "Democracy's Third Wave." pp. 3-25 in *The Global Resurgence of Democracy*, 2nd edition, ed. Larry Dimond and Marc F. Plattner. Baltimore: Johns Hopkins University Press.

—. 1996b. "The West Unique, Not Universal." *Foreign Affairs* 75: 6: 28-46.

James, William. 1979. *The Will to Believe and Other Essays in Popular Philosophy*. Cambridge: Harvard University Press.

Jensen, Lionel M. 1997. *Manufacturing Confucianism*. Durham: Duke University Press.

Jones, Eric. 1994. "Asia's Fate: A Response to the Singapore School." *The National Interest* 35: 18-28.

Jullien, Francois. 1995. *The Propensity of Things*. Translated by Janet Lloyd. New York: Urzone.

Kahn, Herman. 1979. *World Economic Development 1979 and Beyond*. New York: Morrow Quill.

Kant, Immanuel. 1948. *Groundwork of the Metaphysics of Morals*. pp. 53-123 in *The Moral Law*, translated by H. J. Paton. London: Hutchinson.

—. 1993. *Critique of Practical Reason*. Translated by Lewis White Beck. Upper Saddle River: Prentice Hall.

Kasulis, Thomas, Wimal Dissanayake, and Roger T. Ames, eds. 1993. *Self As Body in Asian Theory and Practice*. Albany: SUNY Press.

Kausikan, Bilahari. 1998. "The Asian Values' Debate: A View from Singapore." pp. 17-27 in *Democracy in East Asia*, ed. Diamond and Plattner. Baltimore: Johns Hopkins University Press.

Keenan, Barry. 1977. *The Dewey Experiment in China*. Cambridge: Council on East Asian Studies, Harvard University.

Keightley, David N. 1978. "The Religious Commitment: Shang Theology and the Genesis of Chinese Political Culture." *History of Religions* 17: 3/4: 211-25.

Kent, Ann. 1993. *Between Freedom and Subsistence: China and*

Human Rights. Hong Kong: Oxford University Press.

King, Ambrose Y. C. 金耀基. 1985. "The Individual and Group in Confucianism." pp. 57-70 in *Individualism and Holism*, ed. Donald L. Munro. Ann Arbor: Center for Chinese Studies, University of Michigan.

—. 1993a. "A Non-Paradigmatic Search for Democracy in a Post-Confucian Culture: The Case of Taiwan, R. O. C." pp. 139-61 in *Political Culture and Democracy in Developing Countries*, ed. Larry Diamond. Boulder: Lynne Rienner.

—. 1993b. *History of Chinese Thought on "People as Basis"* 中国民本思想史. Taipei: Commercial Press.

—. 1997. "Confucianism, Modernity, and Asian Democracy." pp. 163-79 in *Justice and Democracy*, ed. Ron Bontekoe and Marietta Stephaniants. Honolulu: University of Hawaii Press.

King, Ambrose Y. C. and Michael Bond. 1985. "The Confucian Paradigm of Man: A Sociological View." pp. 29-45 in *Chinese Culture and Mental Health*, ed. Wen-shing Tseng and David Wu. Orlando: Academic Press.

Knoblock, John. 1988-1994. *Xunzi*. 3vols. Stanford: Stanford University Press.

Kohn, Livia. 1992. "Selfhood and Spontaneity in Ancient Chinese Thought." pp. 123-38 in *Selves, People, and Persons: What Does It Mean to Be a Self?* ed. Leroy Rouner. Notre Dame: University of Notre Dame Press.

Kymlicka, Will. 1989. *Liberalism, Community, and Culture*. Oxford: Clarendon Press.

Lao, Siguang 劳思光. 1974. *History of Chinese Philosophy* 中国哲学史. Hong Kong: Chinese University of Hong Kong Press.

Lau, D. C., trans. 1970. *Mencius*. Middlesex: Penguin.

—. Trans. 1979. *Confucius: The Analects*. Middlesex: Penguin.

Lee, Thomas H. C. 1994. "Academies: Official Sponsorship and Suppression." pp. 117-43 in *Imperial Rulership and Cultural Change in Traditional China*, ed. Frederick P. Brandauer and Chun-Chieh Huang. Seattle: University of Washington Press.

Legge, James. 1970. *The Chinese Classics*. 5vols. Hong Kong: Chinese University of Hong Kong Press.

Lewis, Ewart. 1954. *Medieval Political Ideas*. 2vols. New York: Knopf.

Lewis, Mark Edward. 1999. *Writing and Authority in Early China*. Albany: State University of New York Press.

Leys, Simon, trans. 1997. *The Analects of Confucius*. London: Norton.

Li, Chenyang. 1999. *The Tao Encounters the West*. Albany: State University of New York Press.

—, ed. 2000. *The Sage and the Second Sex*. La Salle: Open Court Press.

Li Yu-ning. 1982. *Historical Roots of Changes in Women's Status in Modern China*. St. John's Papers in Asian Studies 29. Jamaica: St. John's University, Center of Asian Studies.

Li Zehou 李泽厚. 1996. *History of Ancient Chinese Thought* 中国古代思想史论. Taipei: Sanmin.

Liang Ch'i-ch'ao 梁启超. 1930. *History of Chinese Political Thought*. Translated by L. T. Chen. New York: Harcourt Brace.

—. 1996. *History of Pre-Qin Political Thought* 先秦政治思想史. Beijing: Oriental.

—. 1997. *Collected Essays* 梁启超文集. Beijing: Yanshan.

Liang Shuming 梁漱溟. 1989. *Complete Works* 梁漱溟全集. 8 vols. Shandong: People's Press.

Lin Lihsueh. 1990. "The Relationship between Ruler and Minister in the Theory of the 'Three Mainstays.'" *Journal of Chinese Philosophy* 17: 4: 439-71.

Lin Yutang. 1938. *My Country and My People*. New York: Halcyon House.

Lincoln, Abraham. 1953. *The Collected Works of Abraham Lincoln*. 9 vols. Edited by Roy P. Basler. New Brunswick: Rutgers University Press.

Lippmann, Walter. 1927. *The Phantom Public*. New York: Harcourt Brace.

—. 1965. *Public Opinion*. New York: Free Press.

Liu Binyan. 1993. "Civilization Grafting: No Culture is an Island." *Foreign Affairs* 75: 4: 19-21.

Liu, Shu-hsien 刘述先. 1972. "The Confucian Approach to the Problem of Transcendence and Immanence." *Philosophy East and West* 22: 1: 45-52.

—. 1992. *Confucianism and Modernization* 儒家思想与现代化. Edited by Jing Haifeng 景海峰. Beijing: Chinese Broadcasting and TV Publishing House.

Liu, Shu-hsien, and Robert Allison, eds. 1988. *Harmony and Strife*. Hong Kong: Chinese University Press.

Liu Yong Ping. 1998. *Origins of Chinese Law*. Hong Kong: Oxford University Press.

Locke, John. 1967. *Two Treatises of Government*. Edited by Peter Laslett. Cambridge: Cambridge University Press.

Loewe, Michael. 1982. *Chinese Ideas of Life and Death*. London: George Allen and Unwin.

—. ed. 1993. *Early Chinese Texts: A Bibliographical Guide*. Berkeley: University of California Press.

Lovejoy, Arthur O. 1936. *The Great Chain of Being*. Cambridge: Harvard University Press.

Lu Xun. 1990. *Diary of a Madman and Other Stories*. Translated by William A. Lyell. Honolulu: University of Hawaii Press.

Luxuriant Dews of the Spring and Autumn Annals 春秋繁露. *A Concordance to the Chunqiu Fanlu*. 1994. Edited by D. C. Lau and Chen Fong Ching. Hong Kong: Commercial Press.

Lü's Spring and Autumn Annals 吕氏春秋. *A Concordance to the Lüshi Chunqiu*. 1994. Edited by D. C. Lau and Chen Fong Ching. Hong Kong: Commercial Press.

Machle, Edward J. 1993. *Nature and Heaven in the Xunzi: A Study of Tianlun*. Albany: State University of New York Press.

Mackin, James A. Jr. 1997. *Community Over Chaos*. Tuscaloosa: University of Alabama Press.

Mahbubani, Kishore. 1992. "The West and the Rest." *The National Interest* 28: 3-12.

—. 1995. "The Pacific Way." *Foreign Affairs* 74: 1: 100-11.

Manicas, Peter. 1982. "John Dewey: Anarchism and the Political State." pp. 407-29 in *John Dewey*, vol. 2, ed. James E. Tiles. New York: Routledge.

Mead, George Herbert. 1934. *Mind, Self, and Society from the Standpoint of a Social Behaviorist*. Edited by Charles Morris. Chicago: University of Chicago Press.

Mencius 孟子. *A Concordance to the Mengzi.* 1995. Edited by D. C. Lau and Chen Fong Ching. Hong Kong: Commerical Press.

Menzel, Johanna M., ed. 1963. *The Chinese Civil Service.* Boston: D. C. Heath and Co.

Mill, John Stuart. 1985. *Utilitarianism, including On Liberty, Essays on Bentham, and Selections from the Writings of Jeremy Bentham and John Austin.* Edited by Mary Warnock. Glasgow: Fontana.

Mote, Frederick W. 1971. *Intellectual Foundations of China.* New York: Knopf.

Mou Zongsan 牟宗三. 1968. *Mind and Nature* 心体与性体. 3 vols. Taipei: Zhongzheng.

—. 1973. "The Idealist Basis of Liberalism 自由主义之理想主义的根据." pp. 207-15 in *Learning on Life* 生命的学问. Taipei: Sanmin.

Mungello, D. E. 1985. *Curious Land: The Jesuit Accommodation and the Origins of Sinology.* Honolulu: University of Hawaii Press.

—. 1994. *The Chinese Rites Controversy: Its History and Meaning.* San Francisco: The Ricci Institute for Chinese-Western Cultural History.

Munro, Donald J. 1969. *The Concept of Man in Ancient China.* Stanford: Stanford University Press.

—. 1979. "The Shape of Chinese Values in the Eye of an American Philosopher." pp. 39-56 in *The Chinese Difference,* ed. Ross Terrill. New York: Harper and Row.

—. 1985. *Individualism and Holism: Studies in Confucian and*

Chinese Values. Ann Arbor: Center for Chinese Studies, University of Michigan.

Murdoch, Iris. 1970. *The Sovereignty of the Good*. New York: Routledge.

Nakane, Chie. 1973. *Japanese Society*. Middlesex: Penguin.

Nathan, Andrew J. 1985. *Chinese Democracy*. Berkeley: University of California Press.

Nathan, Andrew J., and Shi Tianjian. 1993. "Cultural Requisites for Democracy in China: Findings from a Survey." *Daedalus* 122: 2: 95-123.

Needham, Joseph. 1956. *Science and Civilization in China*. Cambridge: Cambridge University Press.

Neville, Robert Cummings. 2000. *Boston Confucianism: Portable Tradition in the Late-Modern World*. Albany: SUNY Press.

Niebuhr, Reinhold. 1932. *Moral Man, Immoral Society*. New York: Charles Scribner's Sons.

Nivision, David S. 1996. *The Ways of Confucianism: Investigations in Chinese Philosophy*. Edited by Bryan Van Norden. La Salle: Open Court Press.

Nozick, Robert. 1974. *Anarchy, State, and Utopia*. New York: Basic Books.

Nussbaum, Bruce. 1997. "Capital, Not Culture." *Foreign Affairs* 76: 2: 165.

Okin, Susan Moller. 1989. *Justice, Gender, and the Family*. New York: Basic Books.

Onuma, Yasuaki. 1996. *In Quest of Intercivilizational Human Rights*. Center for Asian Pacific Affairs Occasional Paper No. 2. San Francisco: Center for Asian Pacific Affairs.

Oppenheimer, Franz. 1914. *The State*. Indianapolis: Bobbs-Merrill.
Parekh, Bhikhu. 1993. "The Cultural Particularity of Liberal Democracy." pp. 156-75 in *Prospects for Democracy*, ed. David Held. Stanford: Stanford University Press.
Pasternak, Burton. 1988. "A Conversation with Fei Xiaotong." *Current Anthropology* 29: 4: 637-62.
Peerenboom, Randall. 1995. "Rights, Interests, and the Interest in Rights in China." *Stanford Journal of International Law* 31: 359-86.
—. 1998. "Confucian Harmony and Freedom of Thought: The Right to Think versus Right Thinking." pp. 234-60 in *Confucianism and Human Rights*, ed. De Bary and Tu. New York: Columbia University Press.
Pennock, J. Roland, and John W. Chapman, eds. 1967. *Equality*. Nomos Series, vol. IX. New York: Atherton.
Perry, Elizabeth J., and Ellen V. Fuller. 1991. "China's Long March to Democracy." *World Policy Journal* 8: 4: 663-87.
Philips, Denis Charles. 1976. *Holistic Thought in Social Science*. Stanford: Stanford University Press.
Philips, Anne, ed. 1987. *Feminism and Equality*. Oxford: Blackwell.
Popper, Karl. 1945. *The Open Society and Its Enemies*. 2 vols. London: Routledge.
Porkert, Manfred. 1974. *Theoretical Foundations of Chinese Medicine*. Cambridge: MIT Press.
Pye, Lucian W. 1985. *Asian Power and Politics: The Cultural Dimensions of Authority*. Cambridge: Harvard University Press.
—. 1996. "The State and Individual: An Overview Interpretation."

pp. 16-42 in *The Individual and State in China*, ed. Brian Hook. New York: Oxford University Press.

Rashid, Salin. 1997. *Clash of Civilizations?: Asian Responses*. Karachi: Oxford University Press.

Rawls, John. 1971. *A Theory of Justice*. Oxford: Oxford University Press.

——. 1993. *Political Liberalism*. New York: Columbia University Press.

Raz, Joseph. 1985. "The Justification of Authority." *Philosophy and Public Affairs* 14: 2-29.

——. 1986. *The Morality of Freedom*. Oxford: Oxford University Press.

Reiss, Hans, ed. 1970. *Kant: Political Writings*. Translated by H. B. Nisbet. Cambridge: Cambridge University Press.

Ren Jiyu 任继愈. 1983. *Development of Chinese Philosophy: Pre-Qin* 中国哲学发展史：先秦. Beijing: People's Press.

Ricoeur, Paul. 1992. *On Self as Another*. Translated by Kathleen Blamey. Chicago: University of Chicago Press.

Rites of Zhou 周礼. *A Concordance to the Zhouli*. 1993. ICS Ancient Chinese Text Concordance Series. Edited by D. C. Lau and Chen Fong Ching. Hong Kong: Commercial Press.

Roetz, Heiner. 1993. *Confucian Ethics of the Axial Age*. Albany: State University of New York Press.

Rorty, Amelie Oksenberg. 1990. "Persons and Personae." pp. 21-38 in *The Person and the Human Mind*, ed. Christopher Gill. Oxford: Clarendon Press.

Rorty, Richard. 1980. *Philosophy and the Mirror of Nature*. Oxford: Blackwell.

—. 1989. *Contingency, Irony, and Solidarity*. New York: Cambridge University Press.

—. 1991. *Objectivity, Relativism, and Truth*. New York: Cambridge University Press.

—. 1993. "Human Rights, Rationality, and Sentimentality." pp. 111-34 in *On Human Rights: The Oxford Amnesty Lectures*, ed. Stephen Shute and Susan Hurley. New York: Basic Books.

Rosemont, Henry. 1989. "Rights-Bearing Individuals and Role-Bearing Persons." pp. 71-101 in *Rules, Rituals, and Responsibility*, ed. Mary I. Bockover. La Salle: Open Court Press.

—. 1997. "Classical Confucian and Contemporary Feminist Perspectives on the Self: Some Parallels and Their Implications." pp. 63-82 in *Culture and Self*, ed. Douglas Allen. Boulder: Westview Press.

—. 1998. "Human Rights: A Bill of Worries." pp. 54-66 in *Confucianism and Human Rights*, ed. De Bary and Tu. New York: Columbia University Press.

Rowe, William T. 1993. "The Problem of 'Civil Society' in Late Imperial China." *Modern China* 19: 2: 139-57.

Rucker, Darnell. 1980. "Selves into Persons: Another Legacy from John Dewey." pp. 166-81 in *John Dewey*, vol. 1, ed. James E. Tiles. New York: Routledge.

Russell, Bertrand. 1922. *The Problem of China*. London: Allen and Unwin.

Rustow, Dankwart A. 1970. "Transitions to Democracy." *Comparative Politics* 2: 337-63.

Saatkamp, Herman J. Jr., ed. 1995. *Rorty and Pragmatism: The*

Philosopher Responds to His Critics. Nashville: Vanderbilt University Press.

Sandel, Michael. 1982. *Liberalism and the Limits of Justice*. New York: Cambridge University Press.

—. 1996. *Democracy's Discontent: America in Search of a Public Philosophy*. Cambridge: Harvard University Press.

Sartori, Giovani, ed. 1984. *Social Science Concepts*. London: Sage.

Sato, Seizaburo. 1997. "Asia and Democracy." pp. 81-92 in *Democracy in Asia*, ed. Michele Schmiegelow. New York: St. Martin's Press.

Schilpp, Paul Arthur, ed. 1951. *The Philosophy of John Dewey*. New York: Tudor.

Schwartz, Benjamin. 1975. "Transcendence in Ancient China." *Daedalus* 104: 57-68.

—. 1985. *The World of Thought in Ancient China*. Cambridge: Harvard University Press.

Sen, Amartya. 1996. "Thinking about Human Rights and Asian Values." *Human Rights Dialogue* 4: 2-3.

Sennett, Richard. 1977a. "Destructive Gemeinschaft." pp. 171-97 in *Beyond the Crisis*, ed. Norman Birnbaum. New York: Oxford University Press.

—. 1977b. *The Fall of Public Man*. New York: Knopf.

Shun, Kwong-loi. 1997. *Mencius and Early Chinese Thought*. Stanford: Stanford University Press.

Shuowenjiezi, annotated 说文解字注. 1966. Taipei: Yiwen.

Sigmund, Paul E. 1967. "Hierarchy, Equality, and Consent in Medieval Christian Thought." pp. 134-53 in *Equality*, ed. Pennock and Chapman. New York: Atherton.

Smith, Tony. 1997. "Dangerous Conjecture." *Foreign Affairs* 76: 2: 163-4.

Solinger, Dorothy J. 1991. *China's Transients and the State: A Form of Civil Society*. Hong Kong: Hong Kong Institute of Asia-Pacific Studies, the Chinese University of Hong Kong.

Song History 宋史. 1977. 20 vols. Beijing: Zhonghua.

Strand David. 1990. "Protest in Beijing: Civil Society and the Public Sphere in China." *Problems of Communism* 39: 1-19.

Sun Yat-sen. 1937. *Three People's Principles* 三民主义. Shanghai: Sanmin.

—. 1950. *Complete Works of Prime Minister* 总理全书. Taipei: Zhongyang Wenwu Gongying She.

Swann, Nancy Lee. 1932. *Pan Chao: Foremost Woman Scholar of China*. New York: Century.

Tai, Hung-chao, ed. 1989. *Confucianism and Economic Development: An Oriental Alternative?* Washington, D.C.: Washington Institute.

Tam Henry. 1998. *Communitarianism: A New Agenda for Politics and Citizenship*. New York: New York University Press.

Tan, Sor-hoon. 1999. "Experience as Art." *Asian Philosophy* 9: 2: 107-22.

—. 2001. "Mentor or Friend? Confucius and Aristotle on Equality and Ethical Development in Friendship." *International Studies in Philosophy* 33: 4: 99-121.

—. 2002. "Between Family and State: Relational Tension in Confucian Ethics." pp. 169-88 in *Mencius: Contexts and Interpretations*, ed. Alan K. L. Chan. Honolulu: University of Hawaii Press.

—. 2003. "Can There be a Confucian Civil Society?" In *The Moral Circle and the Self: Chinese and Western Approaches*, ed. K. C. Chong, S. H. Tan, and C. L. Ten. La Salle: Open Court Press.

Tang Junyi 唐君毅. 1991. *Complete Works* 唐君毅全集. 30 vols. Taipei: Student Press.

Tang Yi-jie. 1988. "The Problem of Harmonious Community in Ancient China." pp. 321-4 in *Harmony and Strife*, ed. Liu and Allison. Hong Kong: Chinese University Press.

Taylor, Charles. 1979. *Hegel and Modern Society*. Cambridge: Cambridge University Press.

—. 1989. *Sources of the Self—The Making of Modern Identity*. Cambridge: Harvard University Press.

Tile, James E. 1988. *Dewey*. New York: Routledge.

—. ed. 1992. *John Dewey: Critical Assessments*. 4 vols. New York: Routledge.

—. 1997. "Democracy as Culture." pp. 119-31 in *Justice and Democracy*, ed. Bontekoe and Stephaniants. Honolulu: University of Hawaii Press.

Tinder, Glenn. 1980. *Community: Reflections on a Tragic Ideal*. Baton Rouge: Louisiana University Press.

Tonnies, Ferdinand. 1957. *Community and Society (Gemeinschaft und Gesellschaft)*. Translated and edited by Charles P. Loomis. New York: Harper and Row.

Tu Wei-ming. 1979. *Humanity and Self-Cultivation*. Berkeley: Asian Humanities Press.

—. 1984. *Confucian Ethics Today: The Singapore Challenge*. Singapore: Curriculum Development Institute of Singapore.

—. 1985. *Confucian Thought: Selfhood As Creative Transformation*. Albany: State University of New York Press.

—. 1989. *Centrality and Commonality: An Essay on Confucian Religiousness*. Albany: SUNY Press.

—. 1992. *The Modern Transformation of the Confucian Tradition* 儒家传统的现代转化. Beijing: Chinese Broadcasting and TV Publishing House.

—. 1993. *Way, Learning, and Politics: Essays on the Confucian Intellectual*. Albany: State University of New York Press.

—. 1994. "Embodying the Universe: A Note on Confucian Self Realization." pp. 177-86 in *Self As Person in Asian Theory and Practice*, ed. Ames, Dissanayake, and Kasulis. Albany: State University of New York Press.

—. ed. 1991. *The Triadic Chord: Confucian Ethics, Industrial East Asia, and Max Weber*. Singapore: Institute of East Asian Philosophies.

Unger, Roberto M. 1983. *The Critical Legal Studies Movement*. Cambridge: Harvard University Press.

Veith, Ilza, trans. 1966. *The Yellow Emperor's Classic of Internal Medicine*. Berkeley: University of California Press.

Waley, Arthur, trans. 1996. *Confucius—The Analects*. Hertfordshire: Wordsworth.

Walzer, Michael. 1989. "The Communitarian Critique of Liberalism." *Political Theory* 18: 1: 6-23.

Wawrytko, Sandra A. 2000. "Prudery and Pruprience: Historical Roots of the Confucian Conundrum Concerning Women, Sexuality, and Power." pp. 163-98 in *The Sage and the Second Sex*, ed. Li Chenyang. La Salle: Open Court Press.

Weber, Max. 1951. *The Religion of China: Confucianism and Taoism*. Translated by H. H. Gerth. New York: Free Press.

—. 1978. *Economy and Society*. Edited by G. Roth and C. Wittich. Berkeley: University of California Press.

Westbrook, Robert B. 1991. *John Dewey and American Democracy*. Ithaca: Cornell University Press.

Wieger, Leon. 1965. *Chinese Characters*. New York: Dover.

Williams, Bernard. 1975. "Self and the Future." pp. 179-98 in *Personal Identity*, ed. John Perry. Berkeley: University of California Press.

Wolff, Robert Paul. 1977. *Understanding Rawls*. Princeton: Princeton University Press.

—. 1989. "Social Philosophy: The Agenda for the Nineties." *Journal of Social Philosophy* 20: 1/2: 4-17.

Woolson, Carolin. 1998. "Dewey on the Question of Community and the Community in Question." *International Studies in Philosophy* 30: 1: 121-30.

Wu Kuangming. 1997. "The Spirit of Pragmatism and the Pragmatic Spirit." pp. 59-91 in *The Recovery of Philosophy in America*, ed. John Edwin Smith, Thomas P. Kasulis and Robert Cummings Neville. Albany: State University of New York Press.

Wu Yu 吴虞. 1922. *Collected Essays* 吴虞文集. Shanghai: Oriental Press.

Xiong Shili 熊十力. 1960. *Guide to Key Elements in Reading the Classics* 读经示要. Taipei: Guangwen.

Xu Fuguan 徐复观. 1959. *Essays on the History of Chinese Thought* 中国思想史论集. Taiwan: Donghai University.

—. 1969. *History of Chinese Theories of Human Nature* 中国人性论史. Taipei: Commercial Press.

—. 1988. *Confucian Political Thought and Democracy, Freedom and Human Rights* 儒家政治思想与自由民主人权. Taipei: Student Books.

Xunzi 荀子. *A Concordance to the Xunzi*. 1996. Edited by D. C. Lau and Chen Fong Ching. Hong Kong: Commercial Press.

Yang Zuhan 杨祖汉. 1995. "Contemporary Confucian Explication of Confucius' View of Tian 当代儒学对孔子天论的诠释." pp. 231-52 in *Collected Essays on Contemporary Confucianism: Tradition and Innovation* 当代儒学论集：传统与创新, ed. Liu Shuxian. Taipei: Central Research Institute.

Yu Ying-shih 余英时. 1976. "Anti-Intellectualism and Chinese Political Thought 反智论与中国政治思想." pp. 1-46 in *History and Thought* 历史与思想. Taipei: Lianjing.

—. 1992. *The Path of Internal Transcendence* 内在超越之路. Beijing: Chinese Broadcasting and TV Publishing House.

—. 1997. "The Idea of Democracy and the Twilight of the Elite Culture in Modern China." pp. 199-215 in *Justice and Democracy*, ed. Bontekoe and Stephaniants. Honolulu: University of Hawaii Press.

Yuan Ke 袁珂. 1960. *Ancient Chinese Myths* 中国古代神话. Beijing: Zhonghua.

Zakaria, Fareed. 1994. "Culture Is Destiny: A Conversation with Lee Kuan Yew." *Foreign Affairs* 73: 2: 109-26.

—. 1997. "The Rise of Illiberal Democracy." *Foreign Affairs* 76: 6: 22-43.

Zeng Chunhai 曾春海. 1989. *Essays on Confucian Philosophy* 儒家

哲学论集. Taipei: Wenjin.

Zhang Dongsun 张东荪. 1946. *Rational Nature and Democracy* 理性与民主. Taipei: Dragon Gate.

—. 1959. "A Chinese Philosopher's Theory of Knowledge." pp. 299-324 in *Our Language and Our World*, ed. S. I. Hayakama. New York: Harper.

Zhou, Kate Xiao. 1996. *How the Farmers Changed China*. Boulder: Westview Press.

Zhuangzi 庄子. *A Concordance to Chuang Tzu*. 1956. Cambridge: Harvard University Press.

Zolo, Danilo. 1992. *Democracy and Complexity: A Realist Approach*. Translated by David McKie. University Park: Pennsylvania State University Press.

索 引

Action, psychology of 行为，行为的心理 26-7, 29, 44, 161

Addams, Jane 简·亚当斯 122

Admonitions for Women (*Nu jie*) 《女诫》 110-11

Alexander, Thomas 托马斯·亚历山大 78

Ames, Roger 安乐哲 31, 35, 61, 94, 100, 108, 111, 128-9, 137, 154-5, 185

Ancestor worship 祖先崇拜 85-6, 99

Asian development model 亚洲发展模式 3

Asian values 亚洲价值观 5

Augustine, Saint 圣奥古斯丁 18, 46, 48

Authoritarianism 威权主义 6-7, 12, 54, 123, 170, 173, 188-9, 194, 198-9, 202, 204-5

Autonomy 自主性 4, 6, 9-11, 18-9, 25, 33, 54, 64, 117, 123, 161

Bedau, Hugo 雨果·亚当·比多 103

Berlin, Isaiah 以赛亚·柏林 54, 55, 102, 114, 158, 161, 170, 175

Birrell, Anne 安妮·比勒尔（白安妮） 61

Bloom, Irene 艾琳·布鲁姆（华蔼仁） 48-9

Body 身体 30, 31, 58-9

Boodberg, Peter 彼得·布德伯格（卜弼德） 36, 128

Book of Historical Documents (*Shangshu*) 《尚书》 98, 135, 136, 138, 139-40, 142

Book of Rites (*Li ji*) 《礼记》 31, 74, 76, 80, 82, 83, 85, 88, 171; on women, 110, 111

Book of Songs（*Shi jing*） 《诗经》 135，138

Bourdieu, Pierre 皮埃尔·布迪厄 180-1

Buddhism 佛教 6，110

Cai Yuanpei 蔡元培 14-5

Chang, Carsun 张君劢 8，168

Change 变化 6，8，27，43，57，76，82，99-100，102，189，193；bringing about 变化的产生 29，32，37，81，107，121，152，164，195，206-8；of tianming 天命的变化 136-7，140；and zhi (knowledge, wisdom) 变化和智 95，96-7. See also li（ritual practice），change in 请参阅礼的变化

Chen Daqi 陈大齐 141

Chen Duxiu 陈独秀 132

Chen Xiyuan 陈熙远 126

Cheng Hao 程颢 (1032-1085)，125

Cheng Yi 程颐 (1033-1107)，88

Ching, Julia 秦家懿 110，126，127，140

Choice 选择 18，20-1，39-40，51，52，163-5；in Confucianism 儒家的选择 46-50；Dewey on 杜威论选择 41-4. See also deliberation 请参阅深思

Chu, Ron Guey 朱荣贵 185

Civil society 公民社会 97，207

Civilizations 文明 34；clash of 文明的冲突 5；inter- 文明之间 4

Classic of Filiality（*Xiao jing*） 《孝经》 123

Communication 沟通 5，75，80-1，95，96，185，186；in Confucius' teachings 孔子教导中的沟通 70-1，97；harmony in 沟通的和谐 78-9；process of 沟通的过程 28，65-7，68-9，70；technology 沟通的技术 178，202

Communitarianism 社群主义 10-4，22，29，39-41，53，64，118，207

Community 社区 4，9，11，13-4，101，106，115，120，174，190；boundaries of 社区的边界 65，68，71；Confucian 儒家社区 74，93-7，125；and harmony 社区与和谐 78-9；and inquiry 社区与调查 92-3；and morality 社区与道德 11，32-3；sameness and differences in 社区的异同 64-5，68-70；and society, contrasted 社区与社会 63-4，66-7

Conflict 冲突 5，21，34，73，

311

77, 78, 84, 97, 116, 134, 149, 185-7, 205; of values 价值冲突 42, 116-8, 201-2

Conscience 良心 19, 32, 117

Consent, government by 同意, 支持的政府 19, 101, 140, 141, 143, 188

Conversations of the States (*Guo yu*) 《国语》 59, 76, 182

Cosmology 宇宙论 58, 61-2, 99

Creatio ex nihilo 从无中创造 61, 180

Creativity 创造性 14, 34, 52, 79, 82, 86, 193

Crittenden, Jack 杰克·克里特登 64

Cua, A.S. 柯雄文 80, 83

Culture 文化 2-5, 7, 55, 69, 76, 88, 89, 143, 160, 177, 201; in Confucianism 儒学中的文化 94, 99, 133, 167, 168, 190, 191, 193; democracy as 作为文化的民主 141, 204, 205-7; liberal 自由文化 18-9, 39, 68, 115, 116

Dao (the way) 道 46, 50, 51-2, 61, 131, 171, 172, 180; of Tian (heaven) 天道 138

Daoism (Taoism) 道家, 道教 6, 35, 57, 110, 167

De Bary, Wm. Theodore 狄百瑞 4, 97, 110, 141, 168, 183, 207

De (excellence, virtue) 德 51, 85, 100, 125, 126, 131, 135, 171, 179, 181, 191, 196; shi (power), compared with 德与势的对比 198

Deliberation 深思 22, 33, 40, 41-2, 47, 48-9, 50. See also choice 请参阅选择

Disposition 习性 18, 44, 49, 84, 102, 164, 180. See also habit 请参阅习惯

Doctrine of the mean. 《中庸》. See *Zhongyong* 请参阅中庸

Dualism 二元论 12, 14, 26, 31, 139, 170

Duke of Zhou 周公 82, 94, 105, 170-1

Education 教育 12, 79, 84-5, 97, 105, 135-6, 144, 148, 150, 155; authority in 教育权威 190-3; Chinese women's 中国妇女的教育 110-1

Egoism 利己主义 33, 37, 150, 151

Eldridge, Michael 迈克尔·埃尔德里 88

Elitism 精英主义 98，106，147

Elvin, Mark 马克·埃尔文（伊懋可） 36-7

Ends 目标/目的 21，43，145；final 最终目标 54，57，61-2；in-view 视域中目的 45，56，66，89，91，121，128

Eno, Robert 罗伯特·伊诺 137，138

Equality 平等 10，72，100-1，102；gender 性别平等 14，110-2；and sameness 平等和同一 103-4，108，112；value of 平等价值 98-9，103

Essentialism 基要主义 8-9，40，101-2，112，124

Ethnocentrism 民族中心主义 4

Experience 经历 25-6，27，29，31，34，37，55，77-8，153；and art 经历和艺术 52，75，80

Fallibility 易谬性 70，194

Family 家庭 59-60，72-4，115；in Confucianism 儒学中的家庭 32，49-50，122-3. See also sangang (three mainstays) and wulun (five primary relations) 请参阅三纲和五伦

Fan Zhongyan 范仲淹 108

Feeling 感觉 30，42，49，52，142，151，190；and ritual practice 与礼 84，86-8；of belonging 归属感 64，78

Fei Xiaotong 费孝通 58，229n.33

Filial piety (filiality) 孝 7，8，50，122-3

Fingarette, Herbert 赫伯特·芬格莱特 30，46，51，61，81，189-90

Flexibility 灵活性 69，73，80，86-8，100，104，106，111，120，166-7，176

Friendship 友谊 22，108-9

Fukuyama, Francis 弗朗西斯·福山 1-2

Fung Yu-lan 冯友兰 60，140

Gaus, Gerald 杰拉尔德·高斯 14，53，64，68

Growth 成长 32，34，43，53，68，73，106，120-1，16，164-5，176；personal communal 个人社会成长 83，85，86，92-3，107，130，177，195

Guo 国. See state 请参阅国家

Gutmann, Amy 埃米·古特曼 10，13

Habit 习惯 26-7，33，43，44，45，80，207. See also disposition

313

请参阅习性

Hall, David 郝大维 31, 61, 94, 100, 108, 111, 128-9, 154-5

Han Wudi 汉武帝 109, 199

Hansen, Chad 陈汉生 139, 180, 184

Harmony 和谐 75-9, 88, 186, 198; as function of li 和谐作为礼的功能 80, 84, 86

He Xinquan 何信全 168-9

Heaven 天堂. See tian 请参阅天

Hegel, Georg Wilhelm Frederich 黑格尔 2, 53-7, 161, 168

Hierarchy 等级 98-100, 109; contrasted with functional differentiation 与功能差异的对比 106-8

History 历史 1-2, 12, 14, 54, 57, 86, 119, 134

History of Later Han 《后汉史》 60

Hobbes, Thomas 托马斯·霍布斯 187, 188

Holism 全体论 55, 57-8

Hsiao Kung-chuan 萧公权 130, 134, 183-4

Hu Shih 胡适 14, 132

Huang Junjie 黄俊傑 196-7

Human nature 人性 19, 121, 149, 150, 153, 156; in Confucianism 儒学中的人性 101-2;

Dewey on 杜威论人性 27, 44, 101

Huntington, Samuel 萨缪尔·亨廷顿 5, 6, 201

Idealism 理想主义 77, 150, 152, 168

Identity 身份认同 6, 21-2, 23-4, 27, 39-40, 49, 53, 64, 72, 76; communal 社会身份 81; crisis 身份危机 40; gender 性别身份 111

Impulse 冲动 26-7, 32, 33, 41-2, 44-5, 80, 149-50, 151, 159

Individualism 个人主义 11, 13, 17, 35, 39, 51, 53, 60, 159, 206

Individuality 个性 23-5, 34-5, 40, 51, 52, 54, 74, 106, 120, 159, 192, 193. See also uniqueness 请参阅独特性

Inquiry 调查 95, 122; and community 与社区 92-3, 94-7, 193; pattern of 调查模式 89, 90-1; participation in 调查参与 92-3, 94; social or cooperative 社会调查或交往调查 15, 91-3, 96-8, 147, 148, 202, 205

Intelligence 智慧 43-5, 47, 49, 88, 89, 153, 169, 189, 192-3;

and freedom 智慧和自由 160；162–4，172；limits of 智慧的局限性 148，151–2；and reason 智慧和理性 151；as social 社会智慧 92，151，177

James, William 威廉·詹姆斯 26，153
Jesuits 耶稣会 137
Jian 谏. See remonstration 请参阅告诫
Jia 家. See family 请参阅家庭
Jullien, Francois 弗朗索瓦·于连 198
Junzi (exemplary person) 君子 59，71，75，76，83，95–6，98，105，108，111，173；as authoritative person 君子作为权威 130；and contention 君子和争辩 186；and freedom 君子和自由 174；and political participation 君子和政治参与 128–32；and tianming (heaven's mandate) 君子和天命 143，144
Justice 正义 20–2，114，115

Kant, Immanuel 伊曼努尔·康德 19，41，114，161，168
Keightley, David 吉德炜 99
King, Ambrose 金耀基 59，133，207–8
Knowledge, pragmatist theory of 知识的实用主义理论 33，193. See also zhi (knowing, realizing) 请参阅知
Kohn, Livia 利维亚·柯恩 35
Kymlicka, Will 威尔·金里卡 39–41

Law 法律 52，104，188，195；in Confucianism 儒学中的法律 136，141，181，184，185；in democracy 民主社会的法律 124–5，184；use of 法律的用途 123，177，183
Learning 学习 30，47–8，97，128，154–5，169，173–4
Legalism 法家 109，123；and Confucianism 法家和儒家 181，198–9
Lewis, Mark Edward 马克·爱德华·刘易斯 184，194
Li Zehou 李泽厚 82，85，126–7
Li 理 (pattern, principle, reason) 理 61，131
Li (ritual practice) 礼 15，70，79，80–1，84–5，130，190，191，193；change in 礼的变化 85–6，186；in Confucian state 儒家社会中的礼 71，125，141，

315

183, 202-3; dysfunctional 功能失常的礼 86-7, 88; form and content in 礼的形式与内容 85-7; and law 礼与法 184-5; and ren (authoritative person) 理与仁 83, 130-1; and yi (appropriateness) 礼与义 83-4

Li Chenyang 李晨阳 8-9

Liang Chi'i-ch'ao 梁启超 130, 134, 154, 187

Liang Shuming 梁漱溟 60, 70

Liberal democracy 自由民主 1-4, 9-11, 100, 114, 116, 134-50, 201, 208

Liberalism 自由主义 4, 11, 20, 101, 113-8, 188; in China 中国的自由主义 15, 168; communitarian critique of 社群主义对自由主义的批评 10-1; Dewey and 杜威和自由主义 14, 15, 159; super- 超级自由主义 13

Lippmann, Walter 沃尔特·李普曼 124, 146-9

Liu Shu-hsien 刘述先 8, 134, 139

Locke, John 约翰·洛克 24, 63, 101, 103, 158

Lu Xun 鲁迅 37, 86

Lü's Spring and Autumn Annuals (*Lüshi Chunqiu*) 《吕氏春秋》 76

Manicas, Peter 彼得·马尼卡 124

May Fourth movement 五四运动 7, 37, 110, 132

Mead, George Herbert 乔治·赫伯特·米德 27-8, 31, 38

Means and ends 手段和目标 48, 91, 121, 145, 163, 165-7

Mencius 孟子 48, 58, 129, 136, 154, 171-2, 174, 182, 191; on authoritative government 论仁政 130, 135, 173, 190; on Confucius 论孔子 97, 187; and democracy 与民主 132, 133, 134, 135; on equality 98, 102, 105; on family and state 论家庭和国家 53, 60, 72-3; on hegemony 论霸权 196-7; on human nature 论人性 102; and political legitimacy 和政治合法性 136-40, 142-3, 144; on renyi 论仁义 83, 131; on ruler-minister relation 论君臣关系 109, 182; and sexism 与性别歧视 87-8, 110, 111; on sage-kings 论圣王 73, 125-6, 190

Meritocracy 贤能政治 105, 106, 107

Mill, John Stuart 约翰·斯图亚

特·穆勒 13-4，188
Mind 思想 22，26，31；objective 客观思想 43，54
Modernization 现代化 3，7
Mohism 墨家 72
Mote, Frederick 牟复礼 58，61
Mou Zongsan 牟宗三 8，139，168
Munro, Donald 孟旦 6，51，53，57，58，102
Myth 神话 61-2，100，124

Nathan, Andrew 黎安友 133-4，187，206
Nature 自然 19，22，25，56，57，80，138-9，143，159，167；state of 自然状态 188
Neo-Confucianism 理学 61，168
Neutrality, political 政治中立 11，12，114，201
Neville, Robert Cummings 罗伯特·卡明斯·内维尔 203
New Confucianism 新儒家 8，133，168-9
Niebuhr, Reinhold 莱因霍尔德·尼布尔 124，149-52，153
Nivison, David 倪德卫 61，80
Obedience 驯服 7，110，123，180，188

Participation 参与 4，29，91-3，121，144，146-8，156，161，205；and Confucianism 参与和儒家 81，94，97-8，105-6，128-30，154，191-2
Peerenboom, Randall 裴文睿 179-80
Perfectionism 完美主义 162，172
Person 个人 23-4，73，101，117-8，195
Personal-cultivation 个人修养 31-2，96，102，131-2，169，172-5，193；authority and 权威和个人修养 190-1，195-6；and manipulation 个人修养和操纵 198-9
Pluralism 多元主义 8，10，89，114-5，117，158
Public, concept of 公共概念 119-20，123，125，141，146-7

Qi（configurational energy） 气 31
Qu Yuan 屈原 36-7
Quanli 权利 176. See also rights 请参阅权利
Qun（association, group） 群 59，60

Rawls, John 约翰·罗尔斯 11，19-22，39，43，53，101；on political liberalism 论政治自由主义 114-8

Reason 理想 19, 42-3, 149, 151, 161, 170; cunning of 理性的狡猾 54. See also li (pattern, principle, reason) 请参阅理

Rebellion 反叛 40, 140

Reciprocity 恕 108-9. See also shu (deference) 请参阅恕

Records of Song and Yuan Scholars (*Song Yuan Xue An*) 《宋元学案》 125

Reflexivity 自反性 18, 23, 24, 29-30, 35

Religion 宗教 61, 99, 152, 184, 189, 205; and li (ritual practice) 与礼 79, 82; and tian 与天 100, 137-9; and freedom 与自由 114, 116-7, 158

Remonstration 告诫 109, 111, 182, 194

Ren (authoritative humanity, person, or conduct) 仁 15, 36, 47, 50, 72, 111, 125, 128, 130-1, 135, 170, 173, 196; as accomplished self 作为成功的自我 36, 38; and learning 与学习 47; and li (ritual practice) 与礼 82-4, 130; method of 仁的方法 38, 70; and strength 与力量 155; and yi (appropriateness) 与义 82, 83-4; and zhi (knowing) 与知 96-7, 144, 155

Representation 代表 140; symbolic 象征代表 28, 91

Revolution 革命 140

Rights 权利 3-5, 6, 12, 115, 145, 188; in Chinese thought 中国思想中的权利 57, 133-4, 175-6, 183, 208; Dewey on 杜威论权利 175-6, 185-6; to free speech 言论自由权 176-8, 179, 181-2; to rule 统治权 99, 136-7, 139-40, 142; women's 女性的权利 112

Rites of Zhou (*Zhou li*) 《周礼》 60

Romanticism 浪漫主义 19, 25, 53

Rorty, Richard 理查德·罗蒂 4, 68, 89

Rosemont, Henry, Jr. 罗思文 4, 35, 111, 137

Rousseau, Jean-Jacques 让·雅各·卢梭 19, 187

Ruler-minister relation 君臣关系 58, 60, 76, 109, 123, 129, 130, 181, 182, 183, 199

索 引

Sage（sheng） 圣 73，82，96，102，105，190; in the *Analects* 《论语》中的圣 128; Confucius as 孔圣人 82，97; and true king 圣与王 125-7; and tian 圣与天 142-3; woman as 女圣人 111

Sandel, Michael 迈克尔·桑德尔 11，13，19-22，39

Sangang（three mainstays） 三纲 109-10

Schwartz, Benjamin 史华慈 98，138，196

Self 自我 17-21，22，23，26-8，39-40，161-2; Chinese terms for 汉语中的自我 29-30，35; discipline 自我约束 35，84，130，169; focus-field conception 中心-场域概念 31，37-8，69-70; liberal conception 自由概念 20-2，29，160-1; social 社会自我 22，25-9，32，39-41，121，174. See also person 请参阅个人

Self-cultivation 自我修养. See also personal cultivation 请参阅个人修养

Sexism 性别歧视 87-8，110-2

Shen（body, self, person） 身 31

Shu（deference） 恕 38，70. See also reciprocity 请参阅恕

Si（thinking, reflection） 思 30，47，169

Siduan（four beginnings） 四端 48，102

Signs 迹象 28，65-6，70，71

Social contract 社会契约 53，188

Sociality 社会性 24-5，37-8，52，66，69，78，118，176; dysfunctional 功能失调的社会性 34，36-7，150; value of 社会性的价值 34，38，121

Society 社会 53-5，57，116，152; Chinese 中国社会 57，59-60，71-2，109，100，110; community, contrasted with 与社群的对比 64，66-7; and family 社会与家庭 72-4; and state 社会与国家 63，97

Song History 《宋史》 125

Spontaneity 自然 33，35，41，49，61，108，184，190. See also ziran 请参阅自然

Stability 稳定性 43，49，57，71，82，86，193，202; socio-political 社会政治稳定 2，3，6，67，203-5，208

State 国家 32，34，60，63，97，119-20，123，124-5，195

Sun Yat-sen 孙逸仙 133，208

319

Tang Junyi 唐君毅 8, 100, 168

Taylor, Charles 查尔斯·泰勒 13, 18, 23, 39, 51, 54, 64

Teleology 目的论 54-6, 61-2

Tian (heaven) 天 100, 137, 138, 153, 167; and min (the people) 天与民 136-7, 139-40, 142-4; and sage 天与圣 142-3; and transcendence 天与超然性 138-9

Tianming (heaven's mandate) 天命 131, 136-9, 140, 142-4, 168, 170

Tiles, James 詹姆斯·泰尔斯 26, 204

Tonnies, Ferdinand 斐迪南·滕尼斯 63-4

Tradition 传统 7-8, 43, 48, 82, 93-4, 191

Transcendence 超然性 56, 99, 100, 137-9, 161

Trust 信任 60, 78, 173, 179, 199, 203, 205; of the people 人民的信任 197-8, in ritual practice 礼中的信 80-1, 141

Tu Wei-ming 杜维明 7, 8, 51, 58, 85

Uniqueness 独特性 24-5, 34, 52-3, 69, 85, 104

Universalism 普遍性 1-2, 3-5, 10, 51, 80, 101, 106

Walzer, Michael 迈克尔·沃尔泽 13, 64

Wangba (true king and hegemon) 王霸 196-8

Weber, Max 马克斯·韦伯 7, 138

Wen (culture) 文 190. See also culture, in Confucianism 请参阅儒家中的文化

Will 意志 21, 44-5, 48, 138, 146, 153; general 公意 19; obstinacy, compared with 意志对比顽固 45, 50; weakness of 意志的弱点 18, 46; as zhi 志 50

Women's Analects (*Nü Lunyu*) 《女论语》 110

Women's Classic of Filiality (*Nü Xiaojing*) 《女孝经》 110

wulun (five primary relations) 五伦 60, 123, 131

xin 信. See trust 请参阅信任

xin (heart-mind) 心 30, 38, 50-1, 58, 131, 142, 174

xing 性. See also human nature 请参阅人性

xiushen 修身. See also personal cultivation 请参阅个人修养

Xu Fuguan 徐复观 8, 100, 123, 138, 168-9, 173, 181, 198

xue 学. See learning 请参阅学习

Xunzi 荀子 38, 58, 59, 81, 83, 102, 131, 138, 186, 190; on Confucius 论孔子 36, 181; on hegemons 论霸 197-8; on hierarchy 论等级体系 98, 107; on importance of the people 论人民的重要性 135, 143; methods of government 论治国方法 130, 136; on ruler-minister relation 论君臣关系 109, 181, 182

yi (appropriateness) 义 60, 82, 83-4, 102, 130, 131, 171

yin-yang 阴阳 109

yong (courage) 勇 51, 130, 182

Zhang Dongsun 张东荪 167-8

zheng (proper ordering) 正 131

zhengming (proper establishment of names) 正名 71, 179-80

zhi (wisdom) 智 51, 95, 102, 111, 126, 171

zhi (knowing, realizing) 知 47, 94-6, 97, 98, 130, 142, 143-4, 155, 172

zhongyong 中庸 76, 78, 81, 137

Zhou, Kate 周晓 205-7

Zhuangzi 庄子 125

ziran (spontaneity, self-so-ing) 自然 35, 62, 100, 167

Zuo's Commentary (Zuo zhuan) 《左传》 76, 98, 130, 182, 183

专有名称汉英对照表

人名译名对照表

阿方索·达米高 Alfonso J. Damico
阿美丽·罗蒂 Amelie Rorty
阿瑟·威利 Arthur Waley
爱比克泰德 Epictetus
阿米塔伊·埃兹欧尼 Amitai Etzioni
爱德华·马赫尔 Edward Machle
艾瑞斯·梅铎 Iris Murdoch
艾琳·布鲁姆（华蔼仁）Irene Bloom
埃米·古特曼 Amy Gutmann
安德鲁·内森 Andrew Nathan
安·肯特 Ann Kent
安乐哲 Roger T. Ames
安妮·比勒尔（白安妮）Anne Birrell
奥登 W. H. Auden
奥古斯丁 Augustine

巴里·基南 Barry Keenan
白鲁恂 Lucian Pye
白彤东 Bai Tongdong
班固 Ban Gu
贝淡宁 Daniel A. Bell
贝斯朗 John Berthrong
贝奈戴托·克罗齐 Benedetto Croce
本杰明·巴伯 Benjamin Barber
彼得·布德伯格（卜弼德）Peter Boodberg
彼得·马尼卡 Peter Manicas
比库·帕勒克 Bhikhu Parekh
布伦南·安德鲁 Brennan Andrew
布鲁克·阿克利 Brooke Ackerly
布鲁斯·诺斯鲍姆 Bruce Nussbaum
伯伊德·波德 Boyd Bode
勃兰德·勃兰夏 Brand Blanshard
伯特兰·罗素 Bertrand Russell
布坎南 Buchanan

查尔斯·泰勒 Charles Taylor
蔡元培 Cai Yuanpei
蔡自强 Frank Tsai

专有名称汉英对照表

车·丹纳 Dana Cha
陈大齐 Chen Daqi
陈独秀 Chen Duxiu
陈汉生 Hansen, Chad
陈宁 Chen Ning
陈奇猷 Chen Qiyou
陈荣捷 Chan, Wing-tsit
陈素芬 Tan, Sor-hoon
陈文 Chan, Joseph
陈文熙 Chen Wenxi
陈熙远 Chen Xiyuan
程颢 Cheng Hao
成王姬诵 King Cheng（r. 1042/35—1006 B. C.）
程颐 Cheng Yi

达内尔·拉克 Darnell Rucker
大卫·琼斯 David Jones
大卫·休谟 David Hume
戴维·比瑟姆 David Beetham
戴维·赫尔德 David Held
丹克沃特·罗斯托 Dankwart Rustow
德克·布迪（卜德）Derk Bodde
德效骞 H. H. Dubs
狄百瑞 De Bary, William Theodore
笛卡尔 Descartes
杜国庠 Du Guoxiang
杜维明 Tu Wei-ming
段玉裁 Duan Yucai
埃罗尔·哈里斯 Errol Harris

法里德·扎卡里亚 Fareed Zakaria
范瑞平 Fan Ruiping
范仲淹 Fan Zhongyan
斐迪南·滕尼斯 Ferdinand Tonnies
费孝通 Fei Xiaotong
费正清 John Fairbank
弗朗索瓦·于连 Francois Jullien
冯友兰 Fung Yu-lan /Feng Youlan
弗朗西斯·福山 Francis Fukuyama

高尔顿·奥尔波特 Gordon Allport
格伦·廷德 Glenn Tinder

哈罗德·拉格 Harold Rugg
汉武帝 Han Wudi
郝大维 Hall, David L.
赫伯特·芬格莱特 Herbert Fingarette
赫利·克里尔 Herlee Creel
海纳尔·罗茨 Heiner Roetz
韩在凤 Chaibong Hahm
何包钢 He Baogang
何信全 He Xinquan
黑格尔 Hegel
侯外庐 Hou Wailu
胡绍华 Hu Shaohua
胡适 Hu Shih
黄俊傑 Huang Junjie
黄宗羲 Huang Zongxi

霍布豪斯 L. T. Hobhouse

吉德炜 Keightley, David
吉奥瓦尼·萨托利 Giovani Sartori
吉列尔莫·奥唐奈 Guillermo O'Donnell
吉永焕 Young Whan Kihl
简·亚当斯 Jane Addams
蒋经国 Jiang Jingguo
蒋梦麟 Jiang Menglin
杰克·克里特登 Jack Crittenden
杰拉尔德·高斯 Gerald Gaus
金耀基 King, Ambrose
金明永 Yung-Myung Kim
景海峰 Jing Haifeng

卡尔·波普尔 Karl Popper
卡尔·马克思 Karl Marx
卡罗尔·古德 Carol Gould
卡罗林·伍尔森 Carolin Woolson
康有为 Kang Youwei
克里斯托弗·索普尔 J. Christopher Soper
柯雄文 Cua, A. S.
肯尼斯·基普尼斯 Kenneth Kipnis
肯斯·维尔谢 Keith Wiltshire
孔子 Confucius
库萨的枢机主教尼古拉 Nicholas of Cusa

拉里·戴蒙德 Larry Diamond
拉塞尔·道尔顿 Russell Dalton
莱因霍尔德·尼布尔 Reinhold Niebuhr
兰德尔·艾德华 Randle Edwards
劳思光 Lao Siguang
黎安友 Nathan, Andrew J.
理查德·罗蒂 Richard Rorty
理查德·塞尼特 Richard Sennett
李晨阳 Li Chenyang
李弘祺 Thomas H. C. Lee
利科 Ricoeur
利玛窦 Matteo Ricci
利维亚·柯恩 Livia Kohn
理雅各 Legge, James
李又宁 Li Yu-ning
李约瑟 Joseph Needham
李泽厚 Li Zehou
梁启超 Liang Chi'i-ch'ao
梁漱溟 Liang Shuming
林语堂 Lin Yutang
刘殿爵 Lau, D. C
刘师培 Liu Shipei
刘述先 Liu, Shu-hsien
刘向 Liu Xiang
刘余莉 Liu Yuli
鲁贝托·翁格 Ruberto Unger
卢梭 Rousseau
鲁迅 Lu Xun
吕留良 Lu Liu-liang

罗伯特·达尔 Robert Dahl
罗伯特·卡明斯·内维尔（南乐山）Robert Cummings Neville
罗伯特·诺齐克 Robert Nozick
罗伯特·伊诺 Robert Eno
罗伯特·威斯布鲁克 Robert B. Westbrook
罗纳德·德沃金 Ronald Dworkin
罗思文 Henry Rosemont, Jr.
罗哲海 Heiner Roetz

马哈蒂尔·穆罕默德 Mahathir Mohamed
玛丽·泰尔斯 Mary Tiles
马克·爱德华·刘易斯 Mark Edward Lewis
马克·埃尔文（伊懋可）Mark Elvin
马克斯·韦伯 Max Weber
麦金太尔 Alasdiar MacIntyre
迈克尔·埃尔德里 Michael Eldridge
迈克尔·柯林斯 Michael Collins
迈克尔·桑德尔 Michael Sandel
迈克尔·沃尔泽 Michael Walzer
满晰博 Manfred Porkert
孟旦 Munro
孟旦 Munro, Donald
孟子 Mencius
墨家 Mohism
牟复礼 Mote, Frederick
穆勒 J. S. Mill

牟宗三 Mou Zongsan

倪安团 Anh Tuan Nuyen
倪德卫 Nivision, David S.
尼古拉斯 Nicholas
尼古拉斯·斯宾纳 Nicholas Spina

盘庚 Pangeng
裴文睿 Peerenboom, Randall
皮埃尔·布迪厄 Pierre Bourdieu
朴忠民 Chong-Min Park

切斯特顿 G. K. Chesterton
乔·费茨尔 Joel S. Fetzer
乔尔·范伯格 Joel Feinberg
乔治·阿兰 George Allan
乔治·赫伯特·米德 George Herbert Mead
秦家懿 Ching, Julia

让·雅各·卢梭 Rousseau, Jean-Jacques
任继愈 Ren Jiyu
萨缪尔·亨廷顿 Samuel Huntington
邵雍 Shao Yong
史华慈 Benjamin Schwartz
史明正 Shi Mingzheng
史天建 Shi Tianjian
斯宾诺莎 Spinnoza
斯蒂芬·佩珀 Stephen Pepper

儒家民主

苏珊·奥金 Susan Okin
孙中山 Sun Yat-sen
梭罗莫·艾维尼里 Shlomo Avineri

谭嗣同 Tan Sitong
唐君毅 Tang Junyi
汤一介 Tang Yi-jie
邓清缪 C. L. Ten（Ten Chin Liew）
托克维尔 De Tocqueville
托马斯·霍布斯 Thomas Hobbes
托马斯·亚历山大 Thomas Alexander

王茹玉 Nhu-Ngoc Ong
威尔·金里卡 Will Kymlicka
威廉·盖尔斯顿 William Galston
威廉·詹姆斯 William James
沃尔特·李普曼 Walter Lippmann
沃尔泽 Walzer
吴广明 Wu Kuang-ming
吴虞 Wu Yu

西蒙·莱斯 Simon Leys
萧公权 Hsiao Kung-chuan
小奥利弗·温德尔·霍姆斯 Oliver Wendell Holmes Jr.
辛都朱 Doh Chull Shin
信广来 Shun, Kwong-loi
邢福娟 Jiuan Heng
熊十力 Xiong Shili

徐复观 Xu Fuguan
徐克谦 Xu Kequan
许刘诚 Leonard Hsu
荀子 Xunzi

亚历山大·科耶夫 Alexander Kojeves
亚瑟·德克曼 Arthur Deikman
杨祖汉 Yang Zuhan
伊丽莎白·克罗尔 Elizabeth Croll
伊曼努尔·康德 Immanuel Kant
以赛亚·柏林 Isaiah Berlin
雨果·亚当·比多 Hugo Bedau
余英时 Yu Ying-shih
袁珂 Yuan Ke
约翰·邓恩 John Dunn
约翰·杜威 John Dewey
约翰·哈伊 John Hay
约翰·罗尔斯 John Rawls
约翰·洛克 John Locke
约翰·诺布洛克 John Knoblock
约翰·斯图亚特·穆勒 John Stuart Mill
约瑟夫·贝兹 Joseph Betz
约瑟夫·格兰 Joseph Grange
约瑟夫·拉兹 Joseph Raz

曾春海 Zeng Chunhai
章炳麟 Chang Ping-lin
张东荪 Zhang Dongsun

张君劢 Zhang Junmai / Chang, Carsun
张佑宗 Yu-Tzung Chang
詹姆斯·坎贝尔 James Campbell
詹姆斯·泰尔斯 James Tiles
赵纪彬 Zhao Jibin
赵献 Cho Hein
中根千枝 Chie Nakane
周公 Duke of Zhou
周晓 Zhou, Kate
庄锦章 Kim-chong Chong
庄子 Zhuangzi
朱荣贵 Chu, Ron Guey
朱云汉 Yun-han Chu
佐藤清三郎 Seizaburo Sato

地名译名对照表

安娜堡 Ann Arbor, Mich.
伯克利 Berkeley
剑桥 Cambridge
坎布里奇 Cambridge
马诺 Manoa
台北 Taipei
同心村 Tongxin Village

文献译名对照表（文献指正文中以汉语译名出现的书籍、论文、刊物、报纸等）

《白虎通德论》 *Comprehensive Discourses in the White Tiger Hall*
《查尔斯·皮尔斯协会会刊》 *Transactions of the Charles S. Peirce Society*
《蔡元培先生全集》 *Complete Works of Cai Yuanpei*
《忏悔录》 *Confessions*
《楚辞》 *The Songs of Chu*
《创造性的民主：我们面前的任务》 *Creative Democracy—The Task before Us*
《春秋繁露》 *Luxuriant Dews of the Spring and Autumn Annals*
《大学》 *Great Learning*
《当代儒学对孔子天论的诠释》 "Contemporary Confucian Explication of Confucius' View of Tian"
《当代儒学论集：传统与创新》 *Collected Essays on Contemporary Confucianism: Tradition and Innovation*
《当代新儒家自由观念的性格及其问题》 "The Character and Problem of Contemporary New Confucian Conceptions of Freedom"
《当代新儒学论文集》 *Collected Essays on Contemporary New Confucianism*
《道：比较哲学杂志》 *Dao: A Journal of Comparative Philosophy*

《道德圈子与自我：中西视角》 The Moral Circle and the Self: Chinese and Western Perspectives
《东方与西方相会：东亚的人权与民主》 East Meet West: Human Rights and Democracy in East Asia
《东西方的德性概念》 Conceptions of Virtue East and West
《东西方哲学》 Philosophy East and West
《读经示要》 Guide to Key Elements in Reading the Classics
《杜威在中国的实验》 The Dewey Experiment in China
《杜威文集》 the Collected Works of John Dewey
《二程全书》 Collected Works of the Two Chengs
《尔雅》 A Concordance to the Erya
《反智论与中国政治思想》 "Anti-Intellectualism and Chinese Political Thought"
《共同体与社会》 Gemeinschaft und Gesellschaft
《公众及其问题》 The Public and Its Problems
《郭店楚墓竹简》 Bamboo Text Discovered in the Chu Tomb at Guodian
《国际哲学季刊》 International Philosophical Quarterly
《国语》 Conversations of the States (Guo yu)
《韩非子集释》 Annotated Han Feizi
《汉书·五行志》 Han History "Chronicles of the Five Practices"
《华尔街杂志》 the Wall Street Journal
《河殇》 River Elegy
《皇帝内经》 The Yellow Emperor's Classic of Internal Medicine
《后汉史》 History of Later Han
《孔子此刻：当今遭遇〈论语〉》 Confucius Now: Contemporary Encounters with the Analects
《孔子学说》 Teachings of Confucius
《狂人日记》 "Diary of a Madman"
《礼记》 Book of Rites (Li ji)
《历史与思想》 History and Thought
《离骚》 On Encountering Trouble
《理性与民主》 Rational Nature and Democracy
《梁启超文集》 Collected Essays
《梁漱溟全集》 Complete Works
《吕氏春秋》 Lü's Spring and Autumn Annuals (Lüshi Chunqiu)
《逻辑：探究的理论》 Logic: The Theory of Inquiry

《劳特里奇哲学百科全书》the Routledge Encyclopedia of Philosophy

《论公教的和谐》De Concordantia Catholica

《伦理学》Ethics

《论语》Analects

《论语》The Analects of Confucius

《上帝之城》De Civitate Dei

《论真正的虔敬》De vera Religione

《孟子》Mencius

《孟子思想的历史发展》Historical Development of Mencius' Thought

《民主政治的哲学基础》"PhilosophicalFoundations of Democratic Politics"

《内在超越之路》The Path of Internal Transcendence

《女诫》Admonitions for Women（Nüjie）

《女论语》Women's Analects

《女孝经》Women's Classic of Filiality

《普天之下：儒耶对话中的典范转化》All Under Heaven: Transforming Paradigms in Confucian-Christian Dialogue

《权利法案》Bill of Rights

《人性与行为》Human Nature and Conduct

《儒家传统的现代转化》The Modern Transformation of the Confucian Tradition

《儒家思想与现代化》Confucianism and Modernization

《儒家哲学论集》Essays on Confucian Philosophy

《儒家政治伦理》Confucian Political Ethics

《儒家政治思想与自由民主人权》Confucian Political Thought and Democracy, Freedom and Human Rights

《三民主义》Three People's Principles

《尚书》Book of Historical Documents（Shang shu）

《召诰》"The Announcement of the Duke of Shao"

《社会主义思想运动概观》A Overview of Socialist Thought and Movement

《生命的学问》Learning on Life

《圣人和第二性：儒家、伦理学和性别》The Sage and the Second Sex

《圣王典范与儒家内圣外王的实质内涵》"The Sage-King Model and the Actual Content of the Confucian 'Inner-Sage-Outer-King'"

《实践逻辑》 Logic of Practice
《史记》 Historical Records
《世界公民观之下的普遍历史观念》 "Idea for a Universal History with a Cosmopolitan Purpose"
《诗经》 Book of Songs (Shi jing)
《诗经：中国古典诗歌》 The Book of Songs: The Ancient Chinese Classic of Poetry
《实验逻辑论文集》 Essays in Experimental Logic
《尚书》 The Shu King /Book of Historical Documents
《说文解字注》 Annotated Explanations of Words and Phrases / Shuowenjiezi, annotated
《宋儒对于孟子政治思想的争辩及其蕴涵的问题》 "Song Confucians' Debate over Mencius' Political Thought"
《宋史》 Song History
《宋文选》 Selections of Song Literature
《宋元学案》 Records of Song and Yuan Scholars
《天问》 "The Heavenly Questions"
《唐君毅全集》 Complete Works
《唐虞之道》 Tang Yu zhi dao
《挑战公民权：全球时期的团体成员资格和文化认同》 Challenging Citizenship: Group Membership and Cultural Identity in a Global Age
《外交事务季刊》 Foreign Affairs
《吴虞文集》 Collected Essays
《五子之歌》 The Songs of the Five Sons
《先秦政治思想史》 History of Pre-Qin Political Thought
《现有模式：阐释形式权威》 The Patterns of the Present: Interperting the Authority of Form
《乡土中国》 From the Soil
《孝经》 Classic of Filiality (Xiao jing)
《新旧个人主义》 Individualism Old and New
《心理学原理》 The Principles of Psychology
《新事论》 New Discussions of Current Affairs
《心体与性体》 Mind and Nature
《虚幻的公众》 The Phantom Public
《荀子》 Xunzi
《亚洲哲学》 Asian Philosophy
《一个历史故事的形成及其演进：论孔子诛少正卯》 "The formation and development of a historical fiction: On Confucius' executing Deputy Mao"

《岳阳楼记》"On the Yue Yang Pavilion"

《在十字路口的进步主义教育》 Progressive Education at the Crossroads

《政治自由主义》 Political Liberalism

《治安处罚法》 public codes of punishment

《中国法律、社会和文化》系列丛书 Law, Society, and Culture in China

《中国古代神话》 Ancient Chinese Myths

《中国古代思想史论》 History of Ancient Chinese Thought

《中国伦理学史》 History of Ethical Theories in China

《中国民本思想史》 History of Chinese Thought on "People as Basis"

《中国人性论史》 History of Chinese Theories of Human Nature

《中国思想和历史中的孝道》 Filial Piety in Chinese Thought and History

《中国思想史论集》 Essays on the History of Chinese Thought

《中国思想通史》 Comprehensive History of Chinese Thought

《中国贤哲孔子》 Confucius Sinarum Philosophus

《中国哲学发展史：先秦》 Development of Chinese Philosophy: Pre-Qi

《中国哲学史》（冯友兰） A History of Chinese Philosophy

《中国哲学史》（劳思光） History of Chinese Philosophy

《中国哲学史新编》 New Edition of the History of Chinese Philosophy

《中国哲学杂志》 Journal of Chinese Philosophy

《中西印哲学文集》 Collected Essays on Chinese, Western, and Indian Philosophies

《中庸》 Doctrine of the mean/Zhongyong

《周礼》 Rites of Zhou (Zhou li)

《自由的两个概念》 The Two Concepts of Liberty

《自由和文化》 Freedom and Culture

《自由主义和社会行动》 Liberalism and Social Action

《自由主义之理想主义的根据》 "The Idealist Basis of Liberalism"

《总理全书》 Complete Works of Prime Minister

《作为文化的民主：全球化世界中的

杜威式实用主义》 *Democracy as Culture: Deweyan Pragmatism in a Globalizing World*

《左传》 *Zuo's Commentary*

《左传·昭公二十年》 *Zuo's Commentary*, Duke Zhao, twentieth year

机构名称译名对照表

大赦国际 Amnesty International
稻乡出版社（台北）Daoxiang
东方出版社 Oriental Books
东海大学 Donghai University
公民自由联盟 the Civil Liberties Union
卡图研究所 Cato Institute
黎明文化事业公司（台北）Yiwen
联经出版事业公司（台北）Lianjing
美国人类学协会 American Anthropological Association
广文书局（台北）Guangwen
人民出版社 People's Press
人民文学出版社 People's Literature Press
三民书局 Sanmin
山东人民出版社 Shandong People's Press
商务印书馆（台北）Commercial Press
世界价值观调查 The World Values Survey
四川大学中文系古典文学教研室 Szechuan University, Chinese Department
文津出版社 Wenjin
学生书局（台北）Student Books
五四运动 May Fourth movement
亚洲民主动态调查 the Asian Barometer Survey
燕山出版社 Yanshan
耶稣会 Jesuits
英国社群主义论坛 UK Communitarian Forum
中国广播电视出版社 Chinese Broadcasting and TV Publishing House
中文研究资料中心（台北）Chinese Materials and Research Aids Service Center
"中央文物供应社"（台北）Zhongyang Wenwu Gongying She
"中央研究院"（台北）Central Research Institute
中正书局 Zhongzheng
自由钟 Liberty Bell

译后记

译者第一次与作者打交道是在 2009 年 1 月 31 日，因为翻译贝淡宁教授的《中国新儒家》，想确认作者"Sor-hoon Tan"的汉字是否"谭苏宏"，同时渴望得到作者在《剑桥文化指南：现代中国文化》(The Cambridge Companion to Modern Chinese Culture) 中的一篇文章"Modernizing Confucianism and New Confucianism"和演讲文"Limiting Confucian Meritocracy"。虽然这次请求因为还需得到出版社的授权而作罢，但后来译者受委托翻译她在首尔世界哲学大会上的文章《超越精英主义》，这是对贝淡宁《超越自由民主之外》一书的批评（以及贝淡宁的答复），作为北京社科院哲学所杜丽燕教授主编的《中外人文精神研究》（第 4 辑）的一个章节。后来译者得知正是她向安靖如教授推荐译者翻译其《圣境：宋明理学的当代意义》一书。正是因为手头在翻译安靖如教授的这本书，译者在 2011 年 2 月时无法接受作者本人的《儒家民主》的翻译工作，但她宁愿推迟一年出书也要把书稿交给译者来翻译，这种信任令人感动。2011 年作者还让她的学生，中南财经政法大学的李万全回武汉时带给译者她的新书《作为文化的民主》，并在 2012 年暑假期间邀请译者前往新加坡国立大学访问参观。作者的信任和友好令译者深感责任重大，决心尽最大努力做好翻译工作，不辜负作者的信任和读者的期待。

儒家民主

儒家与民主是两个异常复杂的思想体系，两者之间的关系更是引起无论政府官员还是思想界甚至大众的极大兴趣和热烈的讨论。它不仅仅是个思想或理论问题而且是与每个人的生活密切相关的实践问题，甚至是与中国的现代化进程以及中华民族未来发展息息相关的重大课题。可以说，自鸦片战争以来，中国人都一直在为儒家与民主的关系而苦恼，到现在为止也没有达成一个令各方满意的共识。那么，儒家与民主的关系究竟如何呢？2011年《日本政治学杂志》上发表了密苏里大学政治学系尼古拉斯·斯宾纳等人写的一篇综述文章，将多年来学者们有关两者关系的研究分为四种类型。第一种是相容性关系，认为现代儒家社会拥有的价值观与自由民主要求一致。这些价值观是坚持政治问责、公民平等、组建公民团体、提出异议等。第二种是冲突性关系，认为儒家传统尊重权威、服从社会等级体系、群体优先和道德国家等主张平等政治参与的民主规范格格不入。第三种是混合性关系，认为应该重新改造儒家和民主，将两者的优点结合起来同时避免各自的弱点，以便创造出更适合东亚国家的社会和政治制度：一方面保障公民权利与自由，有透明和问责的强大机构及真正的民治政府，另一方面抑制猖獗的个人主义、利益集团支配、巩固共同体和家庭纽带及经济繁荣社会稳定等。第四种是不相干关系，两者之间没有显著的相关关系。在这四种关系中，对读者吸引力最大的恐怕是第三种，很多人可能非常好奇究竟怎样才能把人类文明的两大学说的优点结合起来。清华大学政治教授贝淡宁（请参阅拙译《中国新儒家》，上海：上海三联书店2010年）就属于赞同第三种关系的学者，对儒家学者蒋庆的三院制国会建议进行修改，在贤能统治和最低限度的代表性民主之间进行妥协，提出了由民主院和贤士院组成的国会模式，民主院的议员都由民众选举产生，贤士院的议员则根据竞争性的考试选拔出来。本书作者陈素芬教授也属于赞同第三种关系的学者，如果说贝教授关心的是实际运用的话，陈教授则更多是理论基础的探索，回答了人们对儒家和民主的基本概念和论述的众多疑问，作者通过把杜威哲学与儒家结合起来重构儒家，以便实现融合两者优点的民主。

译者在翻译本书的过程中，遇到的一个突出问题是还原翻译的困难。该书中讨论的大部分内容是中国人、中国事。首先要把中国典籍如《论语》、《孟子》、《荀子》、《韩非子》的英文翻译还原为中文，因为担心理解有误，在本书中专门附上了古文原文，以便有兴趣的读者对照。其次，书中引用了一些中国人用中文写的文章，如果看不到原文，译者难以保证翻译出来的中文和原文是一模一样的。此外，还有人名、地名、书名的还原翻译困难。我们只看汉语拼音并不能确定确切的汉字，因为同音字很多。外国一些汉学家往往起有中文名字，真正翻译到位确实需要仔细研究和查证。地名和书名有约定俗成问题，不是可以按自己的意愿决定的。译者尽了自己的努力，但不敢保证没有差错，因而在文后制作了专有名称汉英对照表，既可以方便读者，也可以使读者监督译者的处理是否符合规范。译者真诚希望读者不吝指教。

译本出版之际，译者要感谢作者陈素芬教授的厚爱和信任，感谢她在翻译过程中对译者的帮助和修改建议。同时译者要感谢中国人民大学出版社的信任和支持，感谢对本书付出辛勤劳动的编辑吴冰华老师。

译者在翻译过程中，参阅了杜威的若干著作如傅统先译《确定性的寻求》（上海：上海人民出版社2004年）、高建平译《艺术即经验》（北京：商务印书馆2005年）、胡适等译《哲学的改造》（合肥：安徽教育出版社2006年）、王承绪译的《民主主义与教育》（北京：人民教育出版社2001年）以及其他书如袁刚等编的《民治主义与现代社会：杜威在华讲演集》（北京：北京大学出版社2004年）、陈蒲清注译《四书》（广州：花城出版社1998年）、王森译注《荀子白话今译》

（北京：中国书店 1992 年）、Arthur Waley 译《论语》（北京：外语教学与研究出版社 1998 年）、程崇华译《论自由》（北京：商务印书馆 1959 年）等。译者在此向这些译者表示感谢。

译者
2012 年于武汉青山

Confucian Democracy: A Deweyan Reconstuction by Sor-hoon Tan

Copyright © 2004 State University of New York.

The simplified Chinese translation of this book is made possible by permission of the State University of New York Press © 2004, and may be sold throughout the World.

Simplified Chinese version © 2014 by China Renmin University Press.

All Rights Reserved.

图书在版编目（CIP）数据

儒家民主/陈素芬著；吴万伟译. —北京：中国人民大学出版社，2014.1
（政治哲学丛书）
ISBN 978-7-300-18267-4

Ⅰ.①儒… Ⅱ.①陈…②吴… Ⅲ.①儒家-民主-思想评论 Ⅳ.①D082 ②B222.05

中国版本图书馆CIP数据核字（2013）第249034号

政治哲学丛书
万俊人　主编

儒家民主
——杜威式重建

［新加坡］陈素芬（Sor-hoon Tan）　著
吴万伟　译
Rujia Minzhu

出版发行	中国人民大学出版社			
社　　址	北京中关村大街31号	邮政编码	100080	
电　　话	010-62511242（总编室）	010-62511770（质管部）		
	010-82501766（邮购部）	010-62514148（门市部）		
	010-62515195（发行公司）	010-62515275（盗版举报）		
网　　址	http://www.crup.com.cn			
	http://www.ttrnet.com（人大教研网）			
经　　销	新华书店			
印　　刷	涿州市星河印刷有限公司			
规　　格	150mm×230mm 16开本	版　次	2014年7月第1版	
印　　张	22.25 插页2	印　次	2014年7月第1次印刷	
字　　数	284 000	定　价	59.00元	

版权所有　侵权必究　　印装差错　负责调换